Wilhelm Johann Albert von Tettau

Ueber die epischen Dichtungen der finnischen Völker besonders die Kalewala

Ein Vortrag

Wilhelm Johann Albert von Tettau

Ueber die epischen Dichtungen der finnischen Völker besonders die Kalewala
Ein Vortrag

ISBN/EAN: 9783743664401

Hergestellt in Europa, USA, Kanada, Australien, Japan

Cover: Foto ©Thomas Meinert / pixelio.de

Weitere Bücher finden Sie auf **www.hansebooks.com**

Ueber die epischen Dichtungen der finnischen Völker

besonders

die Kalewala.

Ein Vortrag

gehalten

von

W. J. A. Frhrn. v. Tettau,

Oberregierungsrath und Vice-Präsidenten der Königl. Akademie gemeinn. Wissenschaften zu Erfurt.

Erfurt, 1873.
Verlag von Carl Villaret.

Separat-Abdruck aus den Jahrbüchern der Königl. Akademie gemeinnütziger Wissenschaften zu Erfurt.

(Nur in funfzig Exemplaren gedruckt.)

Inhalts-Verzeichniss.

	Seite
Ueber die epischen Dichtungen der finnischen Völker, besonders die Kalewala	1

Excurse:
Vorbemerkungen 37
Ueber die einzelnen Bestandtheile der Kalewala 40
    I. Die Schöpfungsrunen 48
   II. Die Marienrune 52
  III. Die Joukahainenrunen 53
  IV. Die Lemminkainenrunen 55
   V. Die Kullerworunen 61
  VI. Die Hochzeitrunen 71
 VII. Die Rune von der goldenen Braut 74
VIII. Die Wipunenrunen 75
  IX. Die Runen von der Erfindung des Saitenspiels (die Kankelerunen) 76
   X. Die Bärenrune 77
  XI. Die Feuerrune 78
 XII. Die Samporunen 79
     1. Ueber die Heimath der Kalewala 80
     2. Bedeutung der Namen: Kalewa und Kalewala . . 82
     3. Bedeutung des Namens Pohjola und seiner Synonymen 87
     4. Ueber die Urbewohner Finnlands 92
     5. Ueber die Namen Joten, Ilidet, Lappen, Finnen, Quänen, Tschuden und Suomen 96
     6. Finnland bis zur Besitznahme durch die Tschuden . 119
     7. Der tschudische Volksstamm als Bewohner Finnlands 125
     8. Zeitpunkt der Besitznahme Finnlands durch die Tschuden 130
     9. Geschichtliche Grundlage der Samporunen . . . 135
    10. Bedeutung des Sampo 142
    11. Ueber Louhi, die Pohjolawirthin 150
    12. Entstehungszeit der Samporunen 160

Südlich vom finnischen, westlich vom bottnischen Meerbusen bespült, gegen Norden blos durch den Ausläufer des Scandinavischen Gebirges, welcher die Wasserscheide zwischen Eismeer und Ostsee bildet, von den Schneegefilden Lapplands, gegen Osten durch den Ladoga- und andere Seen und Sümpfe von dem eigentlichen Russland geschieden, liegt Finnland, von den Bewohnern selbst Suomi oder Suomen maa, das Land der Suomen, genannt, das an Flächeninhalt den preussischen Staat einschliesslich seiner neueren Erwerbungen übertrifft, aber nur etwa den fünfzehnten Theil der Einwohnerzahl desselben enthält. Es gehört zu den malerischsten Landstrichen Europa's. Die Mitte des Landes ist ein hohes Plateau, das ins Meer steil hinabfällt, gegen Osten sich aber allmählich verflacht. Von Norden her ziehen sich Bergreihen gegen den Süd- und Westrand, die sich zwar nirgends bis auf 2000 Fuss über den Thalboden erheben, die aber mit ihren Verzweigungen fast das ganze Land bedecken. Der röthliche Granit, der meist ihr Gerippe bildet, tritt nicht selten in den abenteuerlichsten Formen zu Tage, ist aber — wenigstens in dem südlicheren Theile, denn in dem äussersten Norden umhüllen ihn ewige Eis- und Schneelager — grösseren Theils von einer sehr fruchtbaren Erdschicht überdeckt. Daher werden die Höhen von ausgedehnten Waldungen von Eschen, Birken, Tannen und Fichten gekrönt, die in den unzugänglicheren Bezirken noch ihre Jungfräulichkeit bewahrt haben und nie von einer Axt berührt worden sind. Sie sind es vorzugsweise, die der Landschaft den melancholischen Charakter verleihen, welcher eine Haupteigenthümlichkeit Finnlands bildet. Die Thalsohlen werden von grossen mit unzähligen Inselchen bedeckten Seen und den diese verbindenden Flüssen eingenommen, welche mit zahlreichen Wasserfällen und Stromschnellen — darunter der berühmte Imatrafall, eine 1000 Fuss lange Stromschnelle, die grösste Europas, in welcher der vorher fast 1200 Fuss breite Wuoxen sich durch eine an der schmalsten Stelle nur 139 Fuss breite Felsenschlucht hindurch drängen muss — die sie umgebende, meist in tiefes Schweigen gehüllte Natur lebendig machen und der Scenerie den Reiz der Abwechselung verleihen. Hier sind alle Gegensätze unmittelbar neben einander gestellt, das Schreckliche und Anziehende, das Furchtbare und Liebliche. Auf jedem Schritte begegnet man dem Bilde des Todes und der Zerstörung, so wie dem Gemälde des Lebens und der Wiedergeburt. — Obwohl sich eine eigentliche Strombildung nirgends findet, die Flüsse vielmehr nichts als die Verbindungsglieder der Seen sind, so ist der Wasserreichthum doch so gross, dass Finnland darin nur von einem Striche Nordamerikas übertroffen wird, und dass die Seen und Sümpfe etwa den dritten Theil seines Flächeninhalts, mehr als 2000 Geviertmeilen fortnehmen. Nicht mit Unrecht hat Finnland daher den Namen des Tausendseenlandes erhalten; den Reisenden führt nicht selten eine einzige Tagereise an hundert Seen vorüber. Jene Wasserflächen sind die zurückgebliebenen Reste der Meeresfluthen, welche in grauester Urzeit alle tiefer gelegenen Theile des Landes bedeckten, aus denen die Höhen als zahllose Inselchen hervor ragten; und aus denen hervorzusteigen Finnland — die verlorene Tochter des Meeres, wie man es sehr bezeichnend genannt hat — viele Jahrtausende — die Erhebung beträgt an der Küste des bottnischen Meerbusens 4', an der des finnischen 2 Fuss in einem Jahrhunderte — bedurfte. Aus jener Urzeit schreibt sich auch die ungeheure Menge erratischer Felsenblöcke, mit denen das ganze Land bedeckt ist, und deren abgerundete Kanten nach deutlich die Arbeit der Meeresfluthen erkennen lassen.

Wo die Gewässer den Thalboden nicht ganz bedecken, sind sie von Wiesen und Weideflächen umsäumt, die von zahlreichen Viehheerden belebt werden und nicht wenig den malerischen Anblick der Landschaft erhöhen. Den Meeresrand, der meist schroff in die Fluthen hinabstürzt, umlagern unzählige Felseneilande, die Skären, eine Eigenthümlichkeit, welche diese nordischen Meere von allen anderen unterscheidet. —

Eben so grosse Contraste wie die natürliche Beschaffenheit des Landes bietet dessen Klima dar. Obwohl im Allgemeinen gesund, indem mit Ausnahme einiger Landstriche und grösseren Orte von 60 Menschen jährlich nur einer stirbt, ist doch der siebenmonatliche Winter sehr hart, da der Thermometer häufig bis auf 20° R. fällt und der Januar wenigstens im Innern des Landes eine Durchschnitts-Temperatur von — 20° R. hat, wogegen im Sommer, dessen längste Tage durch eine kaum zweistündige Dämmerung von einander geschieden sind, die Wärme nicht selten bis auf + 30° steigt, und im Juli die Durchschnitts-Temperatur + 17° R. beträgt. Der Unterschied in den Durchschnitts-Temperaturen jener beiden Monate beläuft sich also auf mehr als 30°, beinahe doppelt so viel wie in unserer Gegend. Die Monate Mai und Juni sind sehr trocken und windstill, Juli und August bringen dagegen häufigen Regen, September und October fast ununterbrochene Stürme. Also auch hier die schroffsten Gegensätze.

Natürlich konnten diese Verhältnisse nicht ohne wesentlichen Einfluss auf den geistigen Zustand und das Gemüthsleben der Einwohner bleiben. Dazu kam aber noch eine andere Eigenthümlichkeit. Finnland enthält nämlich, abgesehen von einigen wenigen Städten, von denen die irgend bedeutenderen sämmtlich an der Küste liegen, keine zusammengebauten Orte, vielmehr nur einzeln liegende, oft durch weite Strecken von einander getrennte Bauerhöfe. Jeder Haushalt ist daher, namentlich während des langen Winters, mehr oder weniger auf sich selbst beschränkt und von allem Verkehr mit andern Familien abgeschnitten. Bei der grossen Ausdehnung der Pfarrsprengel, von denen wenige unter fünf, manche aber 20 bis 30 ☐Meilen enthalten, ist selbst das Zusammentreffen beim Gottesdienst nur eine seltene Ausnahme. Schulen giebt es nur in den Städten. Auf dem Lande ist jeder Hausvater der Lehrer seiner Kinder; aber sein Wissen beschränkt sich meist auf die Fähigkeit, Gedrucktes zu lesen und die Kenntniss der Stammsagen und sonstigen Ueberlieferungen der Vorzeit. Was er selbst besitzt, vererbt er getreulich den Seinen; je weniger es ist, um so fester haftet es im Gedächtniss, um so tiefere Wurzeln schlägt es im Gemüth, um so ausschliesslicher beschäftigt es die Einbildungskraft.

Südlich vom Finnischen Meerbusen und durch diesen von Finnland getrennt, liegt Estland. Die Bewohner beider Länder gehören gleichem Stamme an, reden Mundarten derselben Sprache, zeigen aber doch, theils in Folge der Verschiedenheit des Bodens, den sie bewohnen — Estland ist fast ganz flach und sehr einförmig, selbst die Flora beider Länder ist eine völlig andere — ihrer Verfassung — in Finnland gab es nur Freie, seit der ältesten Zeit gleichberechtigt mit den übrigen Bewohnern des Hauptlandes, die Esten waren bis auf die neueste Zeit Leibeigne ohne alle politische Rechte — ihrer Vergangenheit und ihrer Lage zu den umwohnenden Völkerschaften in ihrer Volksphysiognomie die wesentlichsten Contraste. Im Allgemeinen stehen die Finnen auf einer bedeutend höheren Stufe geistiger Bildung und Gesittung wie das Brudervolk.

Gegen Norden grenzt Finnland an Lappland. Entschiedenere Gegensätze werden selten zwei Nachbarländer darbieten. Von der romantischen Schönheit des ersteren ist, sobald man den Bergrücken überschritten hat, der die Wasserscheide zwischen der Ostsee und dem nördlichen Ocean bildet, keine Spur übrig. Das Land bietet eine weite Ebene, die nur von den durch Anhäufung des Schnees gebildeten Hügeln und durch zahllose Seen unterbrochen wird, die nicht allein einförmig und öde ist, sondern auch dem Winde und Wetter den freiesten Spielraum gewährt. Auch die im südlicheren Theile sich hin und wieder findenden Wälder bieten keine andere Abwechselung als die ungleiche Höhe der Tannen, kein anderes Leben als das, was sich in den Spuren der Raubthiere offenbart, keinen anderen Laut, als das Heulen des Windes und das Seufzen eines altersschwachen Baumes, der jenem Widerstand zu leisten sich abmüht. Gleiche Contraste zeigt der Mensch. Dass Lappe und Finnländer ursprünglich gleichem Völkergeschlechte angehört haben, ergeben zwar ihre Sprachen unbestreitbar, auch mögen vor Jahrtausenden ihre Wohnsitze dieselben gewesen sein, doch ist die Trennung sicher schon zu einer Zeit erfolgt, die weit jenseits aller Geschichte liegt. Beide Völker sind jetzt nicht allein unendlich weit in ihrer Lebensweise, ihren Neigungen und ihrem Kulturzustande verschieden, sie haben auch gar keine gemeinsame National-Physiognomie. Die Lappen sind fast durchgehends sehr klein und ungemein hässlich, die Finnländer dagegen ein grosser, schöner

Menschenschlag. Sie mögen Jahrhunderte lang in derselben Gegend wohnen wie jene, sie verändern deshalb nicht im Mindesten ihren Typus und unterscheiden sich kaum von den benachbarten Schweden und Normannen. Der Anbau des Bodens ist nirgends ein Nahrungszweig des Lappen, während es des Finnländers erstes Geschäft ist, wenn er eine neue Gegend einnimmt, den Boden urbar zu machen.

Die finnischen Völker, ein Zweig der turanischen oder uralaltaischen Völkerfamilie, hatten einst einen grossen Theil Europas inne, bis sie von den einbrechenden Ariern, erst den Celten, dann den Germanen, zuletzt den Slaven, zurückgedrängt wurden, so dass ihnen nur noch der Norden blieb. Glaubt man doch in den Basken Spaniens ihre Stammverwandten erkennen zu müssen. „Es giebt eine Finnenwelt oder einen finnischen Völkerstamm" sagt Schlözer [*]), „der in Anschung seiner Ausbreitung auf der Oberfläche der alten Welt einer der allergrössten in der ganzen Menschheits- und Völkergeschichte ist, gegen den selbst der Slavenstamm, so weit wir dessen ursprüngliche Grenzen kennen, nur eine Kleinigkeit war." Jedenfalls waren finnische Völker zu der Zeit, wo der Norden Europas zuerst in den Kreis der beglaubigten Geschichte eintrat, im Besitze der Gegenden, in denen wir sie noch heute finden. So kennt schon Tacitus die Finnen als Bewohner des jetzigen Finnland, wenn sie auch wohl die Vorfahren der Lappen gewesen sein mögen, an deren Stelle zur Zeit der grossen Völkerbewegung um das sechste Jahrhundert ein anderer finnischer Volksstamm, die Tschuden oder, wie sie sich selbst nennen, die Suomen traten.

Die Seeräubereien, deren diese sich schuldig machten, veranlassten die Scandinavier, auf ihre Unterdrückung Bedacht zu nehmen. So bemächtigten die Schweden sich Finnlands, die Dänen aber Estlands. Ein von König Erich dem Heiligen um 1155 gegen das erstere unternommene Kriegszug hatte aber nur eine theilweise Unterwerfung zur Folge. Wie immer in jener Zeit war die gewaltsame Einführung des Christenthums die Begleiterin des Eroberung. Aber die alten Götter liessen sich

---

*) Nestor III. S. 116. Vergl. Schafarik Slavische Alterthümer I. S. 290. Thunmann, Untersuchungen über die Geschichte einiger nordischen Völker S. 17 fgg.

nicht ohne blutigen Kampf verdrängen; Heinrich, Erzbischof von Upsala, der erste Apostel der Finnländer, erlitt den Märtyrertod. Erst nach anderthalbhundertjährigen mörderischen Kriegen war die Unterwerfung des Landes vollendet und das Christenthum die allein herrschende Religion geworden. Durch milde Behandlung der Unterworfenen, denen sie die Freiheit liessen und Gleichberechtigung gewährten *), und durch massenhafte Einwanderung sicherten die Schweden sich den Besitz, und sie behaupteten ihn auch in blutigen Kämpfen gegen die andringenden Russen mehr als 300 Jahre hindurch, bis sie diesen im Nystädter (1721) und im Aboer Frieden (1748) den östlichen, endlich in dem von Friedricksham (1809) auch den übrigen Theil des Landes überlassen mussten. Zwar versuchten die Finnländer selbst in einer heldenmüthigen Erhebung diesen Wechsel der Herrschaft von sich abzuwenden, aber erfolglos, da Schweden sie mit unerhörter Schwäche preisgab. Seitdem hat das Land sich unter russischem Scepter eines ungestörten Friedens erfreut und an Einwohnerzahl, Bildung und Wohlstand erheblich zugenommen. Es ist sogar günstiger behandelt worden, wie die übrigen nicht von Nationalrussen bewohnten Provinzen des Czarenreichs. Man hat ihm seine Verfassung und seine Gesetzgebung belassen, eine von der des übrigen Staates gesonderte Verwaltung gegeben, sich auch aller Russificirungsversuche enthalten, so dass unter andern die schwedische Sprache noch jetzt die in allen amtlichen und gerichtlichen Verhandlungen, sowie beim Unterricht in den Schulen gebräuchliche und die evangelisch-lutherische Religion die fast allein herrschende ist.

Nicht so gut wie den Finnländern ist es deren Brüdern auf der andern Seite des finnischen Meerbusens, den Esten, ergangen. König Waldemar III. von Dänemark verkaufte Estland 1347 an den deutschen Orden, der es gegen 200 Jahre besass, den Grundbesitz an eingewanderte Deutsche verlieh, und die Urbewohner zu deren Leibeigenen machte **). — Als der Orden

---

*) Vergl. Koskinen Nuija. — sota san syyt ja tapankset (der Keulenkrieg, seine Ursachen und Vorfälle) S. 18 und 22. — Ahlquist Wiron nyky isem müstä kirjallis undesta (Abhandlung über die heutige Litteratur Estlands.) Im 15. Jahrgange der Zeitschrift Suomi 1856 im Eingange.

**) Vid. Ahlquist l. c. Schott, Die estnische Sage von Kalevipoeg S. 442—444.

in Verfall gerathen war, bemächtigten sich (1561) die Schweden des Landes, denen es im nordischen Kriege (1710) die Russen entrissen. Obgleich dasselbe nun also schon über anderthalb Jahrhunderte dem russischen Reiche angehört und während dieser ganzen Zeit sich eines ununterbrochenen Friedens erfreut hat, ist doch wenig für die Zunahme seines Wohlstandes und die Hebung des Volkes geschehen, was sich gegenwärtig fast noch auf der nämlichen niederen Stufe der Bildung wie zur Zeit der Schwedenherrschaft befindet. Die Aufhebung der Leibeigenschaft ist hier von denselben Erschütterungen begleitet, wie in den übrigen Ländern des Czarenreiches, und die deutsche Nationalität und die lutherische Religion, die auch in Estland bisher die allein herrschende war, sind denselben Anfechtungen ausgesetzt, wie in den andern Ostseeprovinzen.

Die Finnländer sind ein tapferes, fröhliches, abgehärtetes, arbeitsames Volk, redlich und ehrlich in hohem Grade; offen, anspruchslos und dienstfertig, durch strengen Fleiss und Mässigkeit bei wenigen Bedürfnissen glücklich. In den nördlichen Gegenden wird in der Regel nur am Sonntage gekocht; selbst in den längsten Tagen unterbricht nur eine vier- bis fünfstündige Ruhe das Tagewerk; denn die ländliche Arbeit muss hier in der Hälfte der Zeit geschehen, die in klimatisch mehr begünstigten Gegenden ihr gewidmet wird. Als Lohn dafür hat sich der Finnländer eines gewissen Wohlstandes zu erfreuen; es ist keine seltene Erscheinung, dass der Tisch der Pörte — wie das finnländische Bauerhaus heisst — wenn ein Fremder gastlich darin aufgenommen worden, sich mit Silbergeschirr bedeckt. In den Kriegen der Schweden bildeten die finnländischen Regimenter den Kern des Heeres und noch jetzt gehören die finnischen Jäger zu den besten russischen Truppen.

Im Zusammenhange hiermit steht die ungemeine Beharrlichkeit und Charakterfestigkeit, welche dem Finnländer eigen sind, die aber freilich auch nicht selten in Starrsinn ausarten, und ihn zum unbedingten Anhänger des Hergebrachten machen. Finnischer Eigensinn ist eine schwedische Redensart, und der Finnländer selbst hat das Sprüchwort: „Am Wort halten den Mann, am Horne den Ochsen". Der Finnländer ist daher für alle Neuerungen, für alles Ausländische schwer zugänglich. Dazu kommt, dass ihm der Trieb, Reichthümer zu erwerben, ganz abgeht. Der Durst nach Gold wird ihn daher auch nie antreiben, sich auf gewagte Unternehmungen einzulassen, und des Gewinnes wegen, selbst vorübergehend, seine ihm über Alles theure Heimath zu verlassen. Vorzugsweise gilt dies von den Tawastern, dem zahlreichsten und ausgebreitetsten Volksstamme Finnlands, welche die Mitte und den Südwesten des Grossfürstenthums inne haben. Sie sind der in sich abgeschlossenste, fremden Einflüssen unzugänglichste Theil des Volkes, im Gegensatz zu den Kareliern, welche den Osten bewohnen. Nur eine solche Eigenthümlichkeit war im Stande, das von allen Seiten her bedrohte finnische Volkselement in dem Grade treu zu bewahren, dass der Tawaste, abgesehen von dem, was das Christenthum ihm abgerungen, in Geist, Sitte und Gewohnheit, in seiner ganzen Lebensanschauung, ja oft in seiner häuslichen Einrichtung und Beschäftigung, fast völlig derselbe ist, wie vor mehr als einem halben Jahrtausend.

Eine bedeutend weniger scharfe Ausprägung hat der Volkscharakter bei den Esten. Haben diese minder Anstrengung anzuwenden, um die Sprödigkeit des Klimas zu bekämpfen, so sind sie auch erheblich indolenter; auch würde ja ihr Fleiss weniger ihnen wie ihren Herren zu Gute gekommen sein. Der Activität des Finnländers gegenüber charakterisirt den Esten daher eine gewisse Passivität; kann man jenem eine heroische Natur beilegen, so ist die des letzteren eine elegische. Es ist, als wenn das harte Gestein, der Granit, welcher die Grundlage Finnlands bildet, gegenüber dem weichen Kalkstein, aus dem Estland aufgebaut ist, in dem Charakter der beiden Brüderstämme sein Abbild fände.

Ein eigenthümlicher Zug derselben, vorzugsweise jedoch der Finnländer, ist ihre Liebe zur Dichtkunst. So wie die Landschaft hier an poetischen Reizen fast jede andere Gegend der Erde übertrifft, so giebt es auch kaum ein anderes Volk, das mehr Neigung und Beruf zur Dichtkunst hätte, als das finnische. Fast jede ihrer Arbeiten, selbst das Mahlen des Brodgetreides — diese Mühlengesänge, Jauhurunot, bilden sogar eine eigne Klasse ihrer Lieder — begleiten die Bewohner mit Gesang, und, wenn es irgend angeht, mit der Kantele, einer Art Zither. „Die Neigung zur Dichtkunst", sagt Rühs *), „war ehemals über das

---

*) Finnland und seine Bewohner S. 325.

ganze Volk verbreitet; die Bauern verfertigten Lieder und Gesänge und auch das weibliche Geschlecht übte eine Kunst, die überall das Leben verschönert und über eine trübe Wirklichkeit gleichsam einen magischen Reiz wirft. In den Küstengegenden ist die Dichtkunst fast ganz verschwunden; zum Theil ist der missverstandene Eifer der Geistlichen daran Schuld, die die ganze Poesie für ein Ueberbleibsel der heidnischen Gräuel halten und sie auszurotten suchen. In den innern Gegenden, besonders in Karelien, findet man noch häufig solche Naturdichter und man wird nicht leicht einen erwachsenen Bauern treffen, der nicht im Falle der Noth ein Gedicht machen könnte. — Ausgezeichnete Dichter führen den Ehrennamen Runo-niekat, Liederkünstler, und geniessen ein vorzügliches Ansehen. Ohne die Regeln zu kennen, beobachten sie dieselben doch immer durch ihr Gehör und ein wenn auch unklares Schönheitsgefühl geleitet. Die längsten Gedichte behalten sie sehr genau und pflanzen solche blos durch das Gedächtniss unter sich fort. Diejenigen, welche sich vorzüglich auf die Dichtkunst legen, bedauern oft, dass sie nicht schreiben können, ja einige bedienen sich eigner Schriftzeichen nach den Druckbuchstaben, wodurch sie dem Gedächtniss zu Hülfe kommen." — Sie besingen merkwürdige Ereignisse rühmen ihre oder ihrer Mitbürger Thaten, schildern das öffentliche Wohl oder Wehe, beklagen den Hingang ihrer Freunde, erhöhen die Freude bei den Gelagen und verspotten ihre Feinde. Auch ein grosser Theil der Sprüchwörter, an welchen beide Völkerstämme einen seltenen Reichthum besitzen, ist in Versen abgefasst. Eins derselben lautet: „Den Tag verlängert die hinzugefügte Nacht und Gesänge vermehren einen kärglichen Biervorrath." Nicht selten arbeiten die Dichter ihre Gesänge sorgfältig aus. Sie tragen sie in ihren Gedanken herum, des Morgens, wenn sie zur Arbeit gehen, des Abends, wenn sie von ihrem Tagewerke ausruhen. Noch häufiger aber werden die Gedichte improvisirt, wozu bei dem melodischen Tonfall der Sprache und dem einfachen Rhytmus keine ungewöhnliche Begabung gehören mag, was aber dadurch schwierig wird, dass das Ausdemstegreifdichten nicht von einem Einzelnen, sondern nach einer alten Sitte meist von je Zweien geschieht, von denen der erste, der Vorsänger, das Thema angiebt und den Gesang beginnt, der andere aber, der Helfer, nachdem jener einige Verse vorgetragen, die Fortsetzung übernimmt, worauf er von dem ersten wieder abgelöst wird, bis beide im Wechselgesange zum Schlusse des Liedes gelangt sind. Die Sänger sitzen hierbei dicht beieinander, sich mit den Knieen berührend, auf welche die zusammengefassten Hände sich stützen. Den Schauplatz dieser Wechselgesänge bilden meistens die Gelage — auf das Trinken erstreckt sich die Mässigkeitsliebe der Finnländer nicht — aber auch die Herbergen, in welchen Bewohner oft sehr verschiedener Gegenden zusammentreffen, wenn sie die Schlittbahn im Winter benutzen, um ihre Produkte nach der nächsten Hafenstadt zu bringen und ihre Einkäufe für das bevorstehende Jahr zu machen. Da sollen die Lieder die langen Nächte verkürzen. Diesen Reise-Zusammenkünften ist es in der Regel zuzuschreiben, wenn ein Lied, ohne gedruckt zu sein, durch das ganze Land bekannt wird und sein Dasein längere Zeit fristet, während bei den meisten seiner Genossen das ephemere Leben in den Grenzen des Kirchspiels eingeschlossen bleibt.

Die finnische Poesie zerfällt in eine epische, eine lyrische und eine magische. Für die letztere existirt bis jetzt keine besondere Sammlung — während für Estland Kreutzwald und Neus eine solche geliefert haben — und es steht zu befürchten, dass ihre Erzeugnisse, gegen die vorzugsweise die Anfeindungen der Geistlichen gerichtet sind, allmälig ganz verschwinden werden. Die epische Poesie wird uns in ihrem Hauptrepräsentanten — der Kalewala — demnächst ausführlicher beschäftigen. Von den lyrischen Gedichten besitzen wir Sammlungen von Topelius und Lönnrot. Sie ist die, welche noch jetzt nicht nur im Volke ein frisches Leben führt, sondern auch täglich sich neu reproducirt. In diesen Liedern prägt sich ein zartes, einfaches, tiefes Gefühl aus; in den Liebesliedern spielt, wie bei allen nordischen Völkern, das sinnliche Element nur eine sehr untergeordnete Rolle. In allen diesen Liedern, sagt Lönnrot, ist ein und dasselbe Gewebe, ob auch der Einschlag sich verändert. Die meisten gleichen einem wolkenreichen Herbsttag, an dem nur zuweilen die Sonne flüchtig durchblickt. Das Gefühl der Einsamkeit, der Wehmuth, zieht sich überall hindurch. In der Nachbarschaft des ewigen Schnees, in menschenleeren Wäldern, an einsamer Seen Strand, da kennt man nicht die heiteren Weisen von des Lebens Lust; aber lieben kann man auch da, ankämpfen, entsagen, leiden. Ist dies aber auch der Grundcharakter der lyrischen Poesie der Finnländer, so fehlt es doch auch nicht stets an heiterer Färbung, ja zuweilen begegnet man sogar einem Scherzliede.

Die Sprachen, welche in Finnland, sowie in Estland und auch in Lappland, die bei den unteren Volksklassen gebräuchlichen sind, — die Stadtbewohner und der Adel sprechen im erstgenannten Lande schwedisch, im zweiten deutsch — gehören dem uralaltaischen oder nordturanischen Sprachstamm an. Wenn irgend ein Zweig dieser Familie als ein Prototyp derselben und als vollendeter Ausdruck ihres gemeinsamen Charakters angesehen werden kann, so muss dieser Ehrenplatz der finnischen zuerkannt werden, denn sie ist unter allen von ihnen, denen überhaupt eine grössere Entwickelung zu Theil geworden, die einzige, der Ruhe genug vergönnt war, um ihren Genius ungestört entfalten zu können. Die Magyaren haben von der Zeit an, wo sie sich Ungarns bemächtigten, in ewiger Unruhe unter fast ununterbrochenen Kriegen eine jener grossen Kampfstätten der verschiedenen Nationalitäten bewohnt, und ihre Sprache hat sich nicht rein und ungetrübt von fremden Elementen entwickeln können. Die Türken dagegen sind von der Macht einer auf dem Boden, den sie sich unterworfen, bereits vorhandenen Cultur, der der Griechen und der Araber, überwältigt; die Fortentwickelung und die Kraft ihrer Sprache ist schon im ersten Aufkeimen gestört und gelähmt worden. Das finnische Volk allein hat, unbehelligt durch seine Ueberwinder, geschützt durch die Lage seines Landes, in den tiefen dunklen Wäldern und an den stillen Seen seiner Heimath eine durch die Gesänge der Väter geheiligte und geschützte Sprache ungestört und organisch entwickeln können. So wie der geistige Gesichtskreis des Volkes mit der Aufnahme der Keime der Civilisation sich erweiterte, entfaltete sich auch die Sprache, aber immer treu ihrem ersten Grundcharakter. Sie hat ihr Sprachprincip auch auf jedem Punkte consequent durchgeführt, und so steht sie da harmonisch gebildet und volltönend, rein und ungetrübt.

Zu ihren Eigenthümlichkeiten — und dieser Umstand ist es besonders, dem sie ihren Wohlklang verdankt, durch den sie aber zugleich in den schroffsten Contrast mit ihren Nachbarsprachen, namentlich den consonantenreichen slavischen tritt — gehört, dass sie verhältnissmässig viel mehr Selbstlauter als Mitlauter besitzt; von den letzteren fehlen ihr viele, die in anderen Sprachen vorkommen, so b, c, d, f, g und z ganz; nie duldet sie Consonanten neben einander, die mit verschiedenen Organen gesprochen werden, sogar wird das Zusammentreffen zweier Mitlauter überhaupt zu vermeiden gesucht und daher bei den aus andern Sprachen entlehnten Wörtern der eine von jenen verdoppelt oder fortgeworfen, oder in seine Stelle ein Selbstlauter gesetzt. Wörter, wo drei oder mehr Consonanten in einer Sylbe vorkommen, ein Fall, der in den germanischen und slavischen Sprachen so gewöhnlich ist, existiren im Finnischen gar nicht, dagegen hat dieselbe einen grossen Reichthum an Diphthongen. Die Sorge für den Wohllaut geht so weit, dass in ein und demselben Worte nie ein harter und ein weicher Vocal vorkommen dürfen. — Die Aussprache des Finnischen macht selbst dem Nichteingeborenen keine Schwierigkeiten, da jedes Zeichen nur einen Laut hat und kein Buchstabe geschrieben wird, der nicht auch im Sprechen gehört werden soll. Dagegen erscheinen die Grundsätze der Wortbildung und Beugung dem, welcher blos der indogermanischen Sprachen kundig ist, beim ersten Anblick sehr fremdartig. Schon die Unveränderlichkeit der Stammsylbe unterscheidet das Finnische wesentlich von jenen, sowie die Gleichberechtigung der Vocale mit den Consonanten in der Stammsylbe von den semitischen Sprachen. — Das Finnische hat keinen Artikel, kein Adverbium, keine Proposition; es fehlt ihm sogar das Hülfszeitwort: haben. Dies Alles ersetzt es aber reichlich durch die grosse Anzahl von Beugungen, denen es die Endsylbe der Wörter unterwirft. So hat es nicht weniger als funfzehn Casus, durch die es alle irgend denkbare Verhältnisse auszudrücken im Stande ist. Selbst das persönliche Fürwort wird wie in den orientalischen Sprachen durch Suffixe, die nicht nur dem Haupt- sondern auch dem Zeitwort beigefügt werden können, ersetzt. Auch die Negation wird durch eine angehängte, nicht, wie in den meisten andern Sprachen, durch eine vorgesetzte Sylbe ausgedrückt. Es ist daher auch erklärlich, dass es — mit Ausnahme einiger dem Schwedischen nachgeahmten — im Finnischen keine zusammengesetzten Wörter giebt. Diesem Mangel hilft jedoch der Finnländer durch seine Casus, durch Umschreibungen oder durch einfache Worte, an denen die Sprache einen um so grösseren Reichthum hat, vollständig ab. Insbesondere bieten die Zeitwörter nicht blos einen grossen Ueberfluss an die feinsten Schattirungen bezeichnenden Ausdrücken dar, sondern dieselben werden auch durch das unmittelbare Anschmiegen des Lauts an die äussern Gegenstände und das Streben, den Schall möglichst treu wiederzugeben, eine Quelle, die sich beständig von neuem aus sich selbst erzeugt. Der Finnländer bildet oft, um die in sich aufgenommene äussere Natur um so getreuer zurückzuspiegeln, ganz neue Wörter, die jedoch jeder, der mit dem Geiste der Sprache vertraut ist, sofort versteht. Daher rührt denn auch die überaus grosse Lebendigkeit und Schönheit des Ausdrucks, die allen finnischen Dichtungen eigen, und die keine Uebersetzung wieder zu geben im Stande ist, daher auch die charakteristische Eigenthümlichkeit der Sprichwörter. Welche grosse Zahl von Nüancirungen und welche unendlich feine Schattirungen der Finnländer auf diese Weise dem Ausdruck zu geben vermag, dafür mag nur ein Beispiel angeführt werden. Für die Bezeichnung des Donners kann man folgende verschiedene Wörter, lauter Artabbeugungen desselben Stammes, gebrauchen: ukkonen (der Donner) jyräjää erschallt anhaltend aber schwach; jyrisee anhaltend und stark; jyrähtää kracht einmal; jyräelee schwach und wiederholt in Absätzen; jyrähtelee stark und wiederholt; jyrähtäisee nur einmal aber sehr heftig u. s. w.

Dass unter diesen Umständen die finnische Sprache ganz besonders für die Dichtkunst geeignet sein muss, bedarf keines weitern Beweises. An Wohllaut wird sie kaum von einer andern übertroffen, mindestens kann sie sich denen, welche für die wohllautendsten gelten, der griechischen und italienischen, ebenbürtig zur Seite stellen.

Das Versmass der Runen, wie die Gedichte der Finnländer heissen, enthält acht Sylben oder vier Füsse und nähert sich dadurch dem trochäischen, dass, unabhängig von der Quantität, stets die ungeraden Sylben betont werden, wie denn die finnische Sprache es überhaupt liebt, ihren Worten einen trochäischen Tonfall zu geben, und zu diesem Behufe nöthigenfalls der einsylbigen Wurzel einen unbetonten Abfall beifügt.

Zum Silbenreime, wie sich die meisten neueren Sprachen dessen bedienen, würde das Finnische zwar an sich nicht ungeeignet sein, bei dem Vorherrschen der Vocale würde es einem solchen aber an Energie fehlen und das Charakteristische der Poesie nicht hinreichend hervortreten. Es ist daher der Silbenreim durch den Stabreim ersetzt, der darin besteht, dass zwei oder mehr Wörter in einem Verse denselben Anfangsbuchstaben, meist einen Consonanten, haben und dass möglichst viel gleich oder doch ähnlich lautende Silben diesem Anfangsbuchstaben folgen. An die orientalische Poesie erinnert der Parallelelismus, der Sinnreim, wie ein gelehrter Finnländer ihn nennt, dem zu Folge zwei, drei, selbst vier Verse denselben Gedanken in mannigfachen Variationen wiederholen, wodurch freilich der Gang der Erzählung oft sehr verzögert wird.

Was bisher in Betreff der finnischen Sprache und Poesie angeführt wurde, gilt im Allgemeinen auch in Bezug auf die der Esten, nur dass die letzteren bei weitem nicht den kräftigen und stolzen Wuchs von jenen haben, und etwas verkümmert und schwächlich neben ihnen stehn. Auch die Lappländer entbehren der Dichtungen nicht ganz, dieselben können aber nur als ein schwacher Nachhall der finnländischen angesehen werden und ermangeln daher aller charakteristischen Merkmale.

Dass Finnland eigenthümliche Dichtungen besitze, war längst auch in Deutschland nicht unbekannt. Schon Morhof hatte in seinem 1682 erschienenen Unterricht von der deutschen Sprache ein finnisches Bärenlied in Ursprache und Uebersetzung mitgetheilt. Selbst Göthe verschmähte es nicht, ein finnisches Liebeslied zu bearbeiten. Ausführlich besprach die finnische Dichtkunst unter Mittheilung von Proben Rühs in seinem 1809 erschienenen Werke „Finnland und seine Bewohner". Aber noch war man weit entfernt, den grossen Reichthum zu ahnen, den das Land an dichterischen Erzeugnissen besitzt. Erst seitdem es unter den russischen Scepter gelangt war, wurde diesem Gegenstande grösserer Eifer und innigere Liebe zugewendet. Es fiel jener Zeitpunkt zusammen mit dem, wo überhaupt die Nationalitätenfrage zuerst auftauchte, dem der Befreiungskriege. Erst nachdem Arndt gefragt hatte: Was ist des Deutschen Vaterland? machte man die Entdeckung, dass die Territorialgrenze nicht nothwendig zugleich die Volksgrenze sei, und dass das Unterworfensein unter einer andern Nationalität nicht das Aufgehen in diese zur Folge zu haben brauche. Die Erhebung der slavischen, hellenischen und rumänischen Bewohner der Balkanhalbinsel gegen ihre Herren, die Osmanen, das Streben der Italiener, sich dem Joche der Fremden zu entziehen, der Hass der irischen gegen die anglo-normannische Race, der Czechen gegen die Deutschen, datiren alle erst seit jener Zeit. Die Polen haben zwar schon früher für ihre Unabhängigkeit gekämpft, dass aber auch ihre Nationalität in Gefahr schwebe, war ihnen niemals in den Sinn gekommen. So entstand auch in Finnland erst seit jener Zeit das Gefühl: dass es die Pflicht jedes Vaterlandsfreundes sei, die Eigenthümlichkeiten des eingeborenen Stammes so viel als möglich zu bewahren und gegen das Fremde, das sie mehr und mehr überfluthete und allmählich ganz wegzuschwemmen drohte, zu sichern. Dazu trat noch der Umstand, dass Russland sich den neuen Besitz nicht besser sichern zu können glaubte, als wenn es alle Bande, die Finnland an das bisherige Hauptland Schweden knüpften, löse oder doch möglichst lockere.

Durch die Pflege, die es der finnischen Sprache und Litteratur angedeihen liess, ward nicht nur dem weiteren Umsichgreifen des schwedischen Idioms, das sich fast den dritten Theil der Bevölkerung und die cultivirtesten Gegenden zu eigen gemacht, ein Damm entgegengesetzt, sondern es ward auch das Nationalgefühl gestärkt und beim Finnländer der Glauben erweckt, dass sein Stamm dem germanischen völlig ebenbürtig sei und er sich an seinem Vaterlande schwer dadurch versündigt, dass er das diesem von dem Eindringling auferlegte Joch Jahrhunderte hindurch in völliger Apathie ertragen. Von der grossen Anhänglichkeit an Schweden, die Finnland noch zur Zeit des Uebergangs der Herrschaft gezeigt, ist denn jetzt auch kaum noch eine Spur vorhanden. Fast alle grösseren litterarischen Unternehmungen in Finnland verdanken der Unterstützung, welche die russische Regierung ihnen hat angedeihen lassen, ihr Zustandekommen. Selbst die Herausgabe des ersten brauchbaren Wörterbuchs der finnischen Sprache ist nur dadurch möglich geworden, dass der Reichskanzler Rumänzoff die Kosten dazu hergab. Dieser war es auch, unter dessen Auspicien Sjögren, der eigentliche Begründer der finnischen Sprachkunst,

seine Arbeiten unternahm (1821). In diese Zeit fällt denn auch
der erste grössere Versuch, die Gesänge der Finnländer zu
sammeln und zwar geschah dies von Zach. Topelius und E.
Lönnrot. *) Aber deren Sammlungen beschränkten sich fast
nur auf Lieder lyrischen, mythischen und magischen Inhalts;
davon, dass Finnland ein grösseres Nationalepos besitze, hatte
man damals noch keine Ahnung, obwohl Prof. R. v. Becker
schon seit 1820 in einer in Abo erscheinenden finnischen Wochen-
schrift einige auf alte Helden der Nation bezügliche Gesänge
mitgetheilt und einen Zusammenhang zwischen denselben herzustellen versucht hatte. Noch C. H. v. Schröter, der 1819 zu
Upsala eine Sammlung finnischer Runen im Original und deutscher Uebersetzung herausgab, die aber in Deutschland erst
durch den von seinem Bruder 1834 veranstalteten Wiederabdruck
bekannter wurde, hatte Zweifel darüber ausgesprochen, ob Finnland trotz seines dichterischen Reichthums die epische Poesie
gepflegt. Die von Becker bekannt gemachten Gesänge hatten
aber E. Lönnrot und gleichgesinnte Freunde veranlasst, mit
Unterstützung der finnischen Litteraturgesellschaft zu Helsingfors
1828 bis 1834 durch das ganze Land Wanderungen zu unternehmen, um alles, was an Sagenpoesie noch vorhanden sei, zu
sammeln. Das Ergebniss war besonders unter den ausserhalb
des eigentlichen Finnlands im Gouvernement Archangel wohnenden Finnen ein so ergiebiges, dass Lönnrot, der mit der Redaction beauftragt ward, 32 Gedichte, die mehr als 12,000 Verse
enthielten, welche sich sämmtlich auf die Götter und Helden
der heidnischen Vorzeit bezogen, zusammenstellen konnte. Er
glaubte in ihnen die Bruchstücke eines grossen Nationalepos
zu entdecken, ordnete sie nach diesem Gesichtspunkte und gab
sie 1835 unter dem Namen Kalewala heraus. Die Wichtigkeit
dieser Sammlung für die Geschichte der Volkspoesie fand sofort
im In- und Auslande die vollste Anerkennung. Castrén über-
setzte sie in das Schwedische, Léauzun le Duc in das Franzö-
sische. Jakob Grimm, der berühmte Begründer der deutschen
Philologie und Sagenforschung, wiess in einer ausführlichen Ab-

---

*) Topelius Suomen kansan Wanhoja Runoja (Alte finnische Volkslieder)
1822—1836. V Bde. — Lönnrot Kantele 1829—1831. III Bde.

handlung *) die Wichtigkeit der neuen Entdeckung auf das Ueberzeugendste nach. Indessen hatte Lönnrot seine Nachforschungen und mit dem glücklichsten Erfolge fortgesetzt; 1849 konnte er eine zweite Ausgabe der Kalewala, welche 50 Runen mit 22,796 Versen umfasste, der Oeffentlichkeit übergeben. **) Sie liegt sowohl der 1852 herausgegebenen Arbeit Schotts über eine Episode des Epos, die Kullerwo-Sage, ***) wie der vortrefflichen von A. Schiefner auf Veranlassung und unter Mitwirkung Castréns angefertigten Uebersetzung ins Deutsche, welche in demselben Jahre zu Helsingsfors erschien, zu Grunde, die sehr wesentlich dazu beigetragen hat, dass das Gedicht oder wohl richtiger, wie weiter unten dargethan werden soll, die Gedichte in Deutschland bekannter geworden sind, wenn schon immer noch nicht in dem Grade, wie sie es verdienen.

In lezterer Beziehung will ich mich nur auf das Zeugniss eines der grössten unter den jetzt lebenden Sprachforschern, Max Müllers in Oxford, berufen. Er sagt: †) „Die Finnen sind der am weitesten vorgeschrittene und gebildetste Zweig ihrer ganzen Völkerfamilie und mit Ausnahme der Magyaren kann nur die finnische Race auf eine Stellung unter den civilisirten und civilisirenden Nationen der Welt Anspruch machen. Ihre Litteratur und vor Allem ihre Volkspoesie legt Zeugniss ab von einer hohen

---

*) Ueber das finnische Epos. Zeitschrift f. d. Wissensch. d. Sprache von A. Höfer 1846. I. 1. S. 13—55.

**) Lönnrot hat noch ein drittes Mal 1862 in einer Volksausgabe das Gedicht herausgegeben (Kalewala Lyhennetty laitos, Helsingissä 1862, bildet zugleich die 27. Lieferung der von der finnischen Litteraturgesellschaft herausgegebenen Schriften für das finnische Volk.) Hier sind aber die 22,796 Verse der zweiten Ausgabe auf 9732 reducirt, indem alles, was nicht unmittelbar auf den Gang der Erzählung Bezug hat, fortgeblieben ist. Von mancher Rune, wie von der 15., 17., 18., 20., 23., 25., 26., 29., 30., 32., 46. und 50. ist nicht der dritte Theil übrig geblieben. Lesbarer für das finnische Volk mag das Gedicht hierdurch allerdings geworden sein, für litterärische Zwecke ist diese Ausgabe jedoch, trotz der hinzugekommenen Anmerkungen und Register, weniger brauchbar als die zweite, da mit der Abkürzung auch viel ächt Volksthümliches und Charakteristisches verloren gegangen ist.

***) Abhandl. d. Berl. Academie. Philos.-histor. Cl. 1852. S. 209—296.

†) Vorlesungen über die Wissenschaft der Sprache. I. S. 269

geistigen Entwicklung in Zeiten, welche man mythisch nennen könnte und an Orten, die für die Gluth poetischer Gefühle günstiger waren als ihre jetzige Heimath, jener letzte Zufluchtsort, den ihnen Europa gewähren konnte. Die epischen Gesänge leben unter den ärmsten Volksklassen fort, obgleich nur mündlich überliefert, und bewahren alle die Charakterzüge eines vollkommenen Metrums und einer älteren Sprache. — Ein lebendiges Nationalgefühl ist unter den Finnen erwacht, und die Arbeiten eines Siögren, Lönnrot, Castrén und Kellgren haben, durch dasselbe getragen und gehoben, wirklich erstaunliche Erfolge hervorgerufen. Aus dem Munde der Greise ist ein episches Gedicht gesammelt worden, das der Iliade an Länge und Vollständigkeit gleichkommt und das sogar, wenn wir für einen Augenblick alles, was wir in unserer Jugend schön zu nennen lernten, vergessen könnten, nicht weniger schön ist als Homers Gesang. Ein Finne ist freilich kein Grieche und Wainamoinen war kein Homer, aber wenn der Maler seine Farben aus der Natur hernehmen mag, von der er umgeben ist, wenn er die Menschengestalten abmalt, mit denen er lebt, so besitzt auch Kalewala Verdienste, welche denen der Iliade nicht unähnlich sind, und kann auf seinen Platz als fünftes National-Epos der Welt neben den ionischen Gesängen, neben Mahábhárata, Shanámet und neben den Nibelungen Anspruch machen."

So wenig ich auch Anstand nehme, dem Urtheile Müllers über den Werth der Kalewala mich anzuschliessen, so zweifelhaft scheint mir doch dessen Annahme: dass die Finnländer diese bereits vom Altai, oder wo er sich sonst deren Urheimath denken mag, mitgebracht hätten. *) Das Gedicht spiegelt auf das treueste

---

*) Auch Castrén (Vorlesungen über die finnische Mythologie S. 261) neigt sich, wenigstens in betreff der Theile des Gedichtes, welche die Bewerbung um die Jungfrau von Pohjola enthalten, dieser Ansicht zu. Wenn er aber zu deren Begründung sich nur darauf bezieht, dass Ehen innerhalb eines und desselben Geschlechtes nicht erlaubt gewesen sein müssten, und also die Völker Pohjolas und Kalewalas ursprünglich nur zwei mit einander nicht verwandte Geschlechter repräsentirten, die als solche schon vor der Auswanderung der Finnen aus Asien existirt haben müssten, so geräth er auf diese Weise theils in Widerspruch mit sich selbst, da auch er nicht bezweifelt, dass in unserem Gedichte unter dem Volke Kalewalas die Finnländer, unter dem Pohjolas aber die Lappen zu verstehen wären, also nicht blos verschiedene Geschlechter, sondern verschiedene

die Natur der gegenwärtigen Heimath des Volkes und seines Lebens zurück; alle die Contraste, welche sich dort dem Blicke darbieten, das Wilde und Grossartige, man möchte sagen Urweltliche unmittelbar neben dem Freundlichen und Anmuthvollen, finden sich auch hier wieder. Das siebenmonatliche Erstarren der Natur, die Stürme und undurchdringlichen Nebel, welche es begleiten, treten uns in der Einbildungskraft der Dichter, welche diese Gesänge erschufen, fast handgreiflich entgegen. „Wie die Wogen des Wuoksen branden und rauschen und die Wellen des Imatra schäumen, so stürzen sich die Ströme des Sanges daher." Der Kampf, den der Finnländer um seine Existenz, nicht nur mit dem Felsboden und dem rauhen Klima, sondern auch mit dem Wolfe, dem Bären und dem Luchse zu führen hat, die Einsamkeit, die ihn von der Wiege bis zum Grabe umgiebt und fast von allem Verkehr mit der Aussenwelt abschliesst, mussten das Ungeheure, das Schroffe, Düstere als den geeignetsten Vorwurf für die schöpferische Kraft seines Geistes erscheinen lassen. Ein auf finnischem Boden entsprossenes National-Heldengedicht konnte seinem Inhalte und seiner Form nach kaum anders werden, wie es uns in der Kalewala entgegen tritt. Lieder, sagt der Dichter derselben, *)

Gab mir selbst die Kälte,
Sang gab mir der Regenschauer
Andre Lieder brachten Winde,
Brachten mir des Meeres Wogen,
Worte fügten mir die Vögel,
Sprüche schuf des Baumes Gipfel.

Hier fehlten die Grundbedingungen des Entstehens, eben so für die durchsichtige Klarheit und harmonische Schönheit des

---

Völker, theils würde jene Voraussetzung immer noch die Folgerung gestatten: dass die Finnländer die Sitte, ihre Frauen aus anderen Geschlechtern zu nehmen, aus den Ursitzen in die neue Heimath mitgeführt, und dass diese Sitte zu der Zeit, wo die Kalewala entstand oder doch die Ereignisse vorfielen, die in ihr besungen werden, noch üblich gewesen sei. Daraus dass dieselbe eine ursprünglich asiatische gewesen sein mag und Anklänge daran sich in dortigen Liedern finden, folgt noch nicht, dass jedes Gedicht, worin sie eine Rolle spielt, einen asiatishen Ursprung haben müsse, selbst dann nicht, wenn nicht wie hier, die Oertlichkeit, auf der sich die erzählten Begebenheiten entwickeln, offenbar eine abendländische wäre.

*) Rune L. v. 65 fgg.

hellenischen Gedichtes, wie für den gluthvollen Reichthum und die blendende Pracht des indischen und persischen Epos. Wenn in der Ilias mit Schwert und Speer, in der Kalewala aber vorwiegend mit den Waffen der Zauberei gekämpft wird, so erklärt sich dies ausreichend aus der bedeutenden Rolle, welche bei allen turanischen Völkern, insbesondere bei den finnischen, Schamanismus und der Glaube an Zauberkunst selbst bis auf den heutigen Tag spielen. Die Kalewala verhält sich zur Iliade einerseits, zum Schachnameh und zu Mahabharata andererseits, gerade so wie Finnlands eisiger Winter zu dem ewigen Frühling Griechenlands und zur Gluthhitze Irans und Hindostans. Träfe Müllers Annahme zu, so würden wir sicher auch Spuren der Sagen, welche den Hauptinhalt der Kalewala bilden, namentlich denen, welche sich auf den Kampf um den Sampo beziehen, bei den übrigen nordturanischen Völkern, den Magyaren, Türken, Mongolen und Tartaren, deren Märchenvorrath uns ja hinlänglich bekannt ist, vorfinden, wie es den Ursagen der indo-europäischen Völker keinesweges an so manchem Gemeinsamen fehlt. Aber dort ist nichts der Art zu entdecken gewesen. Aller Wahrscheinlichkeit nach ist die Entstehungszeit der einzelnen Gedichte, welche unter dem Gesammtnamen Kalewala begriffen werden, eine verschiedene; die des Haupttheils, welcher die Anfertigung des Sampo und den Kampf um dessen Besitz zum Gegenstande hat, ist wohl nicht sehr viel jünger als der Zeitpunkt, wo tschudische Stämme sich Finnlands bemächtigten, indem sie dessen Urbewohner, die Lappen, daraus verdrängten und kann etwa in den Anfang des neunten Jahrhunderts nach Chr. Geb. gesetzt werden. Andere Bestandtheile der Sammlung sind unzweifelhaft jünger und gehören zum Theil wohl einer der Gegenwart ziemlich nahe liegenden Zeit an.

Ihren Namen hat die Kalewala nicht von dem Hauptheiden — denn dies ist Wäinämöinen, nach der Sage der Erfinder der Kantele, also der Vater der Dichtkunst, der Urheber der geistigen Kultur, der zuerst das Feuer auf die Erde gebracht und den Ackerbau eingeführt haben soll, der Apollo, Prometheus und Triptolemus der Finnländer. Sein und Ilmarinens, des Erfinders der Erzarbeit, Vorfahr war der Riese Kalewa, des letztern Sitz aber, Kalewala, ein Name der im weiteren Sinne, wenn auch nicht Finnland überhaupt, so doch einen Haupttheil desselben, Karelien bedeutet. Der Schauplatz der Erzählung hat also eben so wie bei der Iliade, den Namen für das Gedicht hergegeben.

Die beim ersten Blick etwas auffallende Erscheinung, dass, ohne dass die schriftliche Aufzeichnung zu Hülfe gekommen wäre, ein Werk von dieser Ausdehnung ein Alter von vielleicht tausend Jahren hat erreichen können, wird fast ausreichend schon durch das vorher über die Eigenthümlichkeit, den Charakter und den Bildungsgang der Finnländer Angeführte erklärt. Hierzu tritt aber noch der sehr wesentliche Umstand dass es dem Lande, seitdem es seine Selbstständigkeit eingebüsst, an einer eignen Geschichte fehlte. Es trat kein einheimischer Held, keine Persönlichkeit auf, die in der Phantasie und in der Ueberlieferung das Andenken an die Götter und Helden der heidnischen Vorzeit hätte verdrängen, diese ersetzen können. Dazu kommt, dass es dem Christenthum in seiner mehr als sechshundertjährigen Herrschaft noch nicht gelungen ist, den heidnischen Aberglauben ganz zu vernichten. Noch jetzt giebt es in Finnland zahlreiche Hexenmeister, die in ihrem Gebahren stark an die Schamanen der Tartaren erinnern, und die sich bei ihren Beschwörungen der alten heidnischen Zauberformeln bedienen. Konnte man den Urglauben nicht rein erhalten, so imprägnirte man doch den neuen christlichen damit. So führt noch jetzt der Allerheiligentag, an welchem das Erndtedankfest begangen wird, den Namen Kekri, wie zu heidnischer Zeit der Gott der Viehzucht hiess. Es war hierdurch das Fortbestehen der alten Sagen sehr erleichtert, da es das von diesen Erzählte im Lichte des Thatsächlichen oder doch mindestens Möglichen, nicht als blosses Gebilde der Einbildungskraft erscheinen liess.

Der Inhalt unseres Gedichts ist nachstehender:

Die beiden ersten Gesänge erzählen, wie Ilmatar, die Tochter der Luft, nachdem sie zur Wassermutter geworden, die Welt geschaffen und der von ihr nach siebenhundertjährigen Wehen in den Fluthen geborne Sohn, Wäinämöinen, durch Urbarmachung der Erde die Schöpfung zum Abschluss gebracht habe. Diese Gesänge sind durchaus mythischen Inhalts und ohne innere Beziehungen zu der eigentlichen Erzählung.

Die letztere beginnt mit der dritten Rune, in welcher der Lappenjüngling Joukahainen, neidisch auf den Ruhm, den Wäinämöinen sich durch Weisheit und Sangeskunst erworben, sich mit diesem in einen Wettkampf einlässt; dabei aber besiegt wird und sich löst, indem er dem Sieger die Hand seiner Schwester Aino zusagt, die sich jedoch weigert, die Gattin eines Greises zu werden und deshalb dessen Werbung zurückweisst, als sie aber von der Mutter, die stolz darauf ist, einen so gefeierten Helden zum Eidam zu erhalten, gedrängt wird, sich in die Meeresfluthen stürzt, um so den Streit zwischen ihrer Kindespflicht und ihrem Widerwillen zu lösen (Gesang IV.), dort aber in einen Fisch verwandelt wird. Wäinämöinen, der von Untamo, dem Gotte der Träume, ihre Verwandlung und ihren Aufenthalt erfahren, begiebt sich aufs Meer, um Aino zu suchen; es glückt ihm auch sie zu fangen, aber sie entschlüpft ihm wieder und weigert sich nicht nur die Seine zu werden, sondern verhöhnt ihn auch. Umsonst durchschifft Wäinämöinen jahrelang alle Meere, um ihrer wieder habhaft zu werden. Als er endlich in tiefem Schmerz zu seiner Wohnung heimkehren will, erscheint ihm der Geist seiner Mutter, der ihm Trost zuspricht und ihn auffordert, sich nach Pohjola (Nordland) zu begeben, wo es viel schönere und minder spröde Mädchen gäbe als in Lappland und dort eine Braut zu suchen (Gesang V). Auf dem Wege dorthin lauert ihm der noch immer von Hass erfüllte Joukahainen auf; dessen Pfeil trifft zwar nur Wäinämöinens Ross, doch stürzt dieser selbst dabei ins Meer (Gesang VI). Nachdem der Alte, lange von den Wogen umhergetrieben, schon an seiner Rettung zu verzweifeln anfängt, sieht ihn ein Adler, der ihn zum Dank dafür, dass jener, als einst der Wald, um den Boden ertragsfähig zu machen, niedergebrannt wurde, eine Birke zum Ruheplatz für die Vögel hatte stehen lassen, auf seinem Rücken nach Nordland trägt. Dort wird er von der schönen Maid von Pohjola wahrgenommen, von deren Mutter Louhi, Pohjola's Herrin, eingeholt, gastlich aufgenommen und von seinen Wunden hergestellt. Der Heimath will den sehnsüchtig danach Verlangenden jene aber nur dann wieder zuführen, wenn er ihr den Sampo schmiedet, wofür er dann aber auch die Hand ihrer Tochter erhalten soll. Wäinämöinen erklärt sich ausser Stande, jene Forderung zu erfüllen, will aber Ilmarinen den berühmten Meister in der Schmiedekunst senden, damit dieser den Sampo fertige und die Jungfrau gewinne (Gesang VII). Louhi lässt ihn, um diesen herbeizuholen, in seine Heimath ziehen; auf dem Wege erblickt aber Wäinämöinen die Jungfrau selbst, entbrennt in Liebe zu ihr und wirbt um sie. Sie will ihm aber nur folgen, wenn er die Aufgaben, die sie ihm stellt, zu lösen vermag. Bei einigen derselben, wie dem Spalten eines Haares mit einem Messer ohne Spitze, gelingt ihm dies auch; als er nun aber noch aus den Splittern der Spindel einen Nachen zimmern soll, verwundet er sich auf Betrieb der bösen Geister Hiisi und Lempo mit dem Beile so stark am Knie, dass er den Blutstrom nicht zu stillen vermag und genöthigt ist, die Hülfe eines Zauberkundigen zu suchen (Gesang VIII), der ihn denn auch so vollständig heilt, dass er schöner und kräftiger wird, denn je zuvor (Gesang IX.). Wieder in der Heimath angelangt, sendet er Ilmarinen und zwar, da derselbe nicht freiwillig gehen will, durch List und Zauberei nach dem Nordland, wo Louhi den lange Erwarteten freudig empfängt. Ilmarinen bringt denn auch, obwohl nicht ohne Ueberwindung grosser Schwierigkeit, den Sampo, eine Mühle, die auf einer Seite Mehl, auf der andern Salz mahlt, auf der dritten Gold in Fülle schafft, zu Stande, aber die Jungfrau weigert sich ihrerseits, die Seine zu werden, so dass er kummervoll wieder in die Heimath zurückkehrt. — Soweit der Inhalt der zehn ersten Runen.

Die fünf folgenden enthalten eine Episode, die mit der Haupterzählung in einem nur sehr losen Zusammenhange steht, die Geschichte des Ahti Lemminkainen (Lempis Sohn), der, nachdem er seine durch ihre Schönheit weit über Finnlands Gränzen hinaus berühmte Gattin Kylliki, die alle Freier, sogar Sonne und Mond und auch ihn selbst abgewiesen, die er aber gewaltsam entführet, deshalb verlassen, weil sie ihrem Gelöbniss entgegen an einem Tanze im Dorfe theilgenommen, sich gleichfalls nach Nordland begiebt und um die Maid von Pohjola wirbt. Deren Mutter verlangt aber von ihm erstens, dass er Hiisis Elennthier einfange, dann dass er das feuerschnaubende Ross Hiisis zügle und nachdem er diese beiden Aufgaben, die erste mit Hülfe Tapio's, des Waldgottes, die andere durch die Unterstützung Ukkos, des Himmelsgottes, erfüllt, dass er den Schwan auf dem Flusse Tuonis, des Todtengottes, schiesse. Als er diese dritte Aufgabe erfüllen will, tödtet ihn ein Hirte, der um einen ihm angethanen Schimpf zu rächen, ihm aufgelauert hat und wirft ihn in den Fluss, wo Tuonis Knabe die Leiche in viele Stücke zerhaut. Indessen hat Ahtis Gattin Kylliki wahrgenommen: dass von dessen Bürste Blutstropfen hinabträufeln und sich erinnert, dass dieser, vor dem Zuge nach Nordland gewarnt, ausgerufen habe: so wenig aus jener Bürste Blut fliessen werde, so wenig werde ihm Leides geschehen. Als sie ihre Wahrnehmung Ahtis Mutter mitgetheilt, macht diese sich auf, um den Sohn zu suchen. Von der Herrin Nordlands erpresst sie durch Drohungen das Geständniss von der ihrem Sohne ertheilten Aufgabe; die Sonne zeigt auf ihr Flehn ihr die Stelle an, wo die Leiche in den Fluthen ruht; mittelst einer kupfernen Harke, die sie sich von Ilmarinen hat anfertigen lassen, sammelt sie die zerstückten Glieder, fügt dieselben zusammen und mit dem Beistande Suonatars, der Gottheit der Adern, und andrer Götter, insbesondere einer Biene, welche Honig und Salben aus dem Himmel herabholt, glückt es ihr auch, dem Todten wieder Leben einzuflössen. Sie führt ihren Sohn hierauf zurück in die Heimath.

Das Gedicht verlässt hier die Geschichte Ahtis, um in den folgenden zehn Runen (XVI—XXV.) sich wieder mit Wäinämöinen und Ilmarinen zu beschäftigen: diese wollen trotz der üblen Erfahrungen ihre Werbung um die Maid von Pohjola noch nicht aufgeben. Zur Reise dorthin baut Wäinämöinen ein Schiff, er kann es aber nicht vollenden, weil ihm drei dazu nöthige Zauberworte fehlen. Vergeblich sucht er diese in dem Reiche Tuonis; er konnte sogar nur mit Mühe wieder aus diesem entkommen (Ges. XVI). Da verweist ihn ein Hirte an den Riesen Wipunen. Wäinämöinen legt den Weg zu diesem, so ungangbar derselbe auch war, da er zuerst auf der Spitze einer Nadel, dann auf der Schärfe eines Schwertes, zuletzt auf der Schneide eines Beiles hinführt, glücklich zurück, findet den Riesen schlafend, stürzt aber, als er ihn wecken will, in dessen offenen Mund und geräth so in dessen Leib. Aber auch hier weiss er sich zu helfen. Er richtet sich eine Schmiedewerkstatt ein und peinigt den Riesen durch die Arbeit auf dieser so, dass er denselben zwingt, alle seine Weisheit auszukramen. Wäinämöinen, der bei dieser Gelegenheit die drei Zauberworte erfährt, verlässt nun wieder Wipunens Bauch, vollendet sein Schiff (Ges. XVII.) und begiebt sich gen Nordland auf die Freite. Auf dem Wege ereilt ihn Ilmarinen, der von seiner Schwester Annikki erfahren, dass ihm Wäinämöinen die ihm früher zugesagte Braut wegzufischen beabsichtige: Beide verabreden aber, dass diese selbst zwischen ihnen sich entscheiden solle (Ges. XVIII). Die Jungfrau wählt den jüngeren und schöneren Ilmarinen, der auch, nachdem er die von der mit dieser Wahl unzufriedenen Mutter ihm gestellten drei Aufgaben — ein Schlangenfeld zu ackern, den Bären Tuonis und den Wolf Manalas (des Todtenreichs) zu fangen und den furchtbaren Hecht Manalas ihr zu bringen — mit Hülfe der ihm von der Jungfrau ertheilten Rathschläge glücklich gelöst hat, deren Hand empfängt. Wäinämöinen kehrt verdriesslich in die Heimath zurück und warnt nun Jeden, zugleich mit einem Jüngeren sich um ein Mädchen zu bewerben (Ges. XIX).

Die sechs folgenden Runen (Ges. XX—XXV.) beschreiben nun sehr ausführlich die Hochzeitsfeier, die Heimführung der Braut und deren Empfang in der neuen Heimath. Sie sind von grosser Bedeutung für Culturgeschichte und Sittenkunde, enthalten auch namentlich in den Ermahnungen und Lehren, welche jedem der Neuvermählten mit auf den Weg gegeben werden, viele ächt dichterische Stellen, gestatten aber nicht gut einen Auszug.

Das Gedicht verlässt nun wieder die beiden Haupthelden und kehrt zu Ahti Lemminkainen zurück, dessen Abenteuern die fünf folgenden Runen (Ges. XXVI—XXX.) gewidmet sind. Dieser hatte, aufgebracht darüber, dass nur er nicht zur Hochzeit geladen worden, trotz der Warnungen seiner Mutter beschlossen, nach dem Nordland zu ziehen; durch seine Zauberkünste gelingt es ihm auch, alle Gefahren, die ihn unterwegs bedrohen, glücklich zu besiegen (Ges. XXVI). In Pohjola angelangt, benimmt Ahti sich höchst übermüthig, geräth so mit dessen Herrn in Streit und tödtet denselben endlich, nachdem beide lange mit Zauberkünsten ohne entscheidendes Resultat sich aneinander versucht, im Zweikampf, muss dann aber vor der Kriegerschaar, die des Erschlagenen Gattin gegen ihn aufbietet, flüchten (Ges. XXVII). Auf den Rath seiner Mutter sucht er auf einer Insel „jenseits mancher Meere", wo schon sein Vater während des grossen Krieges in Frieden gelebt, eine Freistätte (Ges. XXVIII). Das zügellose Leben, was er hier führt, nöthigt ihn aber nach drei Jahren vor der Eifersucht der Männer von Neuem zu fliehen. Wieder zur Heimath gelangt, findet er seine Hofstätte zerstört und verlassen; von der Mutter, der es gelungen war, sich zu retten, erfährt er: dass die Nordländer während seiner Abwesenheit seine Wohnung überfallen, alles was sie darin vorgefunden getödtet und die Gebäude niedergebrannt hätten. (Ges. XXIX). Um Rache zu nehmen, zieht Ahti von neuem nach dem Nordlande. Aber da dessen Herrin ihm den Frost entgegen schickt, muss er unverrichteter Sache zur Heimath zurückkehren (Ges. XXX).

Es folgt hierauf eine andere Episode, die fast in noch geringerer Beziehung zum Hauptinhalt des Gedichtes steht, wie die Abenteuer Ahtis, die Castrén aber für den schönsten Theil der ganzen Kalewala hält, die Geschichte Kullerwos, die in Runo XXXI. bis XXXVI. erzählt wird.

Untamo überfällt seinen Bruder Kalerwo, mit dem er in Feindschaft lebt, vertilgt alles, was das Schwert erreichen kann, und schleppt dessen Gattin in die Gefangenschaft. Sie gebiert in dieser einen Knaben, den Kullerwo, der schon, drei Monate alt, seinen Vater zu rächen gelobt. Vergeblich sucht der Oheim erst durch Wasser, dann durch Feuer, endlich durch den Strang sich seiner zu entledigen; zu Knechtesdiensten gezwungen, richtet er so viel Schaden an, dass Untamo, um nur seiner ledig zu werden, ihn dem Schmied Ilmarinen als Knecht überlässt (Ges. XXXI.). Dessen Gattin trägt ihm auf, die Heerde zu hüthen, giebt ihm aber zur Zehrung Brod mit, in das sie einen Stein gebacken; als er dasselbe auseinander schneiden will, zerbricht sein Messer, das einzige Andenken an seinen Stamm, das ihm geblieben. Im Zorn hierüber treibt er die Viehheerde in die Sümpfe und sammelt eine Heerde von Bären und Wölfen, die er nach dem Gehöfte seines Herrn führt, wo sie dessen Weib zerreissen. Aus Besorgniss vor Strafe flüchtend, erfährt Kullerwo von einer Alten, dass seine Eltern noch am Leben sind; er findet sie auch an Lapplands Gränzen, wo sie Zuflucht gesucht. Auf einer Reise, die er im Auftrage seines Vaters unternimmt, trifft er eine Jungfrau, die er verführt, und die, als entdeckt wird, dass sie seine Schwester sei, die sich, als sie vor einiger Zeit zum Beerensuchen ausgeschickt worden, verirrt und den Heimweg nicht hatte finden können, sich selbst, um ihre Schmach nicht zu überleben, den Tod im Wasser giebt. Kullerwo, nur durch seine Mutter vom Selbstmord abgehalten, beschliesst zunächst an Untamo für die seinem Vater zugefügte Unbill Rache zu nehmen. Nachdem er dies vollbracht, indem er Untamo getödtet und dessen Hof niedergebrannt hat, bei der Rückkehr zur elterlichen Wohnung aber kein lebendes Wesen findet als einen alten Hund, geht er mit diesem in den Wald, um Nahrung zu suchen. Als er hierbei zu der Stelle gelangt, wo er einst die Schwester verlockt, sich ihm hinzugeben, und die sich dadurch kennzeichnet, dass dort seitdem kein Grashalm mehr emporspross, macht er selbst mit dem Schwerte seinem Leben ein Ende.

Das Gedicht kehrt nun in Rune XXXVII. zu Wäinämöinen und Ilmarinen zurück. Letzterer, schmerzerfüllt durch den Tod seiner Gattin, schmiedet sich eine solche aus Gold und Silber; da er derselben aber, minder glücklich als Pygmalion, keine Wärme einzuflössen vermag, so will er sie dem Wäinämöinen zum Geschenke geben, der ihm aber räth: er möge die Jungfrau ins Feuer werfen und daraus allerlei Geräthschaften schmieden, oder sie zu den Russen oder den Deutschen führen, da es dem finnischen Volke nicht gezieme, eine goldene Braut zu wählen, noch eine silberne zu suchen. Wäinämöinen liess denn auch ein allgemeines Gebot ergehen, nach welchem Niemand nach Gold und Silber, die nur eitle vergängliche Dinge wären, freien solle. — Ilmarinen bewirbt sich nun, aber erfolglos, um die jüngere Schwester seiner Gattin. Als er bei der Heimkehr Wäinämöinen mittheilt, welches Wohlstandes und Glückes sich das Nordland in Folge des Besitzes des Sampo erfreue, beschliessen beide, sich dorthin zu begeben, um das Kleinod für ihr Land zu gewinnen. Als Dritter gesellt Ahti sich ihnen zu (Ges. XXXIX.). Unterwegs strandet ihr Boot auf einem Hecht, den sie tödten und aus dessen Knochen und Gräten Wäinämöinen sich eine Kantele anfertigt (Ges. XL.), auf der er so herrlich spielt, dass alle lebenden Wesen der Luft, der Erde und des Meeres herbeikommen, um seinem Spiel zu lauschen, und aller Herzen so durch dieses bewegt werden, dass ihnen Thränen aus den Augen quellen; auch aus denen des Wäinämöinen rollen grosse Tropfen ins Meer, die darin zu Perlen werden (Ges. XLI.).

Im Nordland angelangt, fordern die Helden von Pohjolas Herrin, Louhi, die Herausgabe oder doch die Theilung des Sampo; als sie beides weigert, wird sie selbst nebst ihren Kriegern durch Wäinämöinens Spiel in tiefen Schlaf versenkt, während dessen der Sampo entführt wird. Erfolglos sendet die am dritten Tage wieder erwachte Louhi ihnen Nebel, Wogengebrause und Stürme nach. Nur die Kantele geht zu Wäinämöinens grossem Schmerze dabei verloren (Ges. XLII.). — Louhi eilt nun mit ihrem Kriegsvolk den Samporäubern nach; in der Seeschlacht siegen zwar die Kalewalahelden, der Sampo fällt dabei aber ins Meer und zerbricht in Stücke. Die grösseren von diesen sinken unter und begründen den Reichthum des Meeres; die kleineren werden von den Wellen an das Ufer getrieben, wo Wäinämöinen sie sammelt und wachsen lässt. Betrübt über den Verlust der Quelle ihres Reichthums kehrt Louhi mit dem leeren Deckel des Sampo nach Nordland heim (Ges. XLIII.).

Als sie demnächst erfährt, wie Kalewala in dem Besitze des Sampo gedeihe, sucht sie dasselbe dadurch zu verderben, dass sie alle Seuchen dorthin sendet; Wäinämöinen aber befreit durch sein Gebet an Ukko und durch Zaubermittel sein Volk wieder von dieser Plage (Ges. XLV.). Einen Bären, den Louhi hierauf auf Kalewalas Heerden hetzt, tödtet Wäinämöinen mit einem zu diesem Behufe von Ilmarinen geschmiedeten Speere. Als, während bei dem in hergebrachter Weise hierüber gehaltenen Freudenmahle der Sänger auf der Kantele, die er sich in Ersatz der bei dem Sturme verloren gegangenen, aus dem Holze einer Birke und den Haaren eines Mädchens angefertigt, spielt, Mond und Sonne hinabgestiegen sind, um den Tönen zu lauschen, gelingt es Louhi, jene in ihre Gewalt zu bekommen. Sie sperrt dieselben in einen ehernen Berg, stiehlt auch das Feuer aus Kalewalas Wohnungen. Da aber nun nicht nur das Land undurchdringliches Dunkel bedeckte, sondern auch der Himmel seiner Leuchten entbehren musste, so schlägt Ukko zu einem neuen Monde und einer neuen Sonne Feuer an, das jedoch, als die Jungfrau, der er dessen Huth übertragen, unvorsichtig damit umgeht, auf die Erde fällt, dort grossen Schaden anrichtet und zuletzt auf den Aluesee geräth, wo es von einem Fisch verschluckt wird. Dem Wäinämöinen und Ilmarinen, nachdem sie durch Ilmatar, der Lüfte Tochter, den Aufenthalt des Feuers erfahren, gelingt es den Fisch zu fangen; das Feuer entschlüpft ihnen jedoch, schreitet nun durch viele Länder und richtet von neuem grosse Verheerungen an, bis man endlich seiner habhaft wird und es nun in die dunklen Stuben Kalewalas bringt (Ges. XLVIII.). Aber noch immer lagerte schwarze Nacht auf der eisbedeckten Erde; um diesem Uebelstande abzuhelfen, schmiedet Ilmarinen einen neuen Mond und eine neue Sonne und zwar, auffallender Weise, jenen aus Gold, diese aus Silber, aber sie wollen nicht leuchten. Da erkundet Wäinämöinen durch Werfen des Looses, dass beide Gestirne sich in Pohjola eingeschlossen in einem Berge befinden. Um sie frei zu machen, begiebt er sich dorthin, erlegt auch in blutigem Kampfe die Nordlandsrecken, kann aber die Thüren des Berges nicht sprengen. Ilmarinen soll ihm nun die nöthigen Werkzeuge anfertigen; als Louhi dies erfährt und dass auch für ihren Hals ein Ring geschmiedet wird, mit dem sie an den Felsen gekettet werden soll, geräth sie in Furcht und lässt Sonne und Mond frei, die nun von Wäinämöinen freudig begrüsst werden (Ges. XLIX.).

In der letzten, der 50sten Rune, die offenbar unter dem Einfluss des Christenthums entstanden und jünger ist, wie die meisten übrigen Theile des Gedichts, wird erzählt: wie Marjatta, die reinste und keuscheste aller Jungfrauen, nach dem Genuss einer Preiselbeere Mutter wird. Von den Eltern verstossen und auch sonst überall zurückgewiesen, gebiert sie in einem Stalle ein Knäblein. Der Greis, der es taufen soll, weigert sich, die Handlung vorzunehmen, so lange nicht durch einen weisen Mann eine Prüfung bewirkt worden. Wäinämöinen, zu diesem Behufe herbeigerufen, untersagt die Taufe wegen des Makels, der auf der Geburt des Kindes haftet. Da straft ihn dies mit Worten und hält ihm alle die Verbrechen vor, die er selbst sich in jüngeren Jahren habe zu Schulden kommen lassen, ohne dass er deshalb für unehrenhaft gegolten. Der Alte tauft den Knaben jetzt und weiht ihn zum Könige von Karelien, worüber Wäinämöinen so missmuthig wird, dass er das Land verlässt und auf einem kupfernen Boote zu dem Rande des Horizontes segelt, wo Himmel und Erde sich berühren und wo er noch weilt. Die Kantele und seine Gesänge hat er aber dem Suomivolke zu dessen Freude zurück gelassen.

Schon die kurze Inhaltsangabe, wie sie in dem Vorstehenden gegeben ist, lässt deutlich erkennen, dass es dem Gedichte in der Art, wie es uns vorliegt, an einer vollen Einheit des behandelten Gegenstandes fehlt. Sicht man auch von den ersten Runen, welche die Schöpfungsgeschichte enthalten, und der letzten, welche den Sieg des Christenthums über den heidnischen Glauben verherrlichen soll, ab, so lassen sich doch drei Ströme erkennen, die, wenn sie sich auch hin und wieder berühren, doch durchaus in gesonderten Betten fliessen. Die Erzählung von den Kämpfen, durch welche der Sampo in Finnlands Besitz kam, die Abenteuer Ahti Lemminkainens und die tragischen Schicksale Kullerwos. — Es würde aber ungerecht sein, wenn man die Sänger — denn dass wir es nicht mit einem Dichter, von dem das Ganze verfasst worden, zu thun, dass wir vielmehr das Werk Vieler vor uns haben und vielleicht jede Rune ihren besonderen Urheber hat, bedarf für den, welcher mit der Entstehungsart der Volksdichtungen einigermassen bekannt ist, keines Beweises — hierfür verantwortlich machen wollte, vielmehr muss dies demjenigen, welcher dem Gesammelten seine gegenwärtige Gestalt gegeben, Lönnrot, zur Last gelegt werden. Hat derselbe sich auch, als er mit jahrelanger Anstrengung und grossen Opfern alles, was noch von der Vorzeit her an epischer Dichtung unter dem Finnenvolke vorhanden war, zusammenbrachte, es für alle Zeiten festigte und so vor einem früher oder später, aber sicher in nicht sehr ferner Zeit, eintretendem Untergange bewahrte, unläugbares Verdienst erworben, so ist er doch in der Zusammenstellung des Gefundenen und der Anordnung, die er ihm gab, wenig glücklich gewesen. Lönnrot hat, um möglichste Vollständigkeit zu erreichen, alles aufgezeichnet, was er über ein dem epischen Cyclus zugehöriges Thema singen gehört hat und dann die Stücke, allerdings nach seiner besten Einsicht, zusammengefügt, hat dabei aber offenbar von dem Rechte des Redacteurs zu wenig Gebrauch gemacht, so dass sich nun Tautologien und Widersprüche in Menge finden. Besonders findet dieser Fall bei der zweiten Ausgabe der Kalewala statt. Die 10,000 Verse, um die sie reicher ist als die erste, sind keinesweges eben so viele Verbesserungen. Am meisten aber hat Lönnrot meines Erachtens dadurch gefehlt, dass er ganz verschiedene Dichtwerke in einen Rahmen gezwängt und so die Einheit preisgegeben hat. Dass gelegentlich der Hauptheld des einen auch in einem andern erwähnt wird, konnte hierzu ebenso wenig ausreichende Veranlassung geben, wie es zu billigen sein würde, wenn man alle Mythen von Herakles um deswillen in die Ilias einfügte, weil derselbe beiläufig in dieser genannt ist. Will man die verschiedenen Bestandtheile von einander scheiden, so darf in das Hauptgedicht, was allein auf den Namen Kalewala Anspruch machen kann, blos dasjenige aufgenommen werden, was den Sampo, sowohl die Veranlassung zu seiner Anfertigung, als den Kampf um seinen Besitz, zum Gegenstande hat, etwa ein Viertel des Ganzen. Was der Sampo sei, darüber erhält man keine volle Gewissheit; anfangs wird er eine Mühle genannt, dann werden seine Trümmer eingepflanzt. Jedenfalls liegt ihm ein tieferer und weitergehender Gedanke zu Grunde; man wird kaum irre gehen, wenn man ihn als das Symbol des durch die Einführung des Ackerbaues begründeten Wohlstandes ansieht. Hierzu passt sowohl die Mühle, die Mehl und Gold gewährt, wie das Einpflanzen. Er ist das Palladium, von dessen Besitz Wohlfahrt und Gedeihen abhängen.

Giebt so das, was sich auf den Sampo bezieht, gewissermassen den Einschlag des Gewebes ab, so bilden die Kämpfe zwischen den Finnländern und den Lappen den Aufzug. Wenn die Annahme richtig ist, dass wir diese als die letzten Reste der Urbevölkerung Finnlands anzusehen haben, welche von den aus südlicheren Gegenden einwandernden tschudischen Volksstämmen bis in den äussersten Norden zurückgedrängt sind, so muss man die Kalewala als die, wenn auch in ein mythisches Gewand eingekleidete, Schilderung der hierbei vorgefallenen Kämpfe ansehen. Von diesem Gesichtspunkte betrachtet, hat die Literatur der neueren europäischen Völker nichts, was sie jener an die Seite stellen könnte. Unwillkührlich drängt sich aber die Vergleichung mit den homerischen Gedichten auf. Die Stelle der Troer nehmen die Nordländer, die der Griechen die Kalewiden ein; wie diese nach Pohjola ziehn, um es seines Heiligthums zu berauben, so die Helenen nach Ilium. Läuft so dieser Theil unseres Gedichtes der Iliade parallel, so vergleicht sich die Episode von Kullerwo der Thebaide der hellenischen Sagenkreise. Hier wie dort: die Brüder, die sich befehden, die unbewusste Blutschande und der tragische Untergang derer, die sie begangen, nach erfolgter Entdeckung. Für die Abenteuer Lemminkainens findet sich in der classischen Heldensage nichts ganz Analoges. Aber gerade die Gestalt von jenem ist so eigenthümlich und durchaus charakteristisch — ein heiterer Sinn, der sich selbst durch die härtesten Schläge des Schicksals nicht aus der Fassung bringen oder einschüchtern lässt, eine stets bereite Dienstfertigkeit, verbunden mit grenzenlosem Leichtsinn und dem gänzlichen Mangel an sittlichem Halt — dass er eine der interessantesten Gestalten unseres Epos bildet. Streng genommen müssen, ausser manchen kürzeren Episoden, auch noch die Gesänge, welche den Streit zwischen Joukahainen und Wäinämöinen zum Gegenstande haben, als besonderes Gedicht ausgeschieden werden, da sie aber wenigstens in einigem Zusammenhange mit den Samporunen stehn, indem sie den Entschluss Wäinämöinens, nach dem Nordlande auf Brautwerbung zu gehen, einleiten, so kann man sich hier die Zusammenstellung allenfalls gefallen lassen.

Mögen aber an der gegenwärtigen Redaction der Kalewalarunen noch so viele und gewichtige Ausstellungen gemacht werden können, so stehen diese doch ausser allem Verhältniss zu dem grossen Verdienste des Sammlers. Was noch zu thun bleibt — die Widersprüche und Wiederholungen zu entfernen, die Auswüchse zu beseitigen, eine bessere Ordnung herzustellen und die einzelnen selbstständigen Theile zu sondern — kann überall und zu jeder Zeit nachgeholt werden, nachdem einmal eines, wenn auch nicht der schönsten, doch der charakteristischsten und werthvollsten Denkmale der Volksliteratur aller Zeiten und Nationen gegen den Untergang gesichert ist.

Wenn ich nun noch mit wenigen Worten des Kalewipoeg, des sogenannten Nationalepos der Esten gedenke, so geschieht dies hauptsächlich, um dem Irrthum vorzubeugen, als wenn wir es auch hier mit einer Originaldichtung zu thun hätten. Das estnische Volk ist reich an mythischen Liedern und Zaubersprüchen, auch an Gesängen lyrisch-elegischen Inhalts fehlt es nicht, aber der epischen Dichtung entbehrt es ganz; dies erklärt sich leicht aus dem Charakter des Volks, wie er oben geschildert wurde. Allerdings existirte aber eine Anzahl von Sagen, zwar meist an bestimmte Oertlichkeiten geknüpft, doch in Beziehung stehend zu einem mythischen Helden, den das Volk nur unter dem Namen Kalewipoeg, d. h. Kalewas Sohn, kannte, der aber, wie Gelehrte ermittelt haben wollen, eigentlich Sohni oder Soini geheissen hat. Auf Veranlassung der gelehrten estnischen Gesellschaft zu Dorpat wurden diese Sagen aus dem Munde des Volks gesammelt. Dr. Kreuzwald unternahm es nun, das Gesammelte zu ordnen, zu einem Ganzen zusammen zu fügen, in Verse zu bringen, die gleichzeitig aufgefundenen lyrischen Gedichte und Sprüche an geeigneten scheinenden Stellen einzureihen. *) Da ist es denn nun gekommen, dass, abgesehen von diesen Einfügungen, das Ganze nichts als eine in das trochäische Metrum gebrachte Prosa ist und in Betreff seines dichterischen Werthes ziemlich auf einer Linie mit den Reimchroniken des Mittelalters steht, dass das alterthümliche Gepräge dabei verloren gegangen ist und der moderne Bearbeiter überall zu Tage tritt. Das Verfahren ist kaum ein anderes, als das, dessen Macpherson sich schuldig machte, als er seinen Ossian erscheinen liess, nur dass Kreutzwald ehrlicher zu Werke gegangen ist und aus seinem Antheile an dem Gedichte keinen Hehl gemacht hat, und dass er nicht das dichterische Genie Macphersons besass, der zu seiner Zeit die ganze gebildete Welt entzündete. Kreutzwald hätte entschieden der Literatur einen viel grösseren Dienst geleistet, wenn er die lyrischen und elegischen Gedichte jedes für sich gelassen, wie es sich vorfand, die Volkssagen aber in schlichter Prosa, wie sie aus dem Munde des estnischen Bauern hervorgingen, mitgetheilt hätte. So wie Kalewipoeg jetzt vorliegt, ist die Dichtung für die Kenntniss der Volkspoesie nur mit grosser Einschränkung und Vorsicht, für die Erforschung der Alterthümer des estnischen Volkes fast gar nicht zu benutzen, wogegen sie für die Kunde dessen, was von der Urreligion und dem Aberglauben der heidnischen Vorfahren bis auf unsere Zeiten gelangt ist, eine ebenso reiche als zuverlässige Quelle bietet. Auch ergiebt sich daraus, dass Kalewa, wenn dieser Name sich überhaupt an eine wirkliche Persönlichkeit knüpft, gleich Wäinämöinen und Ilmarinen, denen wir ebenfalls mit wenig veränderten Namen in den estnischen Dichtungen wieder begegnen, in eine Zeit gesetzt werden muss, wo der estnische Volksstamm sich noch nicht von dem finnischen getrennt hatte und dass die Esten, als sie in ihre gegenwärtigen Sitze einwanderten, das Andenken an ihn schon mitgebracht, und dies nun an Berge, Felsen, Flüsse, Seen und was sie sonst

---

*) Der Kalewipoeg erschien in der Ursprache unter Beifügung einer deutschen von C. Reinthal und Dr. Bertram angefertigten Uebersetzung zu Dorpat 1857—1861. Später ist herausgekommen: Blumberg, G. Quellen und Realien des Kalewipoeg nebst Varianten und Ergänzungen. Dorpat 1869.

hier vorfanden, geknüpft, so aber dafür gesorgt haben, dass der Name gewiss länger als ein Jahrtausend hindurch in dem Munde des Volkes fortgelebt hat.

Der Ausdehnung nach kommt Kalewipoeg der Kalewala ziemlich nahe, da er in demselben trochäischen Versmasse, wie diese, etwa 19,000 Verse enthält.

Der Inhalt des Gedichtes ist, wenn man davon absieht, dass manche der mit aufgenommenen Sagen sich zwar auf Kalewipoeg beziehen, aber nicht den mindesten Einfluss auf den Hauptgang der Erzählung haben, ein sehr einheitlicher. Es werden die Schicksale des Helden im buchstäblichsten Sinne ab ovo, da seine Mutter Linda aus dem Ei einer Birkhenne geboren ist, insbesondere seine gewaltigen Thaten erzählt, wie er, ohne zu ermüden, über den finnischen Meerbusen schwimmt; wie er auf die Bitte eines Mädchens in einen Brunnen steigt, um einen Fingerreif, den sie hat hineinfallen lassen, herauf zu holen, statt dessen aber einen grossen Mühlstein an seinem Finger hinaufbringt, den seine Feinde, um ihn zu tödten, ihm nachgeworfen; wie er auf die Bitte eines Hirtenknaben, um den Wolf von dessen Heerde zu verscheuchen, einen Felsblock schleudert, in welchem seine Finger so tiefe Spuren hinterlassen, dass ein erwachsener Mann darin stehen kann; wie er vom Kampfe erhitzt, um seinen Durst zu löschen, einen ganzen See austrinkt; wie sein Schnarchen meilenweit zu hören ist, und was dergleichen Ungeheuerlichkeiten mehr sind. Zu den interessantesten Gesängen gehören die, welche den zweimaligen Besuch Kalewipoegs in der Unterwelt und dessen Reise zur Aufsuchung des Endes der Welt zum Gegenstande haben, weil sie theils ein Bild von den aus der heidnischen Zeit herübergekommenen und noch jetzt nicht ganz verschwundenen Vorstellungen der Esten von dem jenseitigen Leben gewähren, theils darthun, wie dieselben Sagen fast unverändert bei Völkern der verschiedensten Abstammung uns entgegentreten. Was aber den Kalewipoeg vor den meisten ähnlichen Dichtungen auszeichnet, ist sein ethischer Werth und seine sittliche Tendenz, denn sein Endziel ist der Nachweis der ewigen Gerechtigkeit, die keinen Frevel ungestraft lässt. Kalewipoeg muss, trotz aller seiner Heldenthaten und der grossen Verdienste, die er sich durch die Gründung von Städten und sonst um sein Land erworben, durch seinen Tod den in seiner Jugend im Rausche an einem Schuldlosen begangenen Mord sühnen, und zwar durch dasselbe Werkzeug, mit dem er diesen vollbracht, sein eignes Schwert. Die Götter konnten aber einen Mann, der so Grosses vollbracht, nicht wie einen gewöhnlichen Sterblichen behandeln; sie übertrugen ihm die Bewachung der Pforten der Unterwelt; von dort wieder, wenn die Zeit gekommen, zurückkehren zur Erde und seinem Volke Glück, Estland eine neue Zeit bringen. Auch die unermesslichen Schätze, die er zusammengebracht und, bevor er zum letzten Kampfe zog, der Erde anvertraut, harren gleich dem Nibelungenhorte, noch dessen, der sie heben soll.

Das Verhältniss der Kalewala zum Kalewipoeg vermag ich nicht treffender, als mit den Worten Schotts zu bezeichnen: *) „Kalewala ist ein frischer Frühlingsmorgen mit Silberwölkchen im blauen Aether, Kalevi Poeg ein in bunter, zuweilen phantastischer Farbenmischung schillernder Herbstabend."

Die neueste Zeit hat uns auch mit den dem dritten Bruderstamme, den Lappen, angehörenden epischen Gesängen, welche demselben oder doch einem verwandten Sagenkreise angehören wie Kalewala und Kalewipoeg, bekannt gemacht, den zuerst von dem Pastor Fjellner in dem äussersten und mittleren Theile des schwedischen Lappmarken aus dem Volksmunde aufgezeichneten Liedern, deren Gegenstand die Sonnensöhne (Peiven parneh) bilden. In einem derselben zieht ebenso wie in der Kalewala der Held in den hohen Norden, um sich dort eine Gattin zu holen. Die Gefahren, welchen er hierbei begegnet, besonders der Kampf, welchen er mit dem Vater der Braut zu bestehen hat und in welchem er durch deren Rath und Hülfe ebenso unterstützt wird, wie Ilmarinen durch die der Pohjolajungfrau, charakterisiren auf die treffendste Weise die rauhe Natur der Entstehungsheimath dieser Gedichte. Die Verfolgung der Neuvermählten durch die Brüder der Braut erinnert in mehr als einem Zuge an die Verfolgung der Samporäuber durch Louhi, wogegen, wie in der Kalewalasage und im Kalewipoeg, drei Nachkommen des Helden, die Kallasöhne, sich in verschiedene Gegenden zerstreuen, einer derselben insbesondere sich nach Russland begiebt.

---
*) Die estnischen Sagen von Kalewipoeg S. 418.

Auch diese Lieder haben in Bertram einen Bearbeiter gefunden, der sie in ein einheitliches Epos verschmolzen hat,*) aber um dies zu vermögen, noch mehr von dem Seinen hat hinzuthun müssen, wie Lönnrot bei der Redaction der Kalewala und Kreutzwald bei der des Kalewipoeg. Mit sehr ängstlicher Treue hat der Bearbeiter sich nicht gerade an die Urschrift gehalten. Er nennt die in dieser vorkommende namenlose Jungfrau Kalla; die Kallasöhne sind bei ihm deren Brüder, in den Fragmenten dagegen ihre Nachkommen. Wenn er deren Heimath Kalewala nennt, den Geist Kalewas, in Gestalt eines Raben, die in Stein verwandelten Söhne umkreisen lässt, so sind dies Dinge, von denen das Original nichts weiss. Dem Tone desselben hat der Bearbeiter dagegen sich dadurch genähert, dass er Reim, Assonanz und Allitteration mit einander verschmolzen hat. Je grössere Schwierigkeiten hierbei zu überwinden waren, um so mehr muss man es dem Bearbeiter Dank wissen, dass er auch weiteren Kreisen Gelegenheit gewährt hat, einen höchst interessanten Ueberrest der Volkspoesie, entsprossen in einem für die Blume der Dichtkunst möglichst ungeeigneten Boden, kennen zu lernen. „Es weht den Leser", sagt ein Berichterstatter, **) „aus diesem Gedichte wie die frische Harzluft der nordischen Wälder an. Es ist uns, als hörten wir die Wasser des inselreichen Enarasees unter dem Schatten ihrer düsteren Ufertannen rauschen, wie märchenhafte Stimmen der Edda".

---

*) Peiwasch Parnéh, die Sonnensöhne. Nach Bruchstücken einer epischen Volkssage aus Lappland von Bertram. Helsingfors 1872.
**) Blätter für literarische Unterhaltung 1872, Nr. 29, S. 756.

Excurse.

Vorbemerkungen.

Die Namen: Finnen, Tschuden, finnische Völker, werden in der Regel in so abweichender Bedeutung gebraucht, dass es, wenn man beständige Wiederholungen vermeiden will, nothwenig wird: sich eine bestimmte und feststehende Nomenclatur zu bilden. In dem Nachfolgenden werden demgemäss mit uralischen Völkern diejenigen Zweige des nordturanischen Völkergeschlechts, welche, wenn nicht sicher, doch wahrscheinlich ihre ursprünglichen Sitze in der Nähe des Urals gehabt haben, also Ostseefinnen, Lappen, Bjarmier (Permier), Magyaren, Bulgaren u. s. w., nicht aber Türken und dergl. bezeichnet werden. Unter finnischen Völkern werden diejenigen Stämme verstanden, welche sich in Beziehung zu dem Grossfürstenthum Finnland, wenn nicht noch befinden, so doch befunden haben, oder von denen man annehmen muss, dass sie mit jenen in einem näheren Grade verwandt sind als die übrigen uralischen Völkerschaften, also die Ostseefinnen, die Lappen, die Bjarmier. Sie zerfallen in Ostfinnen, dies sind die Permier mit den Syrjänen, den Wotjaken und den übrigen noch jetzt in der Nähe des Urals wohnenden kleinen Völkern, und die Westfinnen (Ostseefinnen und Lappländer). Unter dem Namen Tschuden werden die Ostseefinnen, sowohl die noch existirenden Stämme, wie die Finnländer, die Esten, Liven und Kriwitschen, wie die ausgestorbenen: die Ingrier, Sawolotzkischen, Tschuden und Wessen begriffen sein, nicht aber die Lappen und Permier. Der Name: Finnen soll das Volk bezeichnen, was in der Urzeit seinen Wohnsitz in Finnland gehabt und in Scandinavien noch jetzt den Landstrich inne hat, der nach ihm den Namen Finnmarken führt: die Lappen. Um aber jedem Missverständnisse vorzubeugen, wird er nur für die Zeiten, wo der letztere Name noch nicht üblich geworden war, verwendet werden. Der gegenwärtig Finnland bewohnende Volksstamm wird zur Unterscheidung von seinen Vorbesitzern nicht: Finnen, sondern: Finnländer oder Suomen genannt werden. Er theilt sich wieder in die eigentlichen Finnländer (Hämen, Tawasten) und die Karelier. — In ähnlicher Weise, wie es in dem Nachfolgenden geschehen soll, hat bereits Leem (Ueber die Lappen der Finnmark S. 11) zwischen Finnen und Finnländern unterschieden und des ersteren Namens sich blos für das sonst Lappländer genannte Volk bedient.

Es soll übrigens nicht in Abrede gestellt werden: dass die gewählte Nomenclatur nicht überall ganz vollkommen sich mit dem wirklichen Sachverhältnisse deckt, da z. B. die Permier der Sprache nach zu urtheilen den Magyaren vielleicht näher stehen als den Ostseefinnen, und dass man unter Finnländer streng genommen alle, welche gegenwärtig das Grossfürstenthum bewohnen, also nicht blos die, welche tschudischer, sondern auch die welche germanischer oder slavischer Abstammung sind, begreifen müsste, indessen erscheint dies für die nachfolgenden Untersuchungen, bei denen nicht chorographische, sondern nur ethnographische Verhältnisse in Frage kommen, nicht sehr wesentlich.

Da die unter dem Namen Kalewala vereinigten finnischen Volksgesänge nicht in ihrer ursprünglichen Gestalt vorliegen, vielmehr um bis auf die Gegenwart zu gelangen, durch den Mund unzähliger Sänger durchgehen mussten, die sich unzweifelhaft für berechtigt gehalten haben werden, nach ihrem Sinne einzelne Veränderungen vorzunehmen, Zusätze zu machen und das minder treu in ihrem Gedächtnisse Gebliebene zu ergänzen, so ist es sehr bedenklich, auf einzelne Aeusserungen, kleine Widersprüche und dergl. m. ein erhebliches Gewicht zu legen und aus ihnen Folgerungen zu ziehen. Man wird sich vielmehr auf das Gesammtbild, was die Dichtung darbietet, auf den Totaleindruck, den sie macht, auf das Wesentliche des Inhalts beschränken müssen und nur aus diesen Rückschlüsse auf die ursprüngliche Fassung und die Zustände zur Zeit der ersten Entstehung machen können. Als Zusätze der angedeuteten Art muss es wenigstens theilweise wohl angesehen werden, wenn von seidenen Gürteln (Rune IV. 174) von seidenen Strümpfen und Bändern (IV. 175, XXV. 588. 589) von seidenen Fussteppichen (XXI. 170), von Wachskerzen (ib 204 fgg.) von Trauringen (XXII. 60) und ähnlichen Schmuckgegenständen die Rede ist, oder wenn der Sachsen, d. i. Deutschen (XXV. 289), der sächsischen Planken (XXI. 168), der sächsischen Schuhe (XXV. 544) gedacht wird. Wollte man hieraus schliessen: dass die Kalewalagesänge ihre Entstehung erst einer Zeit verdanken könnten, wo die Finnländer schon mit allen jenen Gegenständen einer verfeinerten Kultur bekannt waren, so würde dies gewiss nicht zutreffen. *)

Hierzu tritt noch der Umstand, dass so treu und gewissenhaft im übrigen der Sammler und Herausgeber der Kalewalarunen verfahren sein mag, schon allein sein Bestreben: die vielen einzelnen Lieder, welche ihm von verschiedenen Sängern mitgetheilt worden und die von Hause aus in keinem Zusammenhange untereinander standen, zu einem einheitlichen Ganzen zu verbinden, es ihm unvermeidlich gemacht hat, einzelne Zusätze beizufügen. So sind die Verse I. 30—36 jedenfalls ein solcher Redactionszusatz, da es völlig unmöglich ist, dass ein einzelner Sänger die fast dreiundzwanzigtausend Verse des Gedichtes im Gedächtniss gehabt und in einem Zuge vorgetragen habe. Dasselbe gilt von V. 37—50 ibid. Sie würden nur dann passen, wenn wir es in unserem Epos mit einem einzigen Dichter zu thun hätten, der, wenn auch mit Benutzung älterer Ueberlieferungen, das Ganze angefertigt hätte. Dies ist aber bekanntlich nicht der Fall; es würde auch nicht blos mit der Art, wie die einzelnen Bestandtheile der Kalewala gesammelt und bekannt geworden sind, sondern mit der Natur des Volksepos überhaupt unvereinbar sein und die mancherlei sich jetzt zwischen den einzelnen Runen findenden Widersprüche völlig unerklärlich erscheinen lassen.

Als solche Redactionszusätze muss man insbesondere auch die Uebergänge, durch welche die verschiedenen Theile der Dichtung mit einander haben, verknüpft und in ein einheitliches Ganze gebracht werden sollen, ansehen, so z. B. Rune XI. v. 1 fgg. XV. 645 fgg. XXX. 495 fgg. u. s. w. — Es ist sehr zu bedauern, dass Lönnrot nicht, wie Kreuzwald dies in seiner Zusammenstellung der Lieder von Kalewipoeg gethan, durch Sternchen oder auf ähnliche Weise die durch die Redaction nöthig gewordenen Zusätze von dem unmittelbar aus dem Volksmunde Entnommenen, in ursprünglicher Fassung Verbliebenen, unterschieden hat.

---

*) Soweit diese Gegenstände in denjenigen Runen, welche die Feier der Hochzeit Ilmarinens und der Pohjolajungfrau schildern, erwähnt sind, braucht man sie freilich nicht für spätere Zusätze zu halten, da, wie weiter unten näher darzuthun versucht werden soll, diese Runen wahrscheinlich erst der neueren Zeit ihre Entstehung verdanken.

Schott (Die estnische Sage von Kalewipoeg S. 475) fragt, als er der Ermahnung gedenkt, welche Wäinämöinen nach seiner Rückkehr aus Tuonela an die junge Generation richtet, gewiss nicht mit Unrecht: „Wer steht uns dafür, ob diese Warnung wirklich aus heidnischer Zeit stammt?" *)

Ueber die einzelnen Bestandtheile der Kalewala.

Schon Castrén (Ueber die neueste Redaction der Kalewalarunen S. 8) bemerkt: „Es ist in der That schwer, in der neuen Ausgabe (der Kalewala) eine gemeinsame Idee zu entdecken, die durch das ganze Gedicht gehen und dessen einzelne Theile zu einem kunstvollen Ganzen vereinigen würde. Lönnrot äussert sich in der Vorrede zu der neuen Ausgabe also: „„„das vereinigende Band zwischen den Kalewalagesängen besteht darin, dass sie schildern, wie Kalewala sich nach und nach zu demselben Wohlstande wie Pohjola erhob und endlich über dasselbe siegte.""" Unläugbar ist der Sieg Kalewalas über Pohjola ein recht weit umfassendes Thema des in Rede stehenden Epos, aber eigentlich handelt es sich darum nur in den Samporunen. Die Runen, welche Wäinämöinens, Ilmarinens und Lemminkainens Freierfahrten nach Pohjola besingen, haben zwar einen gewissen Zusammenhang mit dem Sampocyclus, aber als Siegeslieder können sie unmöglich betrachtet werden, denn mit dem Besitze der schönen Tochter von Pohjola gewannen oder beabsichtigten die Kalewala-Helden keinesweges irgend einen Sieg über das Volk Pohjolas, sondern gerade die ersehnte Verbindung mit der Pohjolajungfrau war ein Hinderniss zum Siege, zur Eroberung des Sampo. Doch wollen wir selbst annehmen: dass die Freierrunen ein mit dem Sampocyclus zusammenhängendes Ganze bilden, so bleibt dennoch eine sehr grosse Anzahl von Runen nach, welche nicht als natürliche Bestandtheile des Gedichts betrachtet werden können, sondern den Charakter eingeschobener Episoden tragen."

Nachdem Castrén kurz den Inhalt der einzelnen Gedichte, welche unter dem Gesammtnamen Kalewala veröffentlicht sind,

---

*) Auch Castrén (Finnische Mythologie S. 136) nimmt an: dass Wäinämöinens Ermahnung an die Jugend Finnlands sich aller Frevels zu enthalten, (Kalew. XVI. 401 — 402) aus christlicher Zeit herrühre. Das Richtigere dürfe es sein, sie in die Zeit des Ueberganges von Heidenthum zum Christenthum zu setzen.

angegeben, fährt er (S. 11) fort: „Man dürfte schon aus dieser kurzen Inhaltsanzeige ersehen, dass die Episoden einen bedeutenden und vielleicht den bedeutendsten Theil der neuen Kalewalaausgabe ausmachen. Der Hauptinhalt beschränkt sich augenscheinlich auf die beiden Punkte: Sampo und die schöne Pohjolajungfrau. In der Vorrede zu meiner schwedischen Uebersetzung der alten Kalewalaausgabe habe ich darzulegen gesucht, dass beide Punkte mit einander in einem gewissen Zusammenhange stehen. Auf eine mehr einleuchtende Weise ist dieser Zusammenhang in der vortrefflichen Abhandlung über die Kalewala dargelegt, welche sich im ersten Hefte des Forsterländske-Album befindet und von dem für Wissenschaft und Vaterland gar zu früh heimgegangenen R. Tengström verfasst ist. Gleich Lönnrot hält auch er den Streit um Sampo für das Hauptthema der Kalewala und betrachtet die Runen über die Freierfahrten als einen wesentlichen integrirenden Theil in diesem Streite. Von dieser Auffassung muss jedoch bemerkt werden, dass sie eine weit bessere Anwendung auf die alte als auf die neue Ausgabe hat. In der ersteren steht die Pohjolajungfrau mehr im Hintergrunde, weil sie von Anfang an weder für Wäinämöinens noch für Ilmarinens Pohjolafahrten ein Ziel bildet. Bekanntlich wird Wäinämöinen in der genannten Ausgabe durch einen Zufall nach Pohjola verschlagen, ohne irgend welche Absichten auf die schöne Jungfrau zu haben. Auch Ilmarinen tritt seine erste Pohjolafahrt gegen seinen eigenen Willen an, nicht um nach der Jungfrau zu freien, sondern um den Sampo zu schmieden, welchen Wäinämöinen der Pohjolawirthin zu seiner eignen Auslösung versprochen hatte. Ganz anders ist das Verhältniss in der neuen Ausgabe. Hier macht das Mädchen den ersten Grund von Wäinämöinens Pohjolafahrt aus, und auch im Folgenden steht sie als ein nicht minder wichtiger Gegenstand des Gesanges dar, als der Sampo selbst. Es wird mir deshalb schwer, die Runen von den Freierfahrten als einen integrirenden Theil des Sampocyclus zu betrachten und diese Schwierigkeit wird dadurch noch bedeutender, dass die genannten Runen an Anzahl und Umfang bei weitem die Samporunen übersteigen. Vielleicht wäre es aus diesem Grunde am zweckmässigsten, nach dem Vorgange der Sänger jede Art von Runen in zwei besondere Cyclen zu theilen. Einen dritten Cyclus von Gesängen machen die Kullerworunen aus. Ferner bildet der Gesang von

Joukahainen und seiner Schwester einen an sich geschlossenen Runencyclus und endlich bleibt der Mythus von Erschaffung der Welt als ein ganz und gar isolirtes Fragment stehen."

Eine bestimmte Ansicht rücksichtlich der Anordnung der einzelnen Runen auszusprechen nimmt Castrén, obwohl er zu der Ueberzeugung gelangt ist, dass alle in die Kalewala aufgenommenen unmöglich als ein in sich zusammenhängendes Ganze betrachtet werden können, um deshalb Anstand, weil er es für möglich hält: dass künftige Forschungen noch neue Gesänge zu Tage fördern werden, welche einen festeren Anhalt für einen solchen Versuch gewähren. Es ist nicht unmöglich, dass diese Hoffnung Castréns einmal erfüllt wird, doch dürfte zur Noth auch das jetzt vorhandene Material für einen solchen Versuch ausreichen und er soll daher in dem Folgenden unternommen werden.

Hier muss nun aber zunächst ein Bedenken gegen die von Castrén aufgestellte, von ihm in seiner finnischen Mythologie S. 273 wiederholte Scheidung in die Bewerbungsrunen und in das Sampolied ausgesprochen werden. Dass ein solcher Unterschied ursprünglich stattgefunden, ist möglich; so wie die Kalewala gegenwärtig liegt, lässt eine solche Scheidung sich aber nicht durchführen, da, namentlich in der neuen Ausgabe, die Bewerbungen Wäinämöinens und Ilmarinens um die Maid von Pohjola auf das innigste mit der Anfertigung des Sampo verflochten sind, und wieder diese letztere mit den Bemühungen der Kalewala-Helden, sich des Sampo zu bemächtigen, in genauer Verbindung steht.

Man könnte sich versucht finden, zum Beweise der Einheitlichkeit der Kalewala sich darauf zu beziehen, dass dieselben Persönlichkeiten mehr oder weniger in allen Theilen derselben wiederkehren, so Wäinämöinens Name, nur mit Ausnahme der Runen, welche die Geschichten Lemminkainens und Kullerwos erzählen, sich überall findet, Ilmarinen in der Kullerwo-Episode vorkommt, Lemminkainen an dem Zug gegen Pohjola zur Erlangung des Sampo theilnimmt und Louhi sowohl in den Lemminkainen als den Samporunen auftritt. Aber dieser Umstand kann eben so wenig jenen Beweis liefern, wie der, dass die nicht irdischen Wesen: Ukko, Mana, Tuoni, Hiisi, Tapio mehr oder weniger in allen Theilen des Gedichts genannt werden. Eben so wie diese waren die Heroen der Sagenwelt, Wäinämöinen, Ilmarinen Lemminkainen allgemein im Volke bekannt. Es war daher auch sehr natürlich: dass der Volksglaube ihnen alle die Thaten beimass, deren Andenken sich erhalten hatte, wenn sie auch ursprünglich von Anderen erzählt worden, deren Namen aber im Laufe der Zeit der Vergessenheit anheim gefallen waren. In den Sammlungen finnischer Runen von Topelius, Gottland, Schrötter, Altmann u. s. w. finden sich nicht wenige, in denen die Namen Wäinämöinen und Ilmarinen vorkommen; es wird aber um deswillen noch Niemand daran denken, sie alle in den Kalewalacyclus aufzunehmen, so wenig es Jemand einfallen wird, alle die epischen Gedichte, in denen Karl der Grosse oder Arthur erwähnt ist, in ein Epos vereinigen zu wollen. Louhi namentlich ist offenbar nicht sowohl der Name einer einzelnen Persönlichkeit wie eine Personification und augenscheinlich typisch. Dass er mit Loviatar, der schlimmsten der Töchter Tuonis, zusammenhänge, muss man daraus folgen, dass andere Runen dieser eben die Thaten beimessen, welche nach der Kalewala Louhi vollbracht haben soll (Castrén Mytholog. S. 132—233). Eben so wenig kann daraus, dass in den Joukahainenrunen (VII. 95 fgg.) sich eine Stelle findet, die mit den Schöpfungsrunen (II. 237—262) in Beziehung steht, die, wo erzählt wird: dass Wäinämöinen, als er die Waldung ausgerodet, eine Birke als Ruheplatz für die Vögel habe stehen lassen, geschlossen werden: dass beiderlei Runen zusammengehören. Es war jene That Wäinämöinens eine im Volke bekannte Sage, deren jeder Sänger, wenn sie ihm passte, sich bedienen konnte.

Zerlegt man die Kalewala in ihre einzelnen Theile und behandelt jeden derselben als ein selbstständiges Gedicht, so heben sich viele Schwierigkeiten und Wiedersprüche, die sonst unlösbar sein würden, so namentlich der Umstand: dass Wäinämöinen in den Schöpfungsrunen als ein Gott, in dem übrigen Gedichte als ein Mensch erscheint, der viel Verwirrung in die finnische Götterlehre gebracht, und von der Castrén, obwohl er doch selbst erklärt: dass der Mythus von der Erschaffung der Welt in der Kalewala als ein ganz und gar isolirtes Fragment dasteht, sich in seiner finnischen Mythologie noch nicht ganz frei zu machen gewusst hat. Auch die Schwierigkeit, welche Schiefner (Zur Sampo-Mythe im Finnischen Epos. Bulletin de l'acad. de St. Petersb. T. VIII. p. 72 und: Ueber das Wort Sampo S. 1.) darin findet: dass dasselbe, was an einer Stelle von Wäinämöinen berichtet werde, an einer andern von Ilmarinen, an einer dritten von Lemminkainen erzählt sei, und dass ein Gleiches in betreff Joukahainens und Kullerwos stattfinde, verliert dadurch sehr wesentlich an ihrer Bedeutung, wenn auch zugegeben werden muss, dass durch diesen Umstand der Versuch, die ursprüngliche Fassung und den historischen Gehalt der Sage festzustellen sehr erschwert wird.

Als ursprünglich selbstständige Lieder der unter dem Namen Kalewala veröffentlichten Sammlung dürften die Nachstehenden anzusehen sein.

I. Die Schöpfungsrunen.

(Rune I. und II. der neuen, I. VI. und VII. der alten Ausgabe). Wie bereits erwähnt, hat schon Castrén den Theil der Kalewala, welcher den Mythus von der Erschaffung der Welt enthält, als ein ganz und gar isolirtes Fragment bezeichnet und er hat hierin unstreitig recht. Nicht nur hat der Inhalt dieser Runen nicht die mindeste Beziehung zu den übrigen Theilen der Dichtung, sondern er steht auch vielfach in entschiedenem Gegensatz dazu. Am wichtigsten in dieser Hinsicht ist der Umstand: dass Wäinämöinen in den Schöpfungsrunen ein göttliches Wesen, der Sohn der Ilmatar, der Tochter der Luft, selbst nicht unbetheiligt bei dem Schöpfungsact, im eigentlichen Epos aber wenn auch ein mit ungewöhnlichen Fähigkeiten und Kräften ausgestatteter Heros, aber doch immer nur ein Mensch ist.

In Uebereinstimmung hiermit wird derselbe in den beiden ersten Runen nie ein Sohn Kalewas genannt, welcher Beiname ihm doch im ganzen übrigen Gedichte unzählige Male beigelegt ist. Wo in den Schöpfungsrunen der Name Kalewala vorkommt wie II. 249, Kalewbrunnen und 253: das Haferfeld Kalewa's, ist er nur ein geographischer Begriff, ohne irgend welche Beziehung zu Wäinämöinen.

In den Schöpfungsrunen (I. 122. II. 104) erscheint Ilmatar als einzige Luonatar (Tochter der Schöpfung); wo sich dagegen der letztere Name in den eigentlichen Kalewalarunen findet, kommt er stets in der Dreizahl (IX. 44. XXVI. 78. 707) oder wenigstens in der Mehrzahl (XXXII. 82. XLI. 95.) vor. Nach IX. 44 hat Ukko die Luonatar erschaffen, indem er seine Hände an einander rieb und auf sein linkes Knie drückte; die Schöpfungsrune weiss von einer solchen Entstehung Ilmatars nichts.

Castrén (Mythol. S. 280) sagt: „Durch die Darlegung des Inhalts der Kalewala dürfte es wohl zur vollkommenen Klarheit gebracht sein, dass Wäinämöinen, Ilmarinen und Lemminkainen nicht, wie man oft anzunehmen versucht gewesen ist, die Rolle von göttlichen Wesen spielen, sondern nur als höher begabte Menschen und Heroen auftreten" und ibid. S. 281: „Es ist mit einem Worte klar und deutlich: dass Wäinämöinen, Ilmarinen und Lemminkainen, wenn sie auch einer Seits hoch über den gewöhnlichen Menschen stehen, anderer Seits doch nicht die Eigenschaften haben, welche die alten Finnen ihren Göttern beilegen."

Zur näheren Begründung dieser Ansicht mag Folgendes dienen.

Wäinämöinen wird, wie schon angedeutet, in der Kalewala an unzähligen Stellen ein Sohn Kalewas genannt. Mag man diesem Namen eine blos geographische Bedeutung beilegen, mag man ihn als den einer einzelnen Person oder als Gattungsnamen (= Riesen) ansehen, so ist so viel immer gewiss: dass er in der Kalewala nie als ein göttliches Wesen erscheint, nie als ein solches angerufen und um Hülfe angefleht wird. (Schott Kullerwo S. 234.) Nicht nur Ilmarinen und Lemminkainen werden gleichfalls Söhne Kalewas genannt, sondern es heissen auch die Finnländer überhaupt Kalewas Söhne (XLII. 424. XLV. 186. XLVII. 325), der Stamm Kalewas (XLII. 441. XLV. 183. 362) oder Kalewas Volk (XX. 572. 610. XLVII. 360).

Ilmatar, die Tochter der Luft, welche nach der Schöpfungsrune doch Wäinämöinens Mutter sein soll, trifft in einer der Samporunen (XLVII. 141 fgg.) an dem Gestade der Newa mit diesem zusammen. Von einem verwandtschaftlichen Verhältnisse zwischen beiden ist hier aber so wenig die Rede, dass sie sich völlig unbekannt gegenüberstehen.

Nach den Joukahainenrunen (V. 218. 220 fgg.) ist Wäinämöinens Mutter eine Verstorbene, die aus ihrem Grabe dem Sohne guten Rath ertheilt, so dass sie offenbar keine Gottheit, sondern nur eine Sterbliche sein kann. Joukahainens Mutter sagt von Wäinämöinen (VI. 119. 120), dass er von grossem Stamme entsprossen, der Sohn ihrer Schwester, ihr Neffe sei.

Wenn von diesem (L. 465 fgg.) erzählt wird, dass er in seiner Jugend, um sein Leben zu lösen und sich die Freiheit zu verschaffen, seiner Mutter Kind (seine Schwester) hingegeben habe, so schliesst dies eine ihm beiwohnende göttliche Natur eben so aus, wie der Umstand, dass er von der Wunde, die er sich beim Zimmern eines Bootes beigebracht, erst nach langen Qualen und durch fremde Hülfe genesen kann (VIII. IX.).

Wäinämöinen nennt sich zwar selbst einmal (XLV. 231) einen Sohn Ukkos, gleich nachher (v. 330) diesen aber „mein Schöpfer". Dass auch jener Ausdruck nicht buchstäblich, vielmehr nur so aufzufassen sei, wie wir von Kindern Gottes sprechen, hat Castrén (Mythol. S. 25) überzeugend dargethan. Auch Lemminkainen nennt sich (XLII. 132) so.

Eben so wenig wie Wäinämöinen ist Ilmarinen in der Kalewala eine Gottheit. Es ergiebt sich dies ganz unzweideutig aus der Erzählung von seiner Geburt X. 107 fgg. Lokka, die schöne Kalewtochter, seine Mutter (XX. 17. 37. 267), sein Vater (XVIII. 121. 143. 164), seine Schwester Annikki (XVIII. 223. 272. 334) werden als gewöhnliche Menschen dargestellt. Rune X. 496 begiebt Ilmarinen sich an seinen Geburtsort. Wenn Wäinämöinen (VII. 335) von ihm sagt, dass er den Himmel geschmiedet und die Lüfte gehämmert habe und auch Ilmarinen sich dessen rühmt (X. 277. 278, XLIX. 343. 344), so darf man dies nicht buchstäblich nehmen, sondern nur als eine etwas emphatische Bezeichnung der grossen Kunstfertigkeit Ilmarinens ansehen, da die Kalewala (IX. 39 und 286) selbst ergiebt, dass nach der finnischen Mythologie Himmel und Luft bereits vor der Erfindung des Eisens existirt haben. Ein ähnlicher metaphorischer Ausdruck ist es, wenn (VIII. 3. 4. 27. 28) von der Jungfrau von Pohjola gesagt wird, dass sie auf der Lüfte Bogen gestanden und an des Himmels Wölbung geglänzt habe, oder wenn diese (XIX. 36), so wie Annikki, Ilmarinens Schwester (XVIII. 42. 106) die Töchter der Nacht und der Dämmerung genannt werden, was weiter nichts bedeuten soll, als dass sie schon vor Tages Anbruch thätig sind. — Wenn Castrén (Mythol. 241) bemerkt, dass bei den Finnen eine Tradition vorkomme, der zufolge Wäinämöinen und Ilmarinen von einer himmlischen Jungfrau, Namens Ilmatar, hervorgebracht worden, nachdem diese sich aus ihrem bisherigen Wohnsitz herabgelassen und vom Winde schwanger geworden sei, so passt dies in Betreff der

Kalewala nur auf Wäinämöinen, da in ihr Ilmarinen bei dieser Gelegenheit gar nicht erwähnt ist.

Beiläufig möchte ich hier noch einer Annahme gedenken, die sich in allen auf den vorliegenden Gegenstand bezüglichen Schriften findet, die aber meines Erachtens auf einem Irrthum beruht, die, dass Ilmarinen und Wäinämöinen Brüder wären. Wenn sich auch in der ersten Ausgabe der Kalewala Stellen finden, die so gedeutet werden können, so ist es doch gewiss, dass nach der neuen Ausgabe ein solches Verwandtschaftsverhältniss zwischen den beiden Genannten nicht stattfindet. Sie wohnen an verschiedenen Orten, bilden also nicht eine Familie (XVIII, 97. 98. XXV. 675. 729 fgg.). Annikki ist nur Ilmarinens Schwester (XVIII. 41 fgg. 223. 272. 334). Die Art, wie dieselbe ihres Vaters gedenkt (ib. 121. 143. 164), lässt keinen Zweifel darüber, dass dieser nicht zugleich der Vater Wäinämöinens sei. Lokka, die Mutter Ilmarinens, ist noch am Leben (XXV. VI.), wogegen die Mutter Wäinämöinens bereits todt ist (V. 212. 220 fgg). Wenn der letztere den ersteren zuweilen, so X. 141. 490, mit „mein lieber Bruder" anredet, so ist dies offenbar nichts als eine Sprachweise, wie sie zwischen genaueren Bekannten, selbst noch heutigen Tages, insbesondere bei den Nationen des östlichen Europa, allgemein hergebracht ist. Die Kalewala braucht diesen Ausdruck sehr häufig in Fällen, wo gar nicht an eine Blutsverwandtschaft zu denken ist, so XXIV. 5. 6, XX. 81, I. 11, wo ein Sänger den andern anredet: „Goldner Freund, mein lieber Bruder". XXII. 21 nennt die Wirthin von Pohjola ihren Schwiegersohn Ilmarinen: „mein lieber Bruder". Wird doch sogar Kalewipoeg, nachdem er den Sarwick (Teufel) im Kampfe überwunden, von diesem mit: „gewaltiger Bruder" angeredet (Ges. XIX. 135. Vergl. Schott Kalewipoeg S. 483). In gleicher Weise wird in der Kalewala das Wort Schwester gebraucht, ohne dass eine Blutsverwandtschaft stattfindet, so z. B. XXIII. 15. 495. — In noch geringerem Masse findet die Annahme Schiefners (über das Wort Sampo im finnischen Epos, Bulletin III. 497), auch Lemminkainen sei ein Bruder der beiden Vorgenannten, und zwar der jüngste von allen dreien, in der Kalewala ihre Begründung; denn in dieser werden sie nie als Brüder genannt; sie wohnen an verschiedenen Orten, haben verschiedene Mütter und Geschwister. Der Name der Schwester Lemminkainens Ainikki (XII. 11) und der der Schwester Ilmarinens Annikki (XVIII. 41 fgg.) haben wohl Aehnlichkeit mit einander, sind aber keinesweges identisch. Der der ersteren hängt mit aina = Netze stricken — sehr passend für die Schwester des Inselbewohners — dieser mit annan = geben, gewähren und mit anne = das Geschenk, die Gabe, zusammen. Wenn alle drei als Kalewsöhne bezeichnet werden, so soll dies nur heissen: dass sie Nachkommen Kalewas, Kalewiden, sind; leibliche Brüder brauchen sie deshalb noch nicht nothwendig zu sein.

So entschieden nun auch die Ansicht ausgesprochen werden muss, dass Wäinämöinen in den eigentlichen Kalewalarunen nicht als überirdisches Wesen, sondern nur als Held erscheint, so soll damit nicht in Abrede gestellt werden, dass ihn nicht nur die Schöpfungsrunen, sondern auch andere Quellen der finnischen Mythologie als eine Gottheit darstellen. *) Schon die älteste von diesen, die Vorrede, welche Mich. Agricola seiner finnischen Uebersetzung des Psalters 1531 beigab, zählt den Wäinämöinen (Äinimäinen wirdhet tacoi Wäinämöinen verfertigte Gesänge) nebst Ilmarinen und den Kalewsöhnen unter den Abgöttern der Hemelaiset (der Tawasten) auf. Nach Gananders Mytholog. fenn. p. 101 ist Wäinämöinen sogar die höchste Gott-

---

*) R. v. Becker Dissert. academ. de Väinämöine, priscorum Finnorum numine pars I. (Aboae 1827) p. 4. Sjögren Neue ehstnische Uebersetzungen der Bacmeisterschen Sprachprobe (Bullet. d. l'acad. de St. Petersb. Classe d. scienc. hist. T. VIII. p. 58.) Man ist sogar, aber sicher mit Unrecht, so weit gegangen, den Namen, welchen der Donnergott führt, Ukko, lediglich als ein Epitheton Wäinämöinens anzusehn, und die Einführung des Ukko als eines besonderen Gottes in die finnische Götterlehre einem Missverständnisse späterer Mythologen beizumessen, vid. Porthan in Lencqvists Specim. academ. de superstitione. Note zu pag. 25 Rübs Finnland och dess invånare Oevorsättning. Andra uplagan tillökt och omarbetad af A. J. Arwidsson. (Stockh. 1827) D. I. p. 15. Mone Gesch. des Heidenthums im nördlichen Europa Th. I. S. 54. Rein Specim. histor. de vetere Carelia ante occupationem Suecanam (Aboae 1825) p. 51.

heit der Finnen gewesen. Castrén (Mythol. S. 302) stellt ihn daher auch mit dem scandinavischen Odin zusammen.

Jener Mangel an Uebereinstimmung in den Angaben über die Natur Wäinämöinens kann entweder eine topographische oder eine chronologische Ursache haben; mit andern Worten: entweder hat Wäinämöinen bei einem finnischen Volksstamme für einen blossen Helden, bei einem andern für eine Gottheit gegolten, oder er ist im Laufe der Zeit in dem Glauben des Volks entweder vom Gott zum Menschen geworden, oder umgekehrt erst unter die Götter versetzt. Möglicher Weise kann auch jene Verschiedenheit zugleich eine örtliche und eine in der Zeitfolge beruhende Veranlassung gehabt haben.

Für die Annahme einer in der Oertlichkeit ihren Grund habenden Verschiedenheit spricht der Umstand, dass, wie angegeben, Agricola den Wäinämöinen unter den Abgöttern der Tawasten, nicht aber unter denen der Karelier aufführt, während, wie unten näher dargethan werden soll, Karelien als die Heimath der Kalewala angesehen werden muss.

Es ist aber auch durchaus nicht unmöglich, dass die Finnländer ihre ursprünglichen Nationalhelden Wäinämöinen, Ilmarinen, Wipunen, Lemminkainen, deren Andenken sie entweder bei der Einwanderung in ihre gegenwärtige Heimath mitbrachten, oder die bei der Besitzergreifung derselben eine wichtige Rolle gespielt und sich grosse Verdienste um ihr Volk erworben hatten, später, namentlich nachdem sie mit der germanischen Götterlehre bekannt geworden, unter die Götter versetzt. Schon Schiefner (über das Wort Sampo S. 1) hat sich dahin ausgesprochen, dass die westlichen Zweige des finnischen Stammes keine ausgebildete Mythologie aus ihrer ursprünglichen Heimath in die jetzigen Wohnsitze mitgebracht, sondern eine solche erst kennen gelernt haben, als sie mit einzelnen in der Kultur vorausgeeilten Völkern des indogermanischen Stammes in nähere Berührung kamen. Er sieht (l. c. S. 2) die Märe von grossen Helden und deren Thaten, als den Stamm an, auf welchem die finnische Mythologie gepfropft ist.

Es liegt in der Natur der Sache, dass diese Einwirkung des scandinavischen Elements bedeutender in dem Theile Finnlands gewesen sein muss, welcher Schweden zunächst lag und mit diesem, schon vor der Eroberung, durch Handel und Kriegszüge in Verbindung kam, also in dem eigentlichen Finnland, Nyland und dem Lande der Tawasten, geringer in den entfernteren nur wenig vom Meere berührten Gegenden, in Karelien. Es ist daher sehr erklärlich, wenn die uralte Heroensage in jenen Landstrichen eine mythologische Gestaltung angenommen hat, in diesem der ursprünglichen geschichtlichen Ueberlieferung treuer geblieben ist.

In gleicher Weise wird von den Geschichtsschreibern der scandinavischen Völker jetzt meist angenommen, dass Odin und die Asen ursprünglich historische Personen gewesen, denen später eine göttliche Natur beigelegt sei. (Vergl. z. B. Geijer Urgesch. S. 393; dessen Gesch. Schwed. I. S. 26; Eckendahl, Gesch. des schwed. Volkes I. 109 fgg., 146 fgg.)

Dass nicht umgekehrt aus ursprünglichen Gottheiten später Menschen gemacht sind — ein Verfahren, was in den religiösen Sagen der Völker zwar nicht unerhört wäre, aber doch entschieden das seltenere ist — dafür spricht der Umstand, dass bei der Einführung des Christenthums die in Rede Befangenen von den Finnen als Gottheiten angesehen worden sind, wie sich unter andern aus einem von Lencqvist (De superstit. veter. Fenn. p. 26) und Ganander (Mythol. Fenn. S. 101) angeführten Gebete ergiebt, in welchem Wäinämöinen und Ilmarinen zusammen mit der Jungfrau Maria angerufen werden. *)

Zugegeben kann aber werden, dass auch die Karelier von der Versetzung ihres Nationalhelden unter die Götter durch den Nachbarstamm nicht ganz unberührt geblieben sind, und es ist daher mit den obigen Annahmen durchaus vereinbar, wenn in dem an Tawastland und Nyland gränzenden Sawolax das Sternbild des Orion bald den Namen Wäinämöisa wikate oder wiitake (die Sense des Wäinämöinen) **), bald den Wäinämöisen miekka (das Schwert des Wäinämöinen) ***) führt.

---

*) Castrén (Mythol. S. 307) nimmt allerdings an, dass Ilmarinen und Lemminkainen ursprünglich als Elementarmächte oder als Luft- und Wassergott verehrt, und erst später aus ihnen Menschen geworden sind. Was er zur Unterstützung dieser Ansicht anführt, ist jedoch nicht sehr überzeugend.
**) Porthan in Vitterhets Historie och Antiquitets Academ. handlingar D. IV, p. 23 not. ii. und v. Becker l. c. p. 10.
***) Gottland in Svensk Literatur — Tidning 1817, p. 399.

— 51 —

Wenn Castrén (Mythol. S. 286) Zweifel gegen die Aechtheit des in die neue Kalewala-Ausgabe aufgenommenen Liedes von Wäinämöinens Geburt ausspricht, so soll dies eben auch nur heissen: dass es ursprünglich keinen Zusammenhang mit den übrigen Runen gehabt habe und nicht gleichzeitig mit denselben entstanden sei; an eine förmliche Unterschiebung und die Absicht eines Betruges ist dabei gewiss nicht zu denken. Castrén (l. c. p. 286) glaubt vielmehr: dass der Gesang von Wäinämöinens Herkunft, wie er sich in der neuen Ausgabe der Kalewala finde, nicht ursprünglich sei, sondern eine aus späterer Zeit stammende Umgestaltung der Sage von der Geburt der Plagegeister durch Loviatar, der Tochter des Todes.

Dass diese Ansicht richtig sei, ist nicht nur deshalb anzunehmen, weil sich viele Varianten des fraglichen Gesanges vorfinden, sondern weil er auch als selbstständiges Gedicht in einer von Ganander (Finn. Mythol. S. 30. 31) mitgetheilten Rune existirt, welche im Wesentlichen allerdings mit der Darstellung in der älteren Kalewala-Ausgabe übereinstimmt, aber auch manche Stellen enthält, welche der neueren entsprechen. Sie erzählt von Kawe Ukko, dem Herrn des Nordens, der nach ihr Wäinämöinens Vater ist (in der älteren Kalewala-Ausgabe ist Kawe Ukko ein Name Wäinämöinens), dass er dreissig volle Sommer im Leibe seiner Mutter geschlafen habe (kolme kymmedä kescä) of. Kalewala I. 290. 291, wandert noch im Leib der Mutter dreissig Sommer nach einander (kolmekymmentä kescä) und dass er, als ihm die lange Zeit zum Ueberdruss ward und er nicht zum Genusse des Lebens gelangen konnte, seine Wohnung geöffnet, sich gegen die blutige mit dem Zeigefinger (sormella nimittömällä), mit den Zehen des linken Fusses (wasemmalla warpahalla) gestemmt habe. [Vergl. Kalewala I. 317: Wird das Sein ihm unbehaglich, Ihm das Leben dort verdriesslich, Sprengt der Feste schmale Pforte, Mit dem Finger ohne Namen (sormella nimettömällä), Schlüpfet durch das Schloss, das starke, Mit des linken Fusses Zehe (Vasemmalla varpahalla) u. s. w.]

Dasselbe, was von dem Liede über Wäinämöinens Geburt, gilt von dem, welches die Schöpfung der Welt besingt. Auch hier finden sich viele Varianten. Die alte Kalewala-Ausgabe bringt dieselbe mit Jonkahainens Mordversuch in Verbindung; nach einer von Castrén (Reisen im Norden S. 107) mitgetheilten

Variante waren ein Adler, der in den Lüften schwebte, und Wäinämöinen, der auf dem Meere umherrirrte, die ersten Wesen in der Welt; jener habe aus seinen, von des letzteren Knien in das Meer hinabgerollten, dann von einem Hechte verschlungenen und in dessen Magen verdorbenen Eiern den Himmel und die Erde geschaffen.

Welche Widersprüche durch die Schöpfungsgeschichte, namentlich in Folge ihrer Fassung in der neuesten Ausgabe, in die Kalewala gekommen sind, ist von Castrén (Mytholog. S. 293 fgg.) ausführlich dargelegt. Auch ist ein Einfluss der scandinavischen Götterlehre hier nicht zu verkennen, wie unter andern die der Eiche beigelegte wichtige Rolle (III. 191 fgg.) sehr an die Eiche Ydrasil erinnert. Es ist daher gewiss vollkommen gerechtfertigt, wenn man die Schöpfungsrunen völlig von den übrigen Theilen unseres Epos ausscheidet.

II. Die Marienrune (Rune L.).

Ein Seitenstück zu den beiden ersten Gesängen der Kalewala bildet der letzte, welcher den Sieg des Christenthums über den heidnischen Glauben zum Gegenstand hat; zu den Samporunen steht auch er nicht in der mindesten Beziehung. Es kommen sogar die Namen: Kaleva, Kalewala und deren Ableitungen gar nicht vor. Finnland erscheint darin nur unter dem Namen, den es noch heute führt: Suomi (L. 510. 512.)

Die Entstehung dieser Rune fällt sicher in die Zeit des Ueberganges vom heidnischen zum christlichen Glauben etwa um 1230, wo im eigentlichen Finnland der letztere bereits eingeführt war, die Karelier ihn aber noch nicht angenommen hatten (Lehrberg Untersuchungen zur Erklärung der älteren Gesch. Russlands S. 109. 142). — Christenthum und Heidenthum sind unter einander gemischt. *) Aus jenem hatte der Dichter die dunkle Kunde: dass ein Kind von einer unbefleckten Jungfrau, Namens Marjatta (Maria) geboren worden (V. 122), dass dem Neugeborenen, weil seine Mutter kein anderes Unterkommen gefunden, als ihre Stunde gekommen, eine Krippe zur Wiege gedient habe (V. 336) dass es einst von der Mutter, die nicht wusste, wo es geblieben, erst

---

*) Heidnisch ist z. B. die Erwähnung von Tapiomäki, dem Berge des Waldgottes Tapio (V. 304) des Dämons Hiisi (V. 169) u. s. w.

nach langem Suchen aufgefunden worden (V. 422), dass dasselbe der Erschaffer der Welt sei (V. 384. 397. 411), der künftige Herrscher des Volkes, der Oberste aller Könige sein werde (V. 477. 78). Wenn sich nun hieraus auch ergiebt: dass der Dichter nicht ganz ohne Kenntniss der biblischen Geschichte gewesen, so erhellt doch aus dem übrigen, dass diese Kenntniss nur sehr unbestimmt *) und lückenhaft gewesen sein könne. Der Dichter war wohl ein im heidnischen Glauben Aufgewachsener, der zwar die Taufe angenommen, aber doch nicht ganz ohne Zweifel darüber war, ob das Christenthum wirklich für immer den vollständigen Sieg über den alten Glauben in seinem Vaterlande erlangen werde.

Wenn Wäinämöinen in dieser Rune mit der Jungfrau Maria in Verbindung gebracht ist, so kann dies umsoweniger auffallen, als der Volksglaube lange, selbst bis in die neuere Zeit, an einer solchen festgehalten hat. Rühs (Finnland und seine Bewohner S. 24) bemerkt: Während des Papstthums musste Wäinämöinen die Regierung mit der Maria theilen; daher gab ein karelischer Hexenmeister auf die Frage: was für Gottheiten von seinen heidnischen Vorfahren am meisten verehrt worden wären, die Antwort: der alte Wäinämöinen und die Jungfrau Maria.

Jüngeren Ursprungs als die Form, welche die Marienruno in der uns vorliegenden Redaction der Kalewala hat, ist jedenfalls die Variante, welche Castrén in seinen Reisen S. 101. 102. mittheilt, die offenbar eine Nachahmung der Sage von Ahasverus, dem ewigen Juden, enthält, welche sicher erst lange nach Einführung des Christenthums in Finnland bekannt geworden sein wird.

Als selbstständige Gedichte sind ferner, wie bereits von Castrén dargethan ist, die drei grossen Episoden: der Streit Wäinämöinens mit Joukahainen, die Abenteuer Lemminkainens und die Schicksale Kullerwos anzusehen.

III. Die Joukahainenrunen (R. III. — VI).

Die Joukahainenrunen, welche in der alten Ausgabe der Kalewala, in der sie den 30., 31., 1. und 2. Gesang bilden, eine

---

*) Als Beleg hierfür kann unter anderm die Rolle angesehen werden, welche in der Rune dem Ruotus beigelegt wird (V. 219. 230. 235. 241. 251 261. 277) ein Name, der nach Schiefner (Kalewala S. 299) aus: Herodes. gebildet ist.

ganz andere Stellung einnehmen, als in der neuen und dort unter anderen die wesentliche Variante enthalten, dass Wäinämöinen nur durch einen Zufall nach Pohjola verschlagen wird, ohne irgend welche Absichten auf die schöne Jungfrau zu haben, stehen zu den Samporunen nur soweit in Beziehung, als die Pohjolawirthin die Gewährung von Wäinämöinens Verlangen, nach Hause geschafft zu werden, davon abhängig macht: dass dieser ihr den Sampo anfertige und derselbe, da er es nicht vermag, ihr verspricht, zu diesem Behufe den Schmied Ilmarinen ihr zu senden. Offenbar ist diese Verknüpfung eine sehr lose und sie könnte auch fehlen, ohne dass die Vollständigkeit und das Insichabgeschlossene der beiden Lieder dadurch eine irgend wahrnehmbare Beeinträchtigung erleiden würde. Es existiren denn auch wirklich selbstständige Runen, welche den Wettkampf Wäinämöinens und Joukahainens besingen, in denen von dem Sampo in keiner Weise die Rede ist, vid. z. B. Ganander l. c. S. 66. und 97 — 99 (der Bearbeitung von Peterson). Auch stimmt das Bild, was man sich nach den Joukahainenrunen von Wäinämöinen entwerfen muss, nicht ganz mit dem überein, was sich aus den Samporunen ergiebt. In den letzteren ist er zwar auch ein älterer Mann, aber doch noch in voller geistiger und körperlicher Kraft, in den ersteren ist er dagegen seiner eignen Schilderung nach (V. 172—179) ein Greis, dessen Geisteskräfte schon im Abnehmen begriffen sind. — Bemerkenswerth ist: dass Ukko, der in den übrigen Runen so oft als Gott des Himmels genant und angerufen wird, in den Joukahainenrunen nicht vorkommt, wohl aber Jumala (III. 202. 571). Da nun nach Castrén (Mythol. S. 25. 27., letzterer der älteste Gott der Finnen war, an dessen Stelle später Ukko getreten ist, so könnte man hieraus schliessen: dass diesen Runen ein sehr hohes Alter beigelegt werden müsse; doch ist anscheinend Jumala in der angeführten Stelle nicht in der engeren Bedeutung als Gott des Himmels, sondern unter dem ihm später beigelegten Begriff als Gottheit überhaupt aufzufassen; auch weist die unverkennbare Uebereinstimmung zwischen dem Wafthrudnismál und dem Liede von dem Wettkampfe Wäinämöinens und Joukahainens (Castrén Mythol. S. 301) auf die Entstehung des letzteren in einer Zeit, wo die Finnländer bereits mit den scandinavischen Sagen bekannt geworden waren.

Beachtung verdient: dass, während sonst überall in den Kalewalagesängen das Nordland (Pohjola oder Sariola) gleichbedeutend mit Lappland (Lappi) ist, die Joukahainenrunen beides von einander unterscheiden (V. 230. 235. 237). Da aber in den letzteren des Getreidebaues in Lappland (III. 429. 430) und des Pflügens mit Pferden und Ochsen, so wie überhaupt vielfach des Gebrauches der Rosse (III. 68 fgg. 392 fgg. IV. 334) gedacht wird, so muss die Entstehung in eine Zeit fallen, wo die Lappen noch ein ackerbautreibendes Volk waren. Es wird auf diesen Gegenstand weiter unten, wo von den verschiedenen Theilen Lapplands die Rede ist, zurückgekommen werden. Hier will ich mich auf die Bemerkung beschränken: dass der Name Joukahainen wohl unzweifelhaft zu Jouka und der Strömung von Joukola, die mehrfach (V. 156. 234. VII. 68) in Verbindung mit Lappland erwähnt werden, und die an den an den Grenzen des heutigen Lapplands, in der Vogtei Kemi und dem Kirchspiel Kuusamo belegenen See Joukamo erinnern, in Beziehung steht.

IV. Die Lemminkainenrunen (R. XI—XV. XXVI—XXX).

Dass die beiden Runenreihen, welche die Abenteuer Lemminkainens zum Gegenstande haben, auch nur im mindesten in Beziehung zu den Samporunen stehen, kann von Niemandem behauptet werden. Es wird des Sampo, der Anfertigung desselben, so wie der um seinen Besitz entbrannten Kämpfe in ihnen nie gedacht. *) Dass die Erwähnung Lemminkainens in einem späteren Gesange als Theilnehmer an dem Zuge gegen Pohjola eine Zusammengehörigkeit darzuthun nicht geeignet sei, ist schon oben erwähnt. Dagegen begegnen wir mannigfachen nicht unwesentlichen Verschiedenheiten. Der Wirth von Pohjola spielt nur hier eine einigermassen erhebliche Rolle, auch Syöjätar, die Menschenfresserin, aus deren Speichel die Schlange geschaffen ist, wird nur in diesen Runen (XV. 595. XXVI. 693. 695. 726. 732. 744.) — in den Samporunen (XIX. 201) nimmt Wetehinen dieselbe Stellung ein — erwähnt. Ueberhaupt erscheint in ihnen eine Anzahl von Gottheiten — von einigen aus der lettischen und scandinavischen Mythologie entlehnten wird weiter unten die

---

*) XV. 82 „Taitan sampuen saranat" kommt zwar das Wort Sampo vor, dies hat aber mit dem Palladium der Samporunen so wenig zu thun, dass Schiefner die Stelle ohne Weiteres „Sprenge ich der Mühle Angeln" übersetzt hat.

Rede sein — welche sonst nirgends in der Kalewala vorkommen und welche darauf deuten: dass die Finnländer zur Zeit als die Lemminkainenrunen entstanden, schon eine sehr ausgebildete Götterlehre besassen, so Keitelainen ein Waldkobold (XXVI. 746) Pakkanen oder Pakko, der Gott des Frostes (XXX. 124 fgg.) Tuulikki, die Tochter des Waldgottes Tapio (XIV. 174 fgg.) Puhuri, der Nordwind (XXX. 185. 299) Suonetar, die Adergöttin (XV. 316.) In den Samporunen (XLIII. 235 fgg.) wirft Louhi dem Lemminkainen vor: dass er seine Mutter betrogen, da er dieser versprochen, nicht in den Krieg zu ziehen, wenn ihn auch die Lust nach Gold und Silber dazu treibe, und dass er sein Gelöbniss gebrochen habe, nach den Lemminkainenrunen (XI. 301 fgg.) ist es aber nicht die Mutter, sondern die Gattin Kyllikki, der Lemminkainen dies zugeschworen hat. — Auffallen muss es auch: dass der Name Kalewala, so wie die Synonymen desselben Wäinölö und Osmo auch nicht einmal in den fraglichen Runen vorkommen, obwohl Lemminkainen ein Sohn Kalewas, ein Kalewala-Held (Kalevainen) genannt wird.

Lemminkainen — wohl: der Liebe, Zärtliche von lempi, lemmen: Liebe Zärtlichkeit, und der verkleinernden schmeichelnden Anhängsylbe kainen *) auch Kauko, Kaukolainen und Kaukomieli (der weithin Verlangende) so wie Ahti (der Inselbewohner) genannt — selbst ist mit seiner gränzenlosen Leichtfertigkeit, seinem durch nichts aus der Fassung zu bringenden Selbstvertrauen, — in den Samporunen tritt hierzu noch eine unermüdliche Dienstwilligkeit — wie schon oben erwähnt wurde, ein so eigenthümlicher Charakter, dass sich kaum in irgend einer Sage, auch anderer Völker, ein vollkommenes Seitenstück zu ihm finden möchte. Dagegen begegnen wir vielfach in diesen Runen einzelnen Zügen, die auch anderweit vorkommen. So findet die Weise, wie Lemminkainens Mutter nach dem todten Sohn sucht, in einem von Castrén (Mythol. S. 178) mitgetheilten tartarischen Märchen, das ausserdem als ein Seitenstück zur Tundalussage und zu Dantes Hölle ein grosses Interesse darbietet, ein Analogon. — Der Auftrag, den Lemminkainens Mutter der Biene ertheilt, ihr Balsam zur Heilung der Wunden ihres Sohnes herbeizuschaffen, findet

---

*) Schott (Kalewo S. 233) hält jedoch Lemminkainen für gleichbedeutend mit Lemminpoika, Sohn des Lempi.

sich auch in einer Rune bei Ganander (S. 56). Die Verse: Fliege fort in die Weite über neun Seen, zu zehn Meeresgestaden, hole den Honig aus Metsola, die Arzenei aus Tapiola, stimmen zum Theil wörtlich mit Kalewala XV. 397. 398. 424. 425. 495. 547. 548 überein. — Eben so wie in den Lemminkainenrunen Sonne, Mond und Sterne um Kylliki, die schöne Saaritochter, werben, thun sie dies in einer im Kanteletar (III.) mitgetheilten Rune um die schöne aus einem Gänseei ausgebrütete Jungfrau Suometar (die Tochter Finnlands) und im Kalewipoeg (I. 177 fgg. vergl. auch Neus Ehstnische Volkslieder I. p. 9 fgg.) um die aus einem Küchlein erwachsene Selma, und die aus dem Ei eines Birkhuhnes hervorgegangene Linda.

In sich zerfallen die Lemminkainenrunen wieder in zwei gesonderte und nur in loser Verbindung mit einander stehende Abschnitte. Der erste (R. XI—XV.) erzählt die Werbung um Kylliki und deren Entführung, so wie, nachdem diese ihr Gelöbniss: nicht zum Tanz in das Dorf zu gehen, gebrochen, die Werbung um die Pohjolamaid, Lemminkainens Tod und dessen Wiedererweckung zum Leben durch seine Mutter. Den Inhalt des zweiten Abschnitts (R. XXVI. — XXX) bilden Lemminkainens Zug nach Pohjola, um Rache dafür zu nehmen, dass er nicht zum Hochzeitsfeste geladen worden, seine Flucht nach der Meeresinsel und sein üppiges Leben auf dieser, so wie der wiederholte erfolglose Zug nach Pohjola.

In diesem zweiten Theile kommt der Name Kylliki nicht ein einziges Mal vor; nur von Lemminkainens Mutter ist stets die Rede; blos an diese wendet sich derselbe, als er sich zur Reise rüsten will; sie allein ist es, mit welcher er über deren Gefahren und nach seiner Rückkehr, über die Wahl eines Zufluchtsortes Rücksprache hält. Auch nachdem er von der Meeresinsel in die inzwischen verwüstete Heimath zurückgekehrt ist, wird nur der Mutter, nicht der Gattin gedacht. Die ganze Erzählung macht vollständig den Eindruck: dass Lemminkainen unvermählt sei. Die Verse XXVI. 75. 76. „Ihrem Sohn verbots die Mutter, Ihrem Manne auch die Gattin" die einzige Stelle in allen fünf Runen, in denen das Wort Gattin vorkommt, die auch sonst zu dem Uebrigen nicht recht passt, muss daher als ein späteres Einschiebsel angesehen werden. Beachtung verdient auch der Umstand: dass die Wirthin von Pohjola in dem ersten Abschnitt einen ganz andern Namen führt wie in dem zweiten, in jenem heisst sie Louhi (XIV. 271. 374. XV. 63), in diesem Ilpotar (XXVII. 71. 123) ein Name der sonst nirgends in den Kalewalagesängen vorkommt, weder für die Pohjolawirthin, noch sonst.

Noch wesentlicher erscheint es: dass in dem zweiten Theile der Lemminkainenrunen mit keinem Worte davon die Rede ist, dass der Held früher selbst sich um die Maid von Pohjola beworben, ein Umstand, der offenbar viel besser geeignet gewesen wäre, den Rachezug nach Lappland zu motiviren, wie die blosse Unterlassung einer Einladung zur Hochzeitsfeier.

Dass die Lemminkainenrunen wenigstens in ihrer gegenwärtigen Gestalt ihre Entstehung einer späteren Zeit verdanken, wie andere Theile der Kalewala, namentlich die Samporunen, scheint kaum einem Zweifel zu unterliegen. Darauf deutet unter andern: dass darin von einem Unterschied der Stände, der immer nur das Product einer etwas vorgeschrittenen Kultur sein kann, die Rede ist, von dem sich in den übrigen Runen nicht die mindeste Andeutung findet. Die schöne Maid von Saari war aus einem vornehmen Geschlechte (XI. 69 fgg. 274 fgg. 402), Lemminkainen selbst dagegen aus einem niedern (XI. 75 fgg. 276 fgg.). Es werden besondere Kriegsanzüge (XII. 60. 79. 105. XXVI. 339), ja ein Panzerhemde und Stahlgürtel (XII. 218. 219) erwähnt. Es scheint sogar, dass der Dichter mit den Schiesswaffen nicht unbekannt gewesen ist. *)

Dass die Lemminkainenrunen eine bereits sehr ausgebildete Götterlehre erkennen lassen, ward schon oben angedeutet. Es muss aber auch darauf hingewiesen werden, wie offenbar fremdländische Einflüsse dabei thätig gewesen sind. So ist der Dämon Juntas (XIII. 106) von den Letten entnommen. **) Mimerki, die Gattin Tapios (XIV. 227) aber aus der scandinavischen Mythologie entlehnt. ***)

---

*) Wenigstens erklärt Castrén (Mythol. S. 251) den Ausdruck Umpj-putken lainehista (XIV. 408) durch „eingeschlossenes Rohr." Schiefner hat ihn allerdings durch rohrgleich wiedergegeben. Auch muss dahin gestellt bleiben, ob die Worte nicht überhaupt ein späterer Zusatz sind.

**) Schiefner Kalewala S. 297. und Anmerkungen zu 'Castréns Mytholog. S. 110.

***) Schiefner Kalewala S. 298 und in Castréns Mythologie S. 93.

Auf einen solchen späteren Ursprung deutet auch die Art, wie Pohjolas in den Lemminkainenrunen gedacht wird. Pohja und Lappi sind in ihnen identisch (XII. 33. 36. 81. 82. 107. 108. XIII. 129. 130. 169. 170. XXVI. 292 fgg); es ist aber offenbar ein nicht zum Ackerbau geeignetes Land; *) denn die Runen enthalten nicht die mindeste Spur, dass Getreidebau daselbst stattgefunden, vielmehr erscheinen Viehzucht, Jagd und Fischerei als alleinige Erwerbsmittel. Es ergiebt sich hieraus, dass die Lemminkainenrunen aus einer Zeit stammen, wo die Lappen schon aus den Besitz der anbaufähigen Landstriche Finnlands verdrängt waren, zugleich aber auch von neuem: dass die Lemminkainen- und die Samporunen nicht zusammengehören können, da in den letzteren Pohjola, wenigstens so lange es sich im Besitze des Sampo befindet, ein getreidebauendes Land ist.

Eigenthümlich ist in jenen Runen auch der Umstand, dass die Sprache der Lappen und der Finnländer als in dem Masse verschieden erscheint, dass die einen nicht von den andern verstanden werden, denn Lemminkainens Mutter sagt zum Sohn (XII. 199. 200):

Kannst ja nicht die Turjasprache,
Nicht die Lappensprache reden.

Es deutet dies auf eine Entstehungszeit der Runen, wo beide Volksstämme schon seit langer Zeit sich getrennt hatten. In den Samporunen, wo die Beziehungen jener zu einander einen Hauptgegenstand bilden, kommt nichts derartiges vor.

Eben so findet sich nur in den Lemminkainenrunen der Name Wuojalainen (Wuojaländer) als identisch mit Lappalainen (Lappländer) (XIII. 47. 48). Es ist nicht unwahrscheinlich, dass derselbe im Zusammenhange mit Wogansari steht, welchen Namen einer der Gebirgszüge Lapplands führt (Scheffer Lappland S. 424). Die Lappen müssen daher zur Zeit der Entstehung dieser Runen schon ihre gegenwärtigen Wohnsitze innegehabt haben. Dahin

---

*) Schiefner hat zwar Vainiolle (XIV. 287. und 367) durch Ackerfluren übersetzt, das Wort vainio bedeutet aber auch Feld im Allgemeinen. Diese Stellen können daher auch übersetzt werden: Zu den grünen Fluren. Wenn XXVII. 76. fgg. 97. fgg. der Gerste und des Brodes gedacht wird, so geschieht dies in einer Weise, die annehmen lässt, dass sie nicht eignes Bodenerzeugniss, sondern Gegenstand der Zufuhr von ausserhalb wären. (XXVII. 108. fgg.)

deutet auch die nur in jenen *) sich findende Zusammenstellung von Turjaländer und Lappländer (XII. 137. 138. 199. 200. XXVI. 293—296).

Castrén (Mythol. S. 73.) ist der Ansicht, dass der Held Lemminkainen und der finnische Gott des Meeres, Ahti oder Ahto ursprünglich ein und dieselbe Person gewesen wären, und er beruft sich hierbei darauf: dass in den Runen der letztere sehr häufig mit dem ersteren verwechselt sei. Dies kann jedoch in Betreff der Kalewala, namentlich derjenigen Gesänge derselben, welche die Abenteuer Lemminkainens zum Gegenstande haben, nicht zugegeben werden. Wo Ahti oder Ahto als Meeresgott in unserer Dichtung erwähnt ist, wie V. 133. 163. XLI. 133. XLII. 207. 489. 531. XLIII. 276. XLIV. 14. XLVIII. 135., da ist nirgends an eine Verwechselung mit Lemminkainen zu denken, eben so wenig wie bei Ahtola (V. 19. 23. 29. XLII. 488) und Ahtolainen (das Volk der Wassergötter) (XLIII. 272). In den Lemminkainenrunen bezieht sich dagegen Ahti oder (in der ersten Ausgabe der Kalewala) Ahto lediglich auf Lemminkainen; eine Wassergottheit gleichen Namens kommt darin nirgends vor; als solche werden vielmehr Wasserhiisi (Vesi hiisi) und Wasserwirthin (Veen emäntä) genannt (XII. 263 fgg). Da Hiisi ursprünglich eine Waldgottheit war (Ganander S. 47. Castrén Myth. S. 112) und die gedachte Verwendung des Namens erst einer späteren Zeit angehört; so ist hieraus ein neuer Beleg dafür zu entnehmen: dass die Lemminkainen-Runen nicht sehr alten Ursprungs sein können. Dabei darf man auch nicht unberücksichtigt lassen, dass nach Agricola, also der ältesten Quellen für die finnische Mythologie, Ahti eine Gottheit der Tawasten, Hiisi aber der Karelier war. Wenn dessen ungeachtet ersterer, gleich seiner Gemahlin

---

*) Eine Ausnahme macht blos XLIII. 335. 336. Die Bezeichnung des Adlers als eines Turjaländers (XLII. 546) bietet keinen Parallelismus mit Lappländer; auch sind diese Worte dem Lemminkainen in den Mund gelegt. Die Aufforderung an die Tochter aus Turja (den Frost) aus Lappland herbeizueilen (XLVIII. 901) findet sich in dem selbstständigen, die Auffindung des Feuers behandelnden, Liede. Wenn XX. 75 fgg. Karelien, Suomi (Finnland), Russland, Schweden, Lappland und das Zauberland von Turja hintereinander genannt werden, so muss man annehmen: dass die beiden letzten als von einander verschieden gedacht sind. — Uebrigens wird die Frage: was unter dem Namen Turja zu verstehen sei, weiter unten ausführlich behandelt werden.

Wellamo in einem Gedichte wie die Kalewala, das wahrscheinlich
karelischen Ursprungs ist, mehrfach genannt ist, so erklärt sich
dies daraus, dass seine Erwähnung sich (nur mit Ausnahme von
Rune XLII.) blos in solchen Abschnitten findet, die wie die
Joukahainenrunen, die Kantele und — die Feuerrune anscheinend einer späteren Zeit ihre Entstehung verdanken, als der
eigentliche Stamm des Epos, die Samporunen, einer Zeit, in
welcher die Karelen sich bereits manches aus dem Götterglauben
der Tawasten angeeignet hatten.

Wenn Castrén (Mythol. S. 308. 309) den Lemminkainen als
einen menschgewordenen Gott ansieht, so findet dies, wenigstens
in den auf ihn bezüglichen Gesängen der Kalewala, in keiner
Weise seine Begründung. Aber es muss überhaupt bezweifelt
werden: dass die Finnländer denselben jemals als eine Gottheit
verehrt haben, wie dies doch in Betreff des Wäinämöinen und
Ilmarinen, mit denen Castrén ihn zusammenstellt, unzweifelhaft
der Fall gewesen ist. In Agricolas Verzeichniss der finnischen
Götter kommt Lemminkainen nicht vor, und auch Ganander
(l. c. S. 79) kennt ihn nur als einen starken Ruderer, dem Wäinämöinen die Führung seines Bootes überträgt.

V. Die Kullerworunen (XXXI—XXXVI.)

Unter allen Gesängen, aus denen die Kalewala besteht, sind
es die, deren Gegenstand die Geschichte des Kullerwo bildet,
über deren Selbstständigkeit und Nichtzusammengehörigkeit
mit dem Hauptbestandtheile des Epos die meiste Einstimmigkeit
stattfindet. *) Dies gilt insbesondere von der neuen Ausgabe
der Kalewala, in welcher die Kullerwoepisode nicht weniger als
sechs Gesänge mit 2,197 Versen einnimmt, während sie sich in
der älteren auf einen Gesang (XIX.) von 530 Versen beschränkte. In der That kommt darin auch keiner der Namen,
welche zu dem Gesammttitel Veranlassung gegeben — Kaleva,

---

*) Ueber die Kullerwosage handelt ausführlich: Cygnaeus Om tragiska
elementet i Kalewala, in seinen Afhandlingar i populära ämnen. Jt. II.
Helsingfors 1853. Vergl. auch: Schott über die finnische Sage von Kullerwo in den Abhandl. der Berl. Acad. Philos. hist. Kl. 1852. S. 209—236
und Zusätze in dem Vortrage über die finnische und estnische Heldensage ibid. 1866. S. 254.

Kalevainen, Kalevala, Kalevainen, Kalevatar — auch nur ein einziges Mal vor. *) In den Versen 30—50 der ersten Rune, die gewissermassen eine Uebersicht des Inhalts des ganzen Liedercyclus geben sollen, ist denn auch der Kullerwoepisode nicht gedacht.

Man könnte sich versucht fühlen, die Zusammengehörigkeit der Kullerwo- und der Samporunen daraus zu folgern: dass in den ersteren eine Gattin Ilmarinens vorkommt und in den letzteren dessen Werbung doch eine sehr wesentliche Rolle spielt. Aber es ist dem Schmiede, an welchen Kullerwo verkauft wird, wohl nur deshalb der Name Ilmarinen beigelegt, weil dieser überhaupt eine im Bereich des finnischen Volksgesanges bekannte und vielgenannte Persönlichkeit war, und man annehmen zu müssen glaubte: dass ein irgend wo vorkommender Schmied kaum einen andern Namen führen könne. — Die Rolle, welche Ilmarinen in den Kullerworunen spielt, ist aber auch eine so untergeordnete und so wenig ehrenvolle, dass sie mit der, welche ihm anderweit namentlich in den Samporunen zugetheilt ist, einen scharfen Contrast bildet. Wie unwesentlich der Name Ilmarinen in der Kullerwosage sei, ergiebt sich namentlich auch daraus: dass der Schmied in Karelien, an den der Held verkauft wird, in einer andern Redaction, deren weiter unten ausführlicher gedacht werden soll, nicht jenen, sondern den Namen: Köyrötyinen führt.

Noch unzweifelhafter erscheint es: dass das boshafte Weib, als welches Ilmarinens Hausfrau in den Kullerworunen geschildert wird — die übermüthige Wirthin, diese zähnearme Alte, das alte Weib des Schmiedes, Ilmarinens stolze Hausfrau (XXXII. 20. 21. XXXIII. 101. 112. 123. 161.) — ganz unmöglich mit der Pohjolatochter: die in den Samporunen als die Krone aller Jungfrauen sowohl an Schönheit als an Tugenden dargestellt ist, identisch sein könne. Nach R. XXXVIII. 57 ist denn auch die Pohjolatochter jung gestorben. **)

---

*) Nur in einer im Kanteletar (III. 22) mitgetheilten Rune, der Mädchenraub, und in einer Variante zu einem andern Gedichte derselben Sammlung (III. 95) so wie in der ersten Ausgabe der Kalewala (XIX. 1) wird Kullerwo ein Sohn Kalewas genannt.

**) Die Schlussverse (297 fgg.) der Rune XXXIII. passen durchaus nicht zu dem Vorhergehenden und sind jedenfalls, wie so häufig die Uebergänge von einem Gesange zum nächstfolgenden, ein Redactionszusatz.

Unter allen finnischen Volksüberlieferungen, die unter dem Collektivnamen: Kalewala vereinigt sind, ist keine, der man so oft nicht nur in den Dichtungen der Finnländer, sondern auch der stammverwandten Völker wieder begegnet, wie die Kullerwosage. Unter den ersteren ist zunächst einer von Ganander (l. c. S. 100—102) mitgetheilter Rune zu gedenken. Der Held, der ein Sohn Kalewas genannt wird, heisst hier: Soini, welcher Name, wie von Schiefner (Castréns Mythol. S. 90) dargethan ist, eine ähnliche Bedeutung wie der: Kullerwo hat; ein Beiname von ihm ist: Kalki (der Schalk). Der Schmied in Karjala, an den er verkauft wird, heisst, wie soeben erwähnt ist, Köyrötyinen. Aehnlich wie in der Kalewala (XXXI. 90 fgg.) von Kullerwo, wird hier von Kalki erzählt: dass er schon am dritten Tage nach der Geburt die Wickelbänder zerrissen habe. Da er zu jeder andern Arbeit, wegen der ungeheuerlichen Weise, wie er seine Aufträge ausführt, sich untauglich zeigt, so wird er von seinem Herrn, dem Schmied, an den er verkauft worden, zum Hüten der Heerden angestellt. Die Hausfrau giebt ihm dabei ein Brod mit, in welches sie einen Stein eingebacken. Soini wird hierüber so ergrimmt, dass er die Wölfe und Bären herbeiholt, die zuerst die Heerde, und dann, als des Schmiedes Hausfrau hinzukömmt, auch diese zerreissen.

Wenn wir hier den ersten Theil der Kullerwosage ziemlich treu wiederfinden, so bietet eine im Kanteletar III. p. 185 mitgetheilte Rune: Marjetiellä kaorant (die beim Beerensuchen Verlorengegangene) eine frappante Analogie mit dem zweiten Theile; denn auch hier wird erzählt: wie ein junges Mädchen Marketta, die Tochter des Matero, bei demselben Geschäfte ein gleiches Geschick betroffen, wie die Schwester des Kullerwo.

Denselben Gegenstand behandelt auch die im Kanteletar III. p. 95 fgg. mitgetheilte Rune Tuiretuinen lapset (die Kinder des Tuiretuinen), in welcher die unglückliche Begegnung des Bruders und der Schwester bei des ersteren Rückkehr von der Reise zur Ablieferung des Geschosses erzählt wird. Hier endet Jener aber, nachdem die Aufklärung erfolgt ist, sein Leben dadurch, dass er sich ins Meer stürzt.

Hierher gehört auch das Gedicht Neien rosvo (der Mädchenraub) (Kanteletar III. 22). Kullerwo, des Kaleva Spross entführt hier gewaltsam die Jungfrau. Die Mutter derselben fleht, nachdem sie von dem, was geschehen, durch einen Hirtenknaben Kunde erhalten, die Rache Ukkos auf den Frevler hinab, der dann auch durch einen Blitzstrahl getödtet wird.

Als eine Variante der Kullerwosage muss man auch das Fragment ansehen — denn ein solches ist es offenbar nur — das in die erste Ausgabe der Kalewala (R. XIX) aufgenommen ist. Hier ist von keinem Bruderzwist die Rede, auch wird nicht gesagt: dass Kullerwo, der Kalewas Sohn heisst, in der Knechtschaft geboren sei. Er wird an den Schmied Ilmarinen verkauft, weil der Umstand, dass er, erst drei Tage alt, seine Windeln sprengt, versprach: dass er dereinst ein tüchtiger Mann werden werde. Jenem thut er nun alle die Schelmenstreiche an, welche die zweite Ausgabe ihn gegen Untamo verüben lässt. Als er zuletzt zum Hüter der Heerde bestellt, seine Herrin durch Wölfe und Bären hatte zerreissen lassen, erhält er auf der Flucht Kunde von dem plötzlichen Tode seines Vaters, seiner Mutter und seiner Ehefrau. Nachdem er in Betreff aller drei die Einladung zur Leichenfeier in schnödester Weise zurückgewiesen: zieht er blasend in den Krieg — gegen wen? erfährt man nicht.

Eben so lässt ein anderes im Kanteletar mitgetheiltes Lied: Kullervan sootan lähtö (Kullerwos Kriegszug) den Helden aus blosser Liebhaberei in einen nicht näher bestimmten Krieg ziehn. Wie in der Kalewala, fragt er auch hier die Seinen: ob sie, wenn er fallen sollte, seinen Tod betrauern würden und erhält nur von seiner Mutter eine bejahende Antwort. Auch hier ist er vermählt und seine Gattin ist gerade die, welche am herbsten seine Frage beantwortet. Als er der Seinen Tod erfährt, erklärt er dies als eine gerechte Strafe für die ihm zugefügte Unbill, nur von der Mutter nimmt er an: dass sie aus Schmerz über ihn gestorben sei.

Unter den Analogien der Kullerwosage bei verwandten Stämmen befindet sich zunächst der Kalewipoeg, das estnische Volksepos. Nicht nur stimmt der Eingang der betreffenden Runen in der Kalewala, von dem Knabendreiblatt, das in verschiedene Gegenden versprengt wird, indem ein Falke den einen nach Karjala, den zweiten nach Russland trägt, den dritten in der Heimath lässt, von welchen der nach Russland Fortgeführte zum Kaufmann heranwächst (XXXI 7 — 12) ziemlich genau mit Kalewipoeg I. 85—92. — Hier entsprang ein Knabendreiblatt. Einer wanderte nach Russland. Nach dem Nordland zog der andere, auf den Rücken eines Adlers Schwang der dritte sich der Brüder. Der nach Russland ausgewandert Wuchs heran zum tüchtigen Kaufmann u. s. w. — sondern es bildet die Verführung eines Mädchens auch in beiden ein entscheidendes Moment *) in dem Leben des Helden. In beiden macht die Verführte ihrem Leben durch einen Sturz in die Fluthen ein Ende. Auch Kalewipoeg zersprengt seine Windeln und reisst das Wickelband in Fetzen, allerdings nachdem er schon einen Monat alt ist, dafür zertrümmert er aber auch gleich die Wiege (I. 660—662). Kullerwo so wie Kalewipoeg erleiden den Tod durch ihr eignes Schwert. Der letztere führt in einer estnischen Sage den Namen Sohni (Kalewip. II. 69); wie oben angeführt worden, wird auch dem Kullerwo in einer finnischen Rune der Name Soini beigelegt.

Nach allem diesen kann es wohl kaum einem Zweifel unterliegen: dass beide Sagen aus einer gemeinschaftlichen Quelle ihren Ursprung herleiten. (Vergl. auch Schott: Ueber finnische und estnische Heldensage in den Monatsber. d. Acad. zu Berlin 1866. S. 250).

In einem Liede aus Ingrien, dass von Europaeus in seinen Pieni runon seppä (der kleine Runenschmied) S. 19 mitgetheilt ist, werden gleichfalls die Erlebnisse Kullerwos bis zu seiner Rache am Weibe des Schmied besungen. Die Veranlassung zum Zwist der Brüder Untamo und Kalewa, welchen letzteren Namen der eine derselben hier führt, wird fast übereinstimmend mit der zweiten Ausgabe der Kalewa berichtet. Untamo vertilgt das ganze Haus seines Bruders bis auf einen, hier namenlosen Sohn, der aber schon etwa 15 Jahre alt ist. Dieser, beauftragt Untamos Kind zu wiegen, schwingt die Wiege so heftig, dass der ganze Boden erzittert. Untamo versucht nun auf die mannigfachste Weise, den Knaben aus der Welt zu schaffen, als ihm dies nicht gelingt, übergiebt er ihn einem Schmied, um die Heerden zu hüten. Aus Rache dafür, dass dessen Frau ihm einen Stein in das Brod gebacken, verwandelt er dann die Kühe in Bären und die Schafe in Wölfe und treibt sie so nach Hause. Der Wirthin, die ihm da-

---

*) Schott (die estnische Sage von Kalewipoeg S. 460) glaubt: dass auch die von Kalewipoeg Verführte dessen Schwester gewesen sei, doch sind die Gründe, durch welche er diese Ansicht unterstützte, nicht ganz überzeugend.

rüber Vorwürfe macht, antwortet der Knabe: auch du hast nicht gut gethan, dass du aus einem Steine Brod für mich gebakken. — Fast wörtlich stimmt der Eingang dieses Liedes mit den Kullerworunen in der Kalewala und mithin auch des Kalewipoeg; denn er lautet: „Meine Mutter erzog eine grosse Heerde Schwäne, brachte sie in den Fluss. Da kam ein Habicht sausend geflogen, ergriff sie und trug sie davon. Den einen führte er nach Russland, den andern nach Karjala, den dritten liess er daheim, setzte ihn ab in Finnland. Der in Karjala aufwuchs, aus dem entspross Kalewo" u. s. w.

In derselben Weise ziehen auch in dem oben erwähnten Volksliede aus den schwedischen Lappmarken, was der Herausgeber die „Sonnensöhne" betitelt (in der Zeitschrift: Läsning för folket 1849, S. 341—356. Vergl. Castrén Mythol. S. 309—326), drei Brüder — die Kalla- (Kalewa?) Söhne in drei verschiedene Gegenden und gründen daselbst Volksstämme. Auch hier gelangt der eine nach Russland.

Wenn man noch allenfalls annehmen könnte: dass die Kullerwosage aus Karelien nach dem angrenzenden Ingrien hinüber gewandert sei, Anklänge davon auch nach Estland und Lappland gedrungen wären, so ist dies alles doch völlig unglaublich in Betreff der Spuren, welche sich bei dem am Ural, also sehr entfernt von den Gränzen Finnlands, wohnenden finnischen Stamme der Permier finden. In einem dortigen Märchen, mitgetheilt in der russischen Zeitschrift: der Permische Sammler Bd. II. S. 168 fgg., will nämlich der Stiefvater seinen Stiefsohn Ivaschko (Hänschen) Bärenohr, so genannt, weil er mit Bärenohren zur Welt gekommen war, der nicht nach Jahren, sondern nach Stunden wuchs, wegen seiner ungeschlachteten Handlungen in ähnlicher Weise aus der Welt schaffen, wie Untamo den Kullerwo. Ivaschko fängt aber den Bären, von dem er nach der Hoffnung des Stiefvaters hätte getödtet werden sollen, und bringt ihn in den Stall, wo er alles Vieh erwürgt; mit genauer Noth kommen die Menschen mit dem Leben davon. Die Art, wie Ivaschko endlich das elterliche Haus verlässt, gleicht der, wie Kullerwo von den wiedergefundenen Eltern scheidet.

Sogar bei den Teleuten, einem uralaltaischen in der Gegend von Tomsk wohnenden Volksstamm (Klaproth Asia polyglotta S. 230) haben sich noch Anklänge an die Kullerwosage gefunden, da der Held eines dortigen Märchens, Agkübük (weisser Schaum), schon am zweiten Tage nach seiner Geburt seine Wiege zerbricht und sich, ähnlich wie Kullerwo (Kalew. XXXI. 135) mit dem Fangen von Fischen beschäftigt (Ermans Archiv Bd. XXIII. S. 26).

Mögen diese Uebereinstimmungen auch nicht so auffällige sein, dass sie nicht, wenn sie vereinzelt vorkämen, als zufällige angesehen werden könnten, so lassen sie doch, alle zusammengefasst, kaum einen Zweifel darüber, dass die Grundlagen zur Kullerwosage allen, oder doch mehreren finnischen Stämmen gemeinschaftlich sind, dass sie also in eine Zeit gesetzt werden müssen, wo deren Trennung noch nicht erfolgt war, dass, als diese letztere stattfand, jene mit in die neue Heimath genommen *) und dann beides, jene Grundlage und die Scheidung der Volksstämme, in Verbindung gebracht wurden. So nur kann es erklärt werden, dass dieselbe Erzählung von drei Brüdern, die sich getrennt, von denen der eine nach Russland, der andere nach Karelien sich begeben, der dritte in der Heimath geblieben sei, sich eben so in dem finnischen wie in dem estnischen, dem ingrischen und dem lappländischen Liede findet. Der geschichtliche Kern der Sage ist wohl: dass die Tschuden, als sie auf ihrem Zuge gegen Norden und Osten von den ursprünglichen Sitzen am Ural oder im mittleren Russland unter der Führung der Kalewiden, der Nachkommen eines uralten Nationalhelden, des Kalewa, **) in die in der Nähe des weissen Meeres belegenen Gegenden gelangt waren, ***) sich in drei

---

*) „Was die Entstehung der Kullerwosage betrifft, so mögen wenigstens die ersten Keime schon aus dem alten Biarmien (Beormien, Biarmaland) mitgebracht sein, dessen Name im heutigen Perm (Päärmä), wo noch jetzt ein finnischer Stamm mit Russen zusammenwohnt, sich erhalten hat." Schott, über finnische und estnische Heldensage, S. 251.

**) Ganander (l. c. S. 100) berichtet von einer Sage, nach welcher ein König der Finnen mit den zwölf Söhnen Kalewas Russland erobert habe.

***) „Hoch im Norden, dicht an Taaras Eichenhaine" (Kalewipoeg I. 80. 82). Schott (Kalewi-Poeg S. 447) erklärt Taara für die Gegend des heutigen Tarto (Dorpat). Der Ausdruck „hoch im Norden" kann aber kaum auf eine Gegend gedeutet werden, die, wie die von Dorpat, südlicher liegt, als die Heimath des Gedichts. Das Taara des Kalewipoeg dürfte vielmehr mit dem Turjalande der Kalewala, d. h. mit Lappland, übereinstimmen.

Zweige getheilt haben, deren einer (die Bjarmier) dort zurück blieb, der zweite, die Ingrier, die von Russen bewohnten Gegenden zwischen dem finnischen Busen und dem schon im grauen Alterthume als ein Hauptemporium des Handels berühmten Novgorod einnahm, der dritte (die Suomen) sich in Karelien niederliess und von hier aus nach dem eigentlichen Finnland, und nachdem er über den finnischen Busen gesetzt, als Wirolaiset in dem bis dahin von einem celtischen Volksstamme, den Aestyern der Alten, bewohnten Estland (Wierland) ausbreitete. Zwischen denen, die in der Heimath zurückgeblieben, und denen, welche sich in Karelien niedergelassen, entstanden Grenzstreitigkeiten, welche zu blutigen Kriegen, und anfangs zu einer Unterdrückung der letzteren, schliesslich aber zu einer völligen Niederlage der ersteren führten, was wesentlich dazu beigetragen haben mag, dass sie aufhörten als selbstständiges Volk fortzubestehen. Das letztere geschah auch in Betreff der Ingrier, indem sie meist in den Russen aufgingen. Wir haben also sicher hier ein uraltes Stück Volksgeschichte.

Alles hier Angeführte weist auf das hohe Alter der Kullerwosage, welches letztere sich auch in ihrem ganzen Charakter ausspricht, der eine Rohheit der Sitten erkennen lässt, wie sie sich bei einem überhaupt bildungsfähigen Volke nur in seiner frühsten Jugend und bevor die Gesittung überhaupt angefangen hat, sich bei ihm Bahn zu brechen, vorfindet. Die Kullerwoepisode bietet in dieser Beziehung namentlich einen augenfälligen Contrast mit den Samporunen, welche auch deshalb schon einen jüngeren Ursprung verrathen, weil sie sich in einer Zeit bewegen, wo Karelien und das eigentliche Finnland längst im Besitze ihrer gegenwärtigen Bewohner gewesen sein müssen, wie denn auch der Name Kalewa, dem wir in den Kullerwosagen noch als den einer Person begegnen, in den Samporunen und den übrigen Abschnitten der Kalewala, wie weiter unten näher besprochen werden wird, nur noch als geographischer Begriff erscheint, ein Beweis: dass die Erinnerung an einen persönlichen Kalewa, von dessen Nachkommen der Name des Landes hergenommen worden, zur Zeit der Abfassung bereits sehr erblichen war.

In noch höherem Masse, wie die Samporunen, übertrifft die Kullerwoepisode aber sicher an Alter die übrigen Bestandtheile unseres Gedichtes, die wohl sämmtlich jünger sind, als jene, so dass wir ohne Bedenken diese Episode für den ältesten Abschnitt des ganzen Cyclus halten können. Damit soll aber nicht gesagt sein: dass nun den Kullerworunen gerade in der Form, wie sie in die Kalewala Aufnahme erhalten haben, und ihrem gesammten Inhalte ein so hohes Alter beigelegt werden müsse. Im Gegentheil findet sich darin eine nicht geringe Zahl von Stellen, die offenbar einer späteren Zeit angehören. Dahin muss namentlich die lange Beschwörung gerechnet werden, welche Ilmarinens Hausfrau dem auf die Weide geschickten Vieh mitgiebt (XXXII 37—542), die hier mit ihren unzähligen mythologischen Anspielungen ein wahres hors d'oeuvre ist, sicher ursprünglich ein selbstständiges Lied gebildet hat und zur zahlreichen Gattung der Zauberrunen gehört. Es kann daher auch, ohne damit irgend zuzugeben, dass die erste Grundlage der Sage sich unter scandinavischem Einflusse gebildet, doch eingeräumt werden, dass sie in ihrer gegenwärtigen Gestalt Anklänge an altnordische Sagen darbietet, wie Schott a. a. O. S. 252. 254 darzuthun gesucht hat. Haben wir es doch sogar in der in die zweite Ausgabe der Kalewala aufgenommenen Fassung offenbar mit zwei ursprünglich verschiedenen, hier, nicht immer ganz glücklich zusammengefügten Redactionen der Sage zu thun. Daher finden sich Widersprüche in grosser Zahl darin. So stimmt es schon nicht, wenn gleich im Eingange (XXXI. 1 fgg.) zuerst erzählt wird: die drei Brüder wären versprengt, der eine von ihnen (Kalerwo) sei nach Karelien gelangt, ein anderer (Untamo) aber in der Heimath geblieben, und dann (v. 19 fgg.) beide wieder Grenznachbarn sind und wegen der Ausübung der Fischerei und Triftgerechtigkeit in Streit gerathen. Nach XXXI. 68 wird Kalerwo mit seinem ganzen Geschlecht vertilgt und nur eine Tochter desselben — denn eine solche kann impi (Jungfrau, Mädchen) hier doch nur bedeuten *) — in schwangerem Zustande, die demnächst den Kullerwo gebiert, am Leben gelassen und zur Sclavin gemacht.' Kullerwo ist hier also Kalerwos Enkel. Schon in der nächstfolgenden Runo (XXXIII. 1)

---

*) Vergl. Schott l. c. S. 331, wo näher dargethan ist, dass die Annahme: Kullerwo sei der Sohn des Kalewo für die in Rede stehende Stelle der Kalewala nicht zutreffe.

wird er aber als der Sohn des letzteren (Kalervon poika) genannt, und so heisst er denn auch weiterhin (XXXIII. 63. 87. 123. XXXIV. 1 u. s. w.) sehr häufig. Nach Rune XXXIV. 125 fgg. sind nicht nur beide Eltern, sondern auch zwei Schwestern und ein Bruder noch am Leben und haben sich an den Gränzen von Lappland niedergelassen. Kullerwo ist keineswegees von seiner Mutter in der Gefangenschaft geboren, sondern als Kind gefangen fortgeführt (XXXIV. 185 fgg.). Eben so unvereinbar ist es: dass nach Rune XXXI. 78 Kullerwo erst nach dem Tode seines Vaters geboren ist, er nach Rune XXXIII. 92 aber das Messer, was an dem Steine zerbricht, den Ilmarinens Weib in das Brod gebacken, von seinem Vater erhalten hat.

Dass der Untamo der Kullerworunen mit Untamo, dem Faulen, der seine Träume kund thut (V. 17 und 21), nichts zu schaffen habe und die Uebereinstimmung des Namens lediglich eine zufällige sei, scheint nicht zweifelhaft (Schott Kullerwo S. 229. 230); dagegen kann aber auch der Rune XXVI. 205 erwähnte Untamo (In das Maul des Wolfs Untamos, In des bösen Unthiers Rachen) unmöglich mit jener Gottheit der Träume identisch sein, es sieht vielmehr fast so aus, als wenn hier ein Nachklang aus der Kullerwosage vorliege. In einer im Olonetzischen aufgezeichneten Varianten der Wipunenepisode (Suometar 1847 Nr. 40, deutsch im Inland 1852 Nr. 15) führt der Riese, in dessen Bauche Ilmarinen seine Schmiedewerkstatt einrichtet, den Namen Untamo. Es muss daher auch anheimgestellt bleiben, ob unter dem Rune XV. 576 erwähnten Untamola wirklich blos ein Schlummerland, wie Schiefner das Wort übersetzt hat, zu verstehen sei. Für den boshaften Märkähatta (Nasshut) scheint das Epitheton: „ein Blinder aus dem Schlummerlande", jedenfalls ein zu mildes.

Ausser den bisher besprochenen grösseren Episoden enthält die Kalewala noch einige Abschnitte, die weniger in das Gebiet der erzählenden, wie der beschreibenden und lyrischen Poesie gehören, deren Inhalt ein in sich abgeschlossener ist und mit dem Hauptgegenstande in gar keinem, oder doch nur einem sehr lockeren und zufälligen Zusammenhange steht, die aber durch ihre Ausdehnung der Einheit des Ganzen wesentlich Eintrag thun und den Faden der Erzählung zu häufig und für zu lange Zeit unterbrechen, die Aufmerksamkeit auf diese Weise ermüden und das Interesse abschwächen und so gewiss zum nicht geringen Theile die Schuld tragen: dass die Kalewala, trotz ihrer vielen einzelnen Schönheiten und ihrer Originalität, und ungeachtet des grossen Werthes, den sie als eines der ältesten und grossartigsten Denkmale der Volkspoesie unzweifelhaft besitzt, doch nicht in dem Masse, wie sie es verdient, ein Theil der geistigen Nahrung der Gebildeten bei den Culturvölkern, vielmehr, ausser in Finnland selbst, nur einer geringen Zahl von Gelehrten Gegenstand eingehender Beschäftigung und liebevoller Theilnahme geworden ist.

Hierhin müssen besonders

VI. die Hochzeitrunen,

d. h. diejenigen Gesänge gerechnet werden, welche der Beschreibung der Vermählung Ilmarinens und der Jungfrau von Pohjola gewidmet sind, und welche die Runen XX — XXV. mit 3086 Versen, ein Sechstheil der ganzen Sammlung, zwei Drittheile so viel, wie sämmtliche Gesänge, welche sich unmittelbar auf den Sampo beziehen, einnehmen.

Das einzige Band, welches die letzteren mit den Hochzeitsrunen verknüpft, besteht darin: dass dem Bräutigam der Name Ilmarinen, dem Sänger, der durch sein Lied das Fest verschönt, der: Wäinämöinen beigelegt ist, und die Braut eine Jungfrau aus Pohjola genannt wird; verändert man diese Namen, so ist jeder Zusammenhang aufgehoben, denn es ist eben so wenig des Sampo in den fraglichen Runen gedacht, wie sich darin eine Andeutung auf eine der epischen Episoden der Sammlung findet. Selbst der Name Louhi, als der der Mutter der Braut, kommt nicht vor. Die Pohjolawirthin der Hochzeitrunen ist auch unendlich verschieden von der der Samporunen. Die letzteren schildern diese als ein boshaftes altes Weib, so z. B. X. 185. 186 „Louhi, sie, Pohjolas Wirthin, Nordlands zähnearme Alte". Dagegen ist sie dort eine achtbare Frau und treffliche Mutter, „Nordlands wohlgesinnte Wirthin" (XX. 490), „die schöne Mutter" (XXIV. 124).

Darauf, dass der Bräutigam ein Schmiedekünstler sei, so untrennbar dies mit dem Namen Ilmarinen verbunden scheint, dass er es sei, welcher den Sampo angefertigt, und die Braut den ihm dafür gewährten Lohn bilde, findet sich nicht die leiseste Andeutung. Die Schwiegermutter kennt sogar den künftigen Eidam, der nach den Samporunen sich doch so lange bei ihr aufgehalten, gar nicht von Person (XXI. 35 fgg.) — vielmehr stellt sich der Bräutigam vollkommen als ein gewöhnlicher finnischer Hofbesitzer dar, der mit einem Mädchen aus einer benachbarten Ortschaft Hochzeit hält. Auch die heidnische Götterlehre und die Zauberkünste, die in den übrigen Theilen der Kalewala eine so bedeutende Rolle spielen, kommen hier durchaus nicht vor, nur dass gelegentlich Osmotar, die Kalewtochter, eine Persönlichkeit, die in der ganzen Runensammlung sonst nirgends erwähnt wird, der Strafe gedenkt, welche in jener Welt die undankbaren Kinder erwartet (XXIII. 463 fgg.), ein Gedanke, dem offenbar christliche Anschauungen zu Grunde liegen. Ueberhaupt machen die in Rede stehenden Gesänge völlig den Eindruck, als wenn sie aus einer Zeit, wo der heidnische Glaube längst untergegangen war, stammen; ja es passen die Schilderungen der Sitten, wie sie in ihnen vorkommen, noch vollkommen auf den gegenwärtigen Zustand des finnischen Volkes *) und sie könnten ohne allen Anachronismus noch bei einer heute stattfindenden Hochzeit vorgetragen werden.

Wenn Osmotar der Braut den Rath ertheilt: nie ohne Schuhe zu gehen, weil dies dem Gatten missfallen werde (XXIII. 218), so deutet dies unleugbar auf die Zeit einer bereits wesentlich vorgeschrittenen Gesittung. Ihre ganze Ansprache an die Braut (XXIII. 15 fgg.) könnte noch heutigen Tages als Anweisung für eine finnische Hausfrau dienen, so gut passt sie auf den gegenwärtigen Stand der Cultur Finnlands. Sie bildet ein Seitenstück zu einem von Porthan (De poesi fennica S. 85) mitgetheilten Tischliede, in welchem die Pflichten einer Hausfrau in ganz ähnlicher Weise geschildert werden.

Sollte es nach allem Angeführten noch nöthig scheinen, specielle Beweise für den neueren Ursprung dieser Runen beizu-

---

*) Nur der Schluss dieser Runen (XXV. 680 fgg.), wo Wäinämöinen seinen zerbrochenen Schlitten mit einem Bohrer aus Tuoni wieder herstellt, macht eine Ausnahme. Derselbe steht in gar keinem inneren Zusammenhange mit dem Vorhergehenden, und dürfte ursprünglich nicht dazu gehört haben.

bringen, so mag auf die Erwähnung der seidenen Teppiche (XXI. 170), der seidenen Strümpfe und Bänder (XXV. 588. 589), der Wachskerzen (XXI. 204), des Gebrauchs der Trauringe (XXII. 60), der Wassermühlen (XXV. 371. 372), des Sternbildes des grossen Bären — Otawa — (XXIII. 121, XXIV. 14. 358), der Sachsen, d. i. Deutschen (XXV. 239), der sächsischen Planken (XXI. 168), der sächsischen Schuhe (XXV. 594), der Schweden (Ruotsi), deren sonst nirgends in der Kalewala gedacht ist (XXI. 8), Russlands (Wenäjä) (XX. 72, XXII. 319, XXIII. 770) hingewiesen werden. Die Worte: „Also lebt sie bei dem Manne, Wie in Russland der Gefangne. Nur dass ihr die Wächter fehlen" (XXII. 318—320) können jedenfalls erst aus einer Zeit stammen, wo die Einfälle der Russen in Finnland schon begonnen hatten, also frühestens dem 12. Jahrhundert. Einen noch bestimmteren chronologischen Anhalt für die Entstehungszeit bietet die Erwähnung von Nyslott *) (Uusilinna), das zwar 1477 von Erik Axelson Tott als Grenzfestung gegen Russland angelegt wurde, dessen ursprünglicher Name: Olofsburg aber erst bedeutend später in den: Nyslott umgewandelt ist.

Noch muss darauf aufmerksam gemacht werden, dass das Pohjola oder Sariola der Hochzeitrunen nicht, wie das der Samporunen, ein von Lappen bewohnter Landstrich ist, da die Zusammenstellung mit Lappi, die sonst in der Kalewala so häufig vorkommt, sich in diesen auch nicht ein einziges Mal findet. In ihnen ist Pohjola offenbar das Pohja maa der Finnländer, d. h. Osterbottn, aber in einer Zeit, wo es nicht mehr Bewohner lappischen, sondern schon tschudischen Stammes hatte. Augenscheinlich herrscht finnische Cultur, und es gehören beide

---

*) So erklärt wenigstens Schiefner den Namen Uusilinna; nach den gewöhnlichen Angaben ist der finnische Name von Nyslott dagegen Sawolina. Lilius (Lukomistö p. 119) übersetzt: Uusilinna durch: Nyenskans. Der letztere Name wurde im 16. Jahrhundert der 1800 von Thorkel Knutson gegen Novgorod angelegten Festung Landskrona beigelegt, die an der Mündung der Ochta in die Newa, in der Nähe des heutigen St. Petersburg lag, und in Folge der Erbauung des letzteren wüst wurde. Für die vorliegende Frage ist diese Differenz ziemlich unwesentlich, nur würde, wenn Nyenskans gemeint sein sollte, die Entstehungszeit der Rune spätestens in den Anfang des 18. Jahrhunderts zu setzen sein.

Verlobte demselben Volksstamme an. Die Braut kommt „aus reichem Boden" (XXV. 324), ein Ausdruck, mit dem man schwerlich Lappland bezeichnen würde. Letzteres wird XX. 79 neben Finnland, Russland und Schweden aufgeführt. Die Schilderung, welche die Runen von den Lappenkindern geben (XXV. 429. 437. 445), contrastirt scharf mit der, welche sie von Pohjola, dem früheren Aufenthalt der Neuvermählten, enthalten, wie denn auch Lappenschuh als Schimpfwort gebraucht wird (XXIII. 675). Pohjola grenzt an Karelien (XX. 37. 38); bereits am dritten Tage nach der Abfahrt von jenem erreicht der Bräutigam seinen Wohnsitz (XXIV. 521); die Entfernung beider kann daher keine bedeutende sein. Wenn (XX. 571. 572. 609. 610) das Volk von Nordland und das Volk Kalewas unterschieden werden, so schliesst es die Möglichkeit nicht aus: dass beide dem tschudischen Stamme angehören. Das Volk Kalewas sind hier, wie so häufig in der Kalewala, die Karelier; eine Stelle, in welcher Kalewala und Suomi (Finnland überhaupt) identificirt würde, kommt in den in Rede stehenden Runen nicht vor.

Beiläufig mag noch bemerkt werden: dass der ungeheure Ochse, welcher zum Hochzeitsgelage geschlachtet wird (XX. 17 fgg.), der bei den Hämen mit dem Schweife, mit dem Kopfe bei Kemi war, sein Seitenstück in einer von Ganander (l. c. S. 112. 113) mitgetheilten Rune, an dem ungeheuren Stier Härkä oder Multi findet, der aber umgekehrt seinen Kopf im Hämenlande und seinen Schweif in dem nahe bei Kemi belegenen Torneä hat.

VII. Die Rune von der goldenen Braut.

Der Abschnitt der Kalewala, welcher die Erzählung enthält, wie Ilmarinen sich eine Braut aus Gold und Silber anfertigt (Rune XXXVII.), unterscheidet sich dadurch sehr wesentlich von den übrigen Theilen der Sammlung: dass er eine rein symbolische oder allegorische Bedeutung hat, welche letztere in den Schlussworten (V. 246 fgg.):

> Wollet nicht, ihr armen Söhne,
> Nicht ihr Helden, die ihr wachset,
> Solltet ihr Vermögen haben,
> Oder dessen auch entrathen,
> Wollet nie, so lang ihr lebet,

> Nie, so lang das Nordlicht glänzet,
> Nach den goldnen Mädchen freien,
> Eine Silberbraut euch wählen!
> Kalt nur ist der Glanz des Goldes,
> Frost nur hauchet aus das Silber.

zusammengefasst wird. So schön diese Apostrophe sein mag, so passt sie doch wenig in ein Volksepos aus der Urzeit, wie sie denn auch mit den übrigen Theilen der Dichtung in nur sehr lockerem Zusammenhange steht und sehr gut, ohne dass man eine Lücke gewahr werden würde, darin fehlen könnte. Darauf, dass die Entstehung in keine sehr frühe Zeit gesetzt werden kann, deutet schon der Rath, welchen Wäinämöinen dem Ilmarinen ertheilt: die Braut nach Wenäjä (Russland) oder Saksa (Deutschland) zu führen, damit dort ein Reicher und Mächtiger sie erwerbe (v. 225. 228). — Es scheint fast, als wenn der hellenische Mythus von Pygmalion und Galathea nicht ohne Einfluss auf die Entstehung der Rune gewesen sei, wenn auch der Ausgang ein durchaus entgegengesetzter ist, so dass sich auch hier wieder derselbe Unterschied, in der Art, wie der griechische Genius und der finnische ihren Stoff gestalten, zeigt, wie bei der Ilias und der Kalewala überhaupt.

VIII. Die Wipunenrunen.

Darauf, dass die beiden Runen, welche sich damit beschäftigen, wie Wäinämöinen drei Worte, welche ihm zur Vollendung seines Bootes gefehlt, gesucht habe (Rune XVI. XVII.), eine selbstständige Zauberrune bilden, und ursprünglich mit den übrigen Bestandtheilen der Sammlung nichts zu thun gehabt haben, deutet schon der Umstand, dass der Name Kalewa, so wie die davon abgeleiteten Kalewala, Kalewainen, Kalewalainen u. s. w. nicht ein einziges Mal darin vorkommen. Auf den Gang der Begebenheiten in den Samporunen haben die gedachten Gesänge nicht den mindesten Einfluss, denn so gut wie, auch in der Kalewala, alle übrigen Boote ohne Zauberworte fertig werden, konnte es auch dasjenige, dessen Wäinämöinen sich zur Fahrt nach Pohjola bedienen wollte, namentlich da dasselbe in keiner Beziehung anders oder besser gewesen zu sein scheint, wie gewöhnliche Boote. Auch erfährt man, trotz der vielen Worte, welche Wipunen macht, und obwohl er seine Belehrungen mit der Erschaffung der Dinge beginnt, auch nicht im entferntesten, worin denn nuh die so wichtigen drei Worte bestanden haben. Diese Schöpfungsgeschichte selbst stimmt übrigens mit der in den ersten Gesängen der Kalewala vorgetragenen durchaus nicht überein und deutet ganz entschieden auf einen Einfluss des Christenthums. Die Verse XVII. 541 fgg.

>Sang den Ursprung bis zum Grunde,
>Wie sich nach des Schöpfers Willen
>Auf des Machterfüllten Fordrung,
>Von ihm selbst die Luft geschieden,
>Von der Luft sich Wasser trennte,
>Von dem Wasser dann die Erde,
>Aus der Erde die Gewächse.
>
>Sang wie einst der Mond geschaffen,
>Wie die Sonne hingesetzet,
>Wie der Lüfte Pfeiler wurden,
>Wie die Sterne an dem Himmel.

lauten, als wenn man eine Paraphrase der Genesis vor sich hätte. Wird doch v. 572 sogar der Fluss Jordan erwähnt. Wenn XVII. 278 der Dämon Juntas vorkommt, der nach Schiefner von den Letten entlehnt ist, so deutet auch dies auf eine spätere Entstehungszeit, die dann auch in den Versen 532 fgg. geradezu genannt ist, da es dort heisst: dass Wipunen Lieder und Sprüche gesungen habe, „welche jetzt in diesen bösen Zeiten, bei dem sinkenden Geschlechte keinem mehr bekannt wären."

Pohjohla ist in diesen Runen zwar gleichbedeutend mit Lapin (XVII. 409. 410), wenn dasselbe aber (422) ein ungepflügter Boden genannt wird, so kann es nicht Osterbottn sein; die Entstehung muss also in eine Zeit fallen, wo die Lappen bereits von den Tschuden aus diesem Landstrich verdrängt waren.

Nach dem bereits erwähnten im Olonetzischen aufgezeichneten Märchen ist es übrigens nicht Wäinämöinen, sondern, viel angemessener, Ilmarinen, der in den Bauch des Riesen, der hier Untamo heisst, hinabsteigt und daselbst seine Schmiedewerkstatt aufschlägt.

IX. Die Runen von der Erfindung des Saitenspiels (Die Kantelerunen).

Die Runen XL., XLI. und XLIV., deren Inhalt die Erfindung des Saitenspiels und das Spiel Wäinämöinens ausmachen, bilden einen besonderen Abschnitt, der ohne irgend welchen innigeren Zusammenhang mit den übrigen Theilen der Sammlung steht. Dass die Gewinnung des Sampo der Zweck der Fahrt nach Pohjola sei, wird hier nicht erwähnt. Auch stehen diese Gesänge mehrfach in Widerspruch mit den Samporunen. Nach diesen (XXXIX. 146. 351. XLII. 5. 20) findet die Fahrt auf dem Meere statt, nach den Kantelerunen (XL. 14 fgg.) geht sie auf Binnengewässern. Nach den letztern ist Pohjola der Schauplatz von Wäinämöinens Spiel, nach den Samporunen (XLII. 5 fgg.) gelangen die Helden, erst nachdem das Seitenspiel stattgefunden hat, dorthin.

Dass Rune XLIV., in welcher erzählt wird: wie Wäinämöinen, nachdem er vergeblich seine ins Meer gefallene, aus den Kiefern eines Hechtes gefertigte Kantele gesucht, aus einer Birke eine neue zugerichtet und auf dieser gespielt habe, hier als mit den Runen XL. und XLI. zusammengehörig behandelt wird, obwohl der Sturm, bei dem die erste Kantele verloren gegangen, von der die Samporäuber verfolgenden Louhi erregt ist, scheint dadurch gerechtfertigt, dass dieser Umstand sehr unwesentlich ist, und nicht den mindesten Einfluss auf den Kampf um den Sampo hat, also auch nicht geeignet ist, den Beweis zu liefern: dass Rune XLIV. und die Samporunen eine untrennbare Einheit bildeten.

Es existiren dann auch in der That selbstständige Gedichte, die theils die Anfertigung der Kantele aus der Birke und Wäinämöinens Spiel darauf (Ganander S. 22—26), theils die aus den Knochen eines Hechtes (ib. 48. 49) besingen. — Mit den Versen bei Ganander: Mit den Saiten belegte er die Kantele, von dem Haupthaare der Hiisijungfrau, von den Haaren eines Pferdes, stimmen die XL. 236 fgg. der Kalewala beinahe wörtlich überein.

X. Die Bärenrune.

Auch der Abschnitt der Kalewala, in welcher die Jagd auf den Bären (otso) und die Entstehung des letzteren geschildert werden (XLVI. 21. fgg.) kann als eine selbstständige Episode angesehen werden, die nur durch die Einleitung (v. 1—20), welche vielleicht, wie öfters die Uebergänge von einer Rune zu einer andern, blos einen redactionellen Zusatz bildet, in einen ziemlich losen Zusammenhang mit den Samporunen gebracht ist, aber in innerer Beziehung dazu durchaus nicht steht. Es ist diese Rune ein Lied, wie es nach finnischer Sitte an Kouwon-pälitset, dem Feste zu Ehren des Bären, vorgetragen wurde (Ganander l. c. S. 107). Ein derartiges Bärenlied war die erste Probe finnischer Dichtkunst, die überhaupt in Deutschland bekannt wurde, das, welches Morhof, der es aus Petr. Bäng Hist. ecclesiast-Sveo. Gothorem entnommen, in seinem Unterricht von der deutschen Sprache und Poesie I. S. 374 fgg. in Original und Uebersetzung mittheilte. Morhof bespricht bei dieser Gelegenheit zugleich ausführlich die ähnlichen bei den Lappen üblichen Bärengesänge, deren bereits Scheffer (Lapponia p. 9) gedacht hatte. — Auch von Ganander (Mythol. fenn. S. 54) und nach ihm in deutscher Uebersetzung von Rühs (Finnland und seine Bewohner S. 336) ist ein derartiges Gedicht: Ohtos Geburt mitgetheilt.

XI. Die Feuerrune.

Die Gesänge, welche die Erschaffung und das Auffinden des Feuers behandeln (XLVII. XLVIII.) stehen gleichfalls in 'einem nur sehr lockeren Zusammenhange mit den Samporunen und können füglich als ein selbstständiges Gedicht angesehen werden. Auch sie beziehen sich auf eine Zeit, wo unter Pohjola (dem vollen d. h. eigentlichen Lappland XLVIII. 325.) das gegenwärtig von den Lappen bewohnte Land, eine Gegend ewigen Eises verstanden wurde, die Lappen also bereits aus dem Besitze Finnlands namentlich Osterbottns, verdrängt waren. Darauf dass diese Gesänge eine mythische und symbolische Bedeutung haben, ist bereits von Schiefner (Zur Sampo-Mythe im Finnischen Epos. Bulletin T. VIII. S. 72 fgg.) hingewiesen. Derselbe hat zugleich auf die Berührungspunkte mit scandinavischen Mythen, namentlich auf die Aehnlichkeit Lokis mit der Louhi der Kalewala aufmerksam gemacht.

Es fehlt dann auch nicht an für sich bestehenden Runen, in denen die Entstehung des Feuers besungen wird; (vid. Schröter Finnische Runen S. 6. Topelius Suomen Kansan wanhoja runoja III S. 14. und V. S. 19., Lenpoist Specimen academ. de superstit. Fennorum p. 33., conf. Sjögren Neue estnische Uebersetzungen der Bacmeisterschen Sprachprobe. Bulletin T. VIII. p. 58. Not. 6.) Das Einfangen des Feuerfisches besingt eine Rune bei Ganander

Finn. Mytholog. S. 66. 71.; eine andere ibid. S. 70 das Hinabfallen des Feuers in den Alue See.

Was diesen See betrifft, so erklärt ihn Schiefner (Ueber die Estnische Sage von Kalewipoeg, Bulletin II. p. 297) für den Ladoga See. Ich habe nicht finden können: dass dieser See bei den Finnländern den Namen Alue führte. Ganander (l. c. S. 70. 78) bemerkt: dass Alamanjärwi oder Aloenjärwi, der See heisse, in welchem die Feuerwogen rauschten. Nach ihm ist derselbe ein Gewässer der Unterwelt. Für Alaman (ala unter, maa Land) mag dies zugegeben werden, für Alue passt es nicht mehr, denn das Wort Alue heisst Unterlage, Umkreis, Bezirk. An einer andern Stelle erwähnt Ganander des Alwa-järwi als eines Sees beim Dorfe Kammola, im Kirchspiel Wiitasaari, auf dessen Boden die Ruinen alter Gebäude sich fänden. Es liegt allerdings nicht fern: bei dem in der Kalewala (XLVII. 282 fgg.) erwähnten Alue See, an diesen, in der Oestra Kersholms Vogtei, also in Karelien, der wahrscheinlichen Heimath unseres Gedichts, belegenen Alwajärwi (Alwasee) zu denken. Dass mit jenem nicht ein unterirdischer, d. h. ein in der Unterwelt befindliches Gewässer gemeint sein kann, ist schon daraus klar, dass erzählt wird: der See sei, nachdem er das Feuer in sich aufgenommen, bis zu der mit Fichtenwaldungen bedeckten Ebne aufgewallt. (XLVII. 233.).

XII. Die Samporunen.

Als solche Gesänge der Kalewala, welche sich mit dem Hauptgegenstand der Dichtung, der Anfertigung und dem Raube des Sampo, beschäftigen, bleiben nach den vorstehenden Auseinandersetzungen nur die Runen VII—X. XVIII. XIX. XXXVIII. XXXIX. XLII. XLIII. XLV. und XLIX. der neuen Ausgaben, zwölf Runen mit zusammen 5,452 Versen, also ziemlich genau ein Viertel des ganzen Gedichtcyclus. Strenge genommen müssen auch hiervon noch einige Episoden ausgeschieden werden, welche mit dem Gange der Begebenheiten nur in einem sehr lockeren oder gar keinem Zusammenhange stehen, so namentlich die Schilderung der Entstehung des Eisens (R. IX. v. 27—264), denn es ist in der That nicht abzusehen, weshalb der Alte, um das aus Wäinämöinens Wunde quillende Blut stillen zu können, zuerst die Entstehungsart des Eisens kennen muss, wie denn auch wirklich diese Erzählung zum Theil in wörtlicher Uebereinstimmung mit der in der Kalewala enthaltenen Ueberlieferung als eine selbstständige Rune vorhanden ist. (Ganander l. c. S. 59. 61. und 92. Schötter l. c.)

Weniger Gewicht soll darauf gelegt werden, dass sich in den in Rede stehenden Runen einzelne Stellen finden, welche augenscheinlich erst in späterer Zeit der ursprünglichen Fassung beigefügt sind, wie das Dankgebet Wäinämöinens (IX. 567—586), auf dessen durchaus christlichen Charakter schon Castrén (Mythol. S. 9. 10) hingewiesen hat, und dass sich hin und wieder noch deutliche Spuren davon zeigen, dass mehrere ursprünglich unabhängig von einander den nämlichen Stoff behandelnde Runen zusammen geschmolzen sind, wie in R. XLV. 269. und 282, wo aus einer Gottheit, die bald den Namen Kiputittö bald den Kivutar führt, zwei Göttinnen gemacht sind (Castrén l. c. S. 133,). Auch bei dem Verhältnisse Ilmarinens zur Jungfrau von Pohjola treffen wir einen ähnlichen Mangel an Uebereinstimmung. Denn X. 439 fgg. weist diese die Werbung des ersteren zurück und dieser giebt solche auch gänzlich auf. Dagegen wird XVIII. 245 die Jungfrau von Annikki, der Schwester Ilmarinens, dessen Verlobte genannt und sie nimmt ihrer Seits auch gar keinen Anstand, dessen Gattin zu werden (ib. 641 fgg). Ilmarinen erklärt sogar: (XIX. 40 fgg.) dass die Jungfrau geschworen habe, ihm anzugehören, und in der That macht auch sie allein es ihm möglich, die von ihrer Mutter gestellten Aufgaben zu lösen.

Ueber die Heimath der Kalewala.

Bevor zur Untersuchung über die Bedeutung des Sampo, die geschichtliche Grundlage und die Entstehungszeit der auf denselben bezüglichen Gesänge übergegangen werden kann, müssen einige Bemerkungen über die wahrscheinliche Urheimath der unter dem Gesammtnamen Kalewala uns vorliegenden Runen vorausgeschickt werden.

Dass als solche nicht das eigentliche Finnland und Nyland (der südwestliche Theil des Grossfürstenthums), sondern Karelien (der östliche und nordöstliche Theil) anzusehen sei, darauf weist der Inhalt an vielen Stellen ziemlich unzweideutig hin. Es findet sich in der ganzen Gedichtsammlung auch nicht eine einzige Andeutung, welche auf das erstere bezogen werden könnte. Wo irgend der Name, den die Finnländer selbst ihrem Lande und sich beilegen (Suomi, Suomolainen) mit einem andern Namen identificirt oder in Parallellismus gebracht ist, ist es stets Karelien (Karjala) (XX. 17. 18. 36. 37. 75. 76. XLIII. 405. 406) oder Sawolax (Sawo) (XXXV. 351. 352) was in älterer Zeit ein Theil Kareliens gewesen ist (Lehrberg Untersuchungen S. 147 Anm. 9) und auch in der Kalewala als ein Bezirk desselben genannt wird (XLVIII. 257. 258.) „Des Sawolandes Grenzen, beide Hälften von Karjala".

Karelien wird ausdrücklich als der Wohnsitz Ilmarinens angegeben (XXXI. 360. 364); auch die Kullerwosage spielt in diesem Landestheil (XXXI. 8. 13.), so wie dieser auch der Schauplatz der Sage von Soini, genannt Kalki, ist (Ganander l. c. S. 101) dessen Identität mit Kullerwo oben dargethan wurde. — Das Kind der Marjatta ist zum König von Karjala ausersehn (L. 477); Wirokannas ist ein Karelier (XX. 54.). — Vielfach werden Oertlichkeiten dieses Landes erwähnt, so der Fluss Wuoksen und der Imatrafall (III. 181. XVII.571. XXX. 210); der Kaatraskoskifall. (III. 80); der Fluss Kemi (XX. 20) Tanikas Schloss (XXV. 613). Wohl wird noch gelegentlich der Hämen oder Jämen, der Bewohner des gegen Süden an Karelien grenzenden Tawastlandes und des darin belegenen Sees Hälläpyörä gedacht (III. 179. XX. 21) dagegen nirgends eine Localität des eigentlichen Finnlands (Åbolän und Nyland) erwähnt oder auch nur angedeutet. Dass die Sage, welche Wäinämöinen und die Jungfrau Maria in Verbindung setzte, in Karelien zu Hause gewesen sei, ist bereits bei der Besprechung der Marienrune dargethan.

Dass die Heimath Lemminkainens sich in Karelien befunden, wird R. XX. 450 ausdrücklich gesagt. Man darf daher die Insel und die Landzunge, die derselbe bewohnt, nicht im Meere, sondern muss seinen Wohnsitz Kaukoniemi in einer der zahlreichen Seen Kareliens suchen. Der Ort Kukmoniemi am Lenduasee, einer der Quellen der Uleäelf, erinnert durch seinen Namen an jenen Wohnsitz.

Auch Saari, die Heimath Kyllikis, wird in Karelien zu suchen sein, da deren Freier aus Wiro (Estland) (XI. 43) und aus Jnkeri (Ingrien) (XI. 44) gekommen sind. Saari bedeutet zwar auch im Allgemeinen: Inselchen, Werder, hier ist aber jedenfalls ein Eigenname darunter zu verstehen. Noch jetzt finden wir den

6

Namen in dem Saarijoki und dem Saarijärwi, welcher ersterẹ, nachdem er den letzteren durchströmt hat, sich in den an den Grenzen von Sawolax belegenen Keitilä See ergiesst. — Auch Tuuri oder Palwoinen (von palwaan, rauchen), wie es zugleich heisst, (XV. 427. XLVII. 185 fgg.) ist wohl in Karelien zu suchen, da sich noch jetzt der Name Tuurisaari als der einer in Wiborgstan belegenen Insel findet.

Sehr beachtenswerth ist endlich der Umstand, dass der bei weitem grösste Theil der Runen, welche unter dem Gesammtnamen Kalewala von Lönnrot vereinigt sind, aus dem Munde von Kareliern entnommen ist; es ist gewiss nicht zu kühn, wenn man annimmt: dass diese Gesänge da, wo sie vorgefunden worden, auch entstanden, dort auch die Thatsachen, denen sie ihre Entstehung verdanken, zu suchen sind. —

Auf die Aehnlichkeiten, welche die Lemminkainenrunen mit Märchen aus dem russischen Karelien darbieten, hat bereits Schiefner (Ueber das Wort Sampo im Finnischen Epos. Bulletin III. 497) aufmerksam gemacht.

Bedeutung der Namen: Kalewa und Kalewala.

Eine besondere Erörterung verdient noch die Art, wie der Name Kalewa und dessen Derivativa in unserem Gedichte gebraucht sind. Castrén glaubt (Mythol. 243): dass er in diesem nicht als Personenname aufgefasst werden dürfe, sondern die Bedeutung eines Epithets, namentlich die: Held, habe. Wenn er sich zum Beweise des letzteren darauf beruft: dass es im Türkischen ein verwandtes Wort: Alep, gebe, welches Held bedeute, oder wenigstens in der tartarischen Sage ein stehendes Beiwort solcher Individuen ausmache, so ist dies nicht sehr überzeugend. Die Art, wie der Name: Kalewa in der Kalewala vorkommt, unterstützt diese Ansicht durchaus nicht; dagegen ist es richtig: dass in unserer Dichtung sich auch nicht eine Stelle findet, welche nöthigte, den in Rede stehenden Namen als einen Personennamen aufzufassen. Denn die Ausdrücke Kalewa-poika (Kalewas Sohn) den Wäinämöinen (VI. 214) und Lemminkainen (XIII. 103. XIV. 438. XV. 274) zuweilen führen, Kalewan poian (die Kalewasöhne) (XX. 158. XLII. 424. XLVII. 352.) Kalewan Kansa (Kalewas Volk) (XX. 610. XLV. 16. 186. 362. XLVII. 360). Kalewan miehen (Kalewas Männer) (XLII. 351) Suku Kalewan (Kalewas

Geschlecht) (XLII. 441. XLV. 184.), Kalewan naisen (Kalewas Jungfrauen (XLIV. 265) können wenigstens eben so gut auf das Land, dem sie angehören, wie auf den Stammvater, von den sie entsprossen sind, bezogen werden, während die Ausdrücke: Kalewan kaiwan (Kalewas Brunnen) (II. 249. XX. 147. 162) Kalewan paisto (Kalewas Hain) (XXI. 174) Kalewan kivikaria (Kalewas Steinklippe) XLVII. 340) Kalewan kaura (Kalewas Hafer) (II. 253.) Kalewan kaski (Kalewas geschwendetes Land) (VII. 97) unzweifelhaft nur eine geographische Bedeutung haben können. Dass das letztere bei dem Namen Kalewala und dem davon abgeleiteten Kalewalainen der Fall sein müsse, versteht sich von selbst. Ohne irgend ein Beiwort kommt der Name: Kalewa in der Kalewala niemals vor.

Dessen ungeachtet möchte die gewöhnliche Ansicht, welche Kalewa für eine Person hält, von der das Land erst seinen Namen erhalten habe, nicht aller Berechtigung entbehren.

Schon dass Mich. Agricola, die älteste Quelle für die finnische Götterlehre, die Calewanpojat (die Kalewsöhne) unter den tawastischen Gottheiten aufzählt, spricht hierfür; noch unzweideutiger drückt sich dessen Uebersetzer Frisius aus: Prata bonus Kalewas viridanti gramine texit. Hier kann unmöglich unter Kalewa ein Land verstanden werden. Nach Ganander (l. c. S. 99) war Kalewa ein gewaltiger Riese, der Vater von zwölf anderen Riesen, welche Herkulesarbeiten verrichteten und mit deren Hülfe ein König von Finnland ganz Russland eroberte. Einer dieser Söhne war Soini, genannt Kalki, der, wie oben dargethan wurde, mit dem Kullerwo der Kalewala identisch ist. Am wesentlichsten wird aber die Annahme: dass der Name Kalewa sich ursprünglich auf eine Person bezogen habe, dadurch unterstützt: dass er als ein solcher unläugbar in den Ueberlieferungen verwandter Völker, namentlich der Esten und zwar nicht nur in Kalewipoeg, sondern auch in andern Liedern und Sagen (vergl. Kolzmayer Osilinna. Erinnerungen aus dem heidnischen Göttercultus und alte Gebräuche verschiedener Art gesammelt unter den Insel-Esten. Verhandlungen der gelehrten Estnisch. Gesellsch. zu Dorpat Bd. VII. S. 34) vorkommt. *)

---

*) „Kalewala ist eine in nebelgrauester vorzeit verschwimmende riesengestalt, die keine mir bekante sage der Finnen oder Esten als handelnde

Auch der in der Kalewala erscheinende Name Kalewatar (Kalewastochter), den bald ein irdisches (XXIII. 5), bald ein göttliches Wesen, die Erfinderin des Bieres und die dem Bierbrauen vorstehende Gottheit (XX. 167. 406), führt, kann nicht füglich von etwas anderem, wie von dem Namen einer Person hergeleitet werden.

Wenn Castrén l. c. seine Annahme: dass Kalewa in den alten finnischen Gesängen nie als Personenname vorkomme, vorzugsweise dadurch zu begründen versucht, dass derselbe bald dem Wipunen, bald dem Wäinämöinen beigelegt werde, obwohl beide bestimmt verschiedene Personen wären, dass der letztere aber auch Kalewan poika — Kalewas Sohn — heisse, und dass auch Lemminkainen denselben Beinamen führe, obwohl diese Personen keineswegs Söhne eines und desselben Vaters wären, so passt das erstere wenigstens nicht auf die Kalewala, in welcher niemals, weder dem Wäinämöinen noch dem Wipunen der Name Kalewa beigelegt ist — welcher letztere sogar, wie schon bemerkt worden, in der Wipunenepisode gar nicht vorkommt — und wenn sowohl Wäinämöinen als Lemminkainen, obwohl nicht leibliche Brüder, doch Kalewan poika heissen, so erklärt sich dies ohne allen Zwang in der Weise: dass das Wort poika in unserem Gedichte sehr häufig von Nachkommen überhaupt, nicht blos von unmittelbaren Söhnen, gebraucht ist, und auch in dem vorliegenden Falle in dieser Bedeutung, als Kalawiden, aufgefasst werden muss.

Schott hat sicher recht, wenn er (Kullerwo S. 234) bemerkt: dass, wie mystisch ehrwürdig auch die Gestalt des Kalewa aus der Vorwelt herüber schimmern möge, doch weder er selbst, noch einer der Helden, die vorzugsweise seine Söhne hiessen, in dem Runenschatze Gegenstand der Anbetung wären. Es ist wohl mit Kalewo eben so ergangen, wie nach früherer Ausführung mit Wäinämöinen und Ilmarinen, d. h. es sind aus den ursprünglichen Heroen der karelischen Volkssage später, namentlich bei den Tawastern, Gottheiten geworden; denn dar-

person einführt — der urvater aller übrigen mythischen heroen und vielleicht erster ansiedler auf der landzunge von Suomi (Haugöudt), dessen Geschlecht sich von dort über das land ausbreitete." Schott Kullerwo S. 231, dessen Kalewipoeg S. 414. 440. 447. Lönnrot in der Vorrede zur ersten Ausgabe der Kalewala S. VIII.

über, dass bei diesen die Kalewanpojat göttliche Verehrung genossen haben, lassen die Angaben des Mich. Agricola kaum einen Zweifel.

Wenn nun nach dem Vorstehenden wohl angenommen werden kann: dass ursprünglich der Name Kalewa einer Person zukomme, nach welchem der von ihm oder seinen Nachkommen in Besitz genommene Landstrich oder die von ihm gegründete Ansiedelung das Land oder der Hof des Kalewa, d. i. Kalewala genannt worden, in ähnlicher Weise wie Wäinölä die Besitzung des Wäinö, d. h. des Wäinämöinen ist, so fragt sich, wo jenes zu suchen sei? Schott (Kalewi-poeg S. 44)) sagt zwar: „Kalewala selbst bedeutet „„Land des Kaleva"" und steht ganz unverkennbar für Finnland." Das letztere kann aber, wenn es auch allgemein angenommen wird, doch nicht zugegeben werden.

Unser Epos identificirt oder parallisirt nämlich niemals den Namen Kalewala mit Suomi (Finnland) oder auch nur mit Karjala (Karelien), es kann daher weder mit diesem, noch mit jenem gleiche Bedeutung haben, vielmehr ist es offenbar ein viel beschränkterer Bezirk. In den bei weiten meisten Fällen erscheint Kalewala in Zusammenstellung mit Wäinöla, dem Wohnsitz des Wäinö oder Wäinämöinen, so: III. 3. 4, 27. 28, 83. 84, 89. 90, V. 152. 153, VI. 15. 16, 201. 202, VII. 215. 216, VIII. 49. 50, X. 29. 30, XLV. 3. 4, XLVI. 3. 4, 15. 16, 19. 20, XLVII. 43. 44. XLIX. 3. 4. Hierzu müssen auch die Zusammenstellungen von Kalewalainen (Bewohner von Kalewala) mit Wäinö oder Wäinämöinen VI. 117. 118, 121. 122, 217. 218, 231. 232 und Kalevalaisten mit Wäinölän väcllc (Volk von Wäinölä) XLV. 11. 12 gerechnet werden. *)

Ausserdem kommt in dem ganzen Runencyclus der Name Kalewala nur noch zwei Mal vor, das eine Mal in Zusammenstellung mit Suwantola VI. 234. 235, das andere Mal mit Osmo pelto (Osmofeld) 19. 20. Es finden sich aber mehrere Stellen, wo Osmo mit andern von Kalewa abgeleiteten Wörtern zusammengestellt ist, so Osmofeld und Kalewabrunnen II. 249. 250 u. XX. 147. 148, Osmos Gerste und Kalewas Hafer II. 252. 253. Osmofeld und Acker des Kalewsohnes XX. 157. 158, die Flur

---

*) Zuweilen kommt Wäinölä als Wohnort Wäinämöinens auch ohne die Beifügung von Kalewala vor, so III. 39. 43.

von Osmo (Osmola) und die Waldung Kalewas (VII. 98. 99), der Bewohner von Osmo (Osmoinen) und der Bewohner von Kaleva IV. 94. 95, so dass also an der Identität von Osmola und Kalewala nicht gezweifelt werden kann. Mit Bezug auf Ilmarinens Wohnort kommt der Name Kalewala nirgends vor, dagegen wird solcher als das neue Feld Osmos bezeichnet (X. 54. 118. 134); es sieht also fast so aus, als wenn er eine von Kalewala oder Osmola aus gegründete neue Ansiedelung gewesen sei. — In den Runen, welche die beiden Lemminkainenepisoden enthalten, findet sich der Name Kalevala selbst kein einziges Mal, wohl aber wird Lemminkainen ein Mal (XV. 97. 98) ein Kalewalainen (Bewohner von Kalewala) genannt.

Aus dem Vorstehenden ergiebt sich nun: dass in unserem Gedichte der Name Kalewala in der Regel oder vorzugsweise den Ort, den Hof — denn in Finnland hat jeder Hof seinen besonderen Namen, der zugleich den Beinamen seines Besitzers bildet (Schubert Reise III. 449) — oder die Gegend bezeichnet, wo Wäinämöinen wohnte und der sicher der erste Niederlassungsort der Kalewiden nach der Einwanderung in Finnland gewesen ist, dass derselbe aber ausser dieser engeren auch eine, wenn gleich selten vorkommende, weitere Bedeutung hatte, wo er Wohnsitze Ilmarinens und Lemminkainens, die von dort aus gegründete Neuansiedelungen waren, mitumfasste.

Dass wir Kalewala (Wäinölä oder Osmola) in Karelien zu suchen haben, dürfte wohl nach dem oben Ausgeführten kaum einem Zweifel unterliegen, wenn es auch nicht möglich gewesen ist, dasselbe in dem Namen einer heute noch vorhandenen Oertlichkeit dieses Landstrichs wieder zu finden.

Suwantola, das, wie angegeben, einmal als identisch mit Kalewala genannt ist, und von welchem Wäinämöinen den ihm häufig (VI. 62. 100. 110, XVIII. 174, XIX. 512, XLIX. 186) beigelegten Namen Suwantolainen — Bewohner von Suwantola — führt, und den Schiefner, eben so wie ein anderes häufig vorkommendes Epitheton des Genannten: Uvantolainen, welches wohl das nämliche Wort ist, durch Wogenfreund, übersetzt hat, erinnert an Suvanselkä (die Suvanbucht), welchen Namen der mittlere Theil des an den Grenzen von Sawolax belegenen Sees Keitilä führt.

Nach einer von Ganander (l. c. S. 94) erwähnten Sage hat eine von einem der Söhne Kalewas, Hisi, erbaute Burg, zehn Meilen östlich von Kajanaborg, also etwa an der Grenze von Karelien und Uleåborgslän gelegen. Dass wir Kalewala in dem nördlichen Theile von Finnland zu suchen haben, folgt auch schon daraus: dass es von Pohjola (Ostbottn oder Lappland) mit drei Tagereisen erreicht werden konnte. Nicht nur Joukahainen, der Lappenjüngling, gelangt am dritten Tage, nachdem er die Heimath verlassen, nach Kalewala (III. 10 fgg.), sondern auch Ilmarinen braucht, als er seine Neuvermählte heimführte, nur drei Tage zur Reise von Pohjola bis zu seinem Wohnort (XXIV. 521).

Bedeutung des Namens Pohjola und seiner Synonymen.

Der Name Pohjola stammt von dem finnischen Worte pohja, der Norden, und bedeutet daher ein gegen Mitternacht gelegenes Land, Nordland. Je nach dem Standpunkt dessen, der den Ausdruck braucht, wird derselbe daher auch eine verschiedene Bedeutung annehmen. Für die Bewohner des südlichen Finnlands ist Pohjola der nördliche Theil dieses Landes, also: Osterbottn, d. i. nach der heutigen Eintheilung Wasalän, Uleåborgslän und Kuopiolän; es werden selbst Theile des Tawastlandes mit diesem Namen belegt (Castrén Myth. S. 273); für die Bewohner dieser Gegenden ist dagegen Pohjola: Lappmarken. *) Noch jetzt heisst Osterbottn bei den Finnländern: Pohjamaa und der Bewohner desselben, der Osterbottninge: Pohjalainen (ib. S. 244. 273).

Diese Bedeutung hat Pohjola auch in der Regel in der Kalewala, **) namentlich in den Samporunen, und wenn es dessen

---

*) Diese Bedeutung hat Pohjola unter andern augenscheinlich in einer von Schiefner (über das Thier Tarwas im finnischen Epos: Bullet Sciuc. hist. T. V. p. 102) nach Lönnrot mitgetheilten Rune, in welcher die Krankheit beschworen wird, nach dem äussersten Norden zu ziehn (Pimiohän Pojolaham — Lapin laajahan salo).

**) Dass die Annahme Lönnrots: unter dem Pohjola der Kalewala sei Bjarmaland zu verstehen, nicht zutreffe, ist bereits von Castrén (l. c. S. 272 fgg.) dargethan.

ungeachtet meist mit Lappland (Lappi) identificirt wird, so folgt daraus nur: dass zu der Zeit, in welcher die Handlung unseres Gedichtes vorfällt, Osterbottn von den Lappen bewohnt gewesen ist; *) denn dass das Pohjola der Samporunen nicht das heutige Lappland sein könne, ergiebt sich nicht nur daraus: dass darin mit sehr günstigem Erfolge Ackerbau betrieben wird, sondern auch aus dem Umstande: dass es von Finnland aus unmittelbar auf dem Seewege erreicht werden kann (XLII. 194 fgg., XLIII. 5 fgg.). — Da man von Pohjola südwärts fährt, um nach Finnland zu kommen (XLIII. 48. 71), so kann das Meer, was hierbei durchschifft wird, nur der nördliche Theil des bottnischen Meerbusens und Pohjola Osterbottn sein. Darauf wird man auch hingewiesen, wenn den Wäinämöinen, als dieser bei seiner Reise dorthin ins Meer stürzt, der Ostwind vom Lande abtreibt (VII. 76); handelte es sich z. B. um das weisse Meer, so würde der Ostwind jenen nicht aufs hohe Meer, sondern dem Lande zutreiben; nur auf den bottnischen Busen passt die Erzählung.

In dem letzteren ist denn wohl auch der Lempibusen zu suchen, der XVIII. 548. 560. 594. 617 als zu Pohjola gehörig erwähnt wird, und an den der in Osterbottn unfern des genannten Meerbusens liegenden Ort Lempi, der früher dem Meere näher gelegen haben mag, erinnert, so wie der Name der Pohjolawirthin, Louhi, sich in dem in der Vogtei Tornea belegenen Lokisee wieder zu finden scheint. — Simasalo, was XVIII. 550. 558. 602. 623 meist neben dem Lempibusen genannt wird, dürfte wohl mit dem in der Vogtei Kemi gleichfalls in der Nähe des

---

*) Castrén äussert zwar (l. c. S. 261) sich dahin, dass Pohjolas und Kalewas Volk nicht zwei verschiedene Nationen, sondern nur zwei demselben Volksstamm angehörende Geschlechter repräsentirten, dies entspricht aber, wenn man von den Hochzeitrunen absieht, durchaus nicht dem Inhalt der Kalewala. Auch muss Castrén selbst von dieser Annahme zurückgekommen sein, denn ib. S. 272 erklärt er: dass in unsern Runen Pohjola und Kalewala in ein so fremdes Verhältniss zu einander treten, dass sogar die Sprache in den einzelnen Gegenden verschieden und in Pohjola ausdrücklich lappisch gewesen sein solle. Die Veranlassung zu diesen Verschiedenheiten in Castréns Ansicht liegt in seiner Eintheilung der Kalewala in Bewerbungs- und Samporunen.

bottnischen Busens belegenen Orte Simo und dem Flusse Simo (Simojoki) in Verbindung stehen. Salo bedeutet zwar eine waldige Insel, aber in weiterem Sinne auch eine Waldgegend überhaupt. Unter Simasalo würde daher das Waldland am Flusse Simo verstanden werden können. *)

Eine etwas engere Bedeutung, wie oben angenommen, hat der Name Pohjola in den Joukahainenrunen. Nach diesen (III. 168 fgg.) zerfiel Lappland in Pohjola (Nordland), das Land der Rennthiere, Etelä (Südland) das Land der Pferde, und Takkalappi (Hinterlappland), das Land der Stiere. Unter dem letzteren ist wohl der von dem bottnischen Busen entfernter liegende Theil des damals von den Lappen bewohnten Landes, etwa die jetzigen Vogteien Kemi und Kajana, unter Etelä der südliche (die Vogtei Salo), unter Pohjola der nördliche Bezirk (die Vogtei Uleå) des am bottnischen Busen belegenen Landstrichs zu verstehen. Hieraus muss man es wohl auch erklären, wenn Rune V. 230. 235. 237 zwischen dem Nordland (Pojola oder Sariola) und Lappland (Lappi) unterschieden und beides sich entgegengesetzt ist. In den übrigen, namentlich den Samporunen, begegnet man nirgends einer solchen Unterscheidung.

Der Name Sariola, welcher sich sehr häufig als identisch mit Pohjola findet, bedeutet: Wiesen — Grasland, da er von sara = Riedgras herkommt. Saran-talo (XXVI. 6) ist so viel als Wiesenhaus (talo = abgetheiltes Stück Land, Haus).

Ein eben so unbestimmter Ausdruck ist Pimentola, ein Name, der gleichfalls häufig dem: Pohjola, beigefügt und von pimeä = finster, dunkel, herzuleiten ist, also Dunkelland bedeutet.

Minder einfach ist die Erklärung des Namens Turjalaiset (Turjaländer), der hin und wieder in gleicher Bedeutung mit Lappländer vorkommt. Vorzugsweise findet dies in den Lemminkainenrunen statt, wie schon bei deren Besprechung erwähnt wurde. Doch geschieht es auch einmal (XLIII. 335. 336) in den Samporunen, wo die Worte dem Wäinämöinen in den Mund gelegt sind. Dass jener Name mit dem Flusse Turja im Gouver-

---

*) Schiefner hat den Namen durch Honigholm von sima = Honig, Meth wiedergegeben.

nement Perm in Verbindung stehe, ist, selbst wenn anzunehmen wäre, dass die Sitze der Lappen in der Urzeit sich bis dorthin ausgedehnt hätten, eben so unwahrscheinlich, wie dass er von dem finnischen Worte: turha, werthlos, unnütz, herstamme, also ein schlechtes, nicht ertragsfähiges Land bedeute, wenn schon für das letztere allenfalls der Umstand angeführt werden könnte, dass die Kalewala mit dem Namen: Turjaländer häufig einen verächtlichen Sinn verbindet. Castrén (l. c. S. 245) und Schiefner (Kalewala S. 299) sind der Ansicht: dass Turja gleichbedeutend mit Tyrgä, das letztere aber wieder mit Rutja sei, was noch heut zu Tage bei den finnischen Bauern den Namen für Norwegen ausmache. Altmann (Runen S. 43) sagt: „der Tyrjä ist ein gepriesener Katarakt im nördlichen Norwegen, dem Lande Rutja, welches auch selber Tyrjä oder Turja genannt wird. In der Kalewala spielen die Turjaländer eine wichtige Rolle, wie auch daselbst der Tyrjä-Fall häufig erwähnt wird." Streng genommen ist das letztere nicht richtig. Der Fall von Tyrjä kommt nur einmal in der Kalewala vor (X. 378) und zwar in der Beschwörungsformel, welche der Alte anwendet, um das aus Wäinämöinens Wunde strömende Blut zu stillen, und er wird dort mit dem Flusse im Todtenreiche (joki Tuonelan) zusammengestellt. Ich muss übrigens offen bekennen: dass mir der gepriesene Katarakt im nördlichen Norwegen Tyrjä gänzlich unbekannt ist und dass ich auch, obschon Castrén es für unzweifelhaft erklärt, einige Bedenken rücksichtlich der Identität von Turja und Rutja hege. Wenn auch zugestanden werden muss, dass die Finnen sich des Namens Tyrjä oder Turja für Norwegen bedienen (Helenius Suomalainen ja ruozalainen sanakirja p. 688), so kommen doch in der Kalewala diese Namen gewiss nicht in der Weise vor, dass man sich genöthigt sähe, dabei an jenes Land zu denken. Ganander (l. c. S. 127) erklärt Turjan — maa durch: das Land der Mohren. *) Wahrscheinlich

---

*) Dass das Turkland oder Tyrkia, was mehrfach in altnordischen Schriften, namentlich bei Are Frode (Lib. historic. de Islandia p. 76), in der Ynglingasaga c. 5 und 15 erwähnt wird, irgend einen Zusammenhang mit dem Turja der Kalewala habe, ist nicht anzunehmen. Jener Name bezieht sich vielmehr auf die Fabel von der trojanischen Abstammung der Asen (Edda, Formali p. 7. Vergl. Geiger Urgeschichte von Schweden S. 328 fgg.).

ist jedoch der Name Turjaländer derselbe, mit dem die Isländer die Lappen benennen: Thursen, von denen sie sagen: dass sie in Höhlen und Klüften wohnten, in rohe Thierfelle sich kleideten, furchtbar wären durch Zauberkunst und nächtliche Streifzüge, Vieh und Menschen raubten und keine gute Eigenschaft hätten, als Treue im Worthalten. (Neikter Diss. de gente antiq. Troll. Upsal. 1795. P. I. p. 15 P. VI. p. 69. Torfaeus Hist. Norveg. P. I. p. 124. Geijer Urgesch. S. 341 fgg. Eckendahl Gesch. d. schwed. Volks I. p. 136 fgg.) Die Thursen, deren Namen Schafarik (Slav. Alterthüm. I. 311) schon in den Thyrsen des Herodot erkennen will, sind in den altscandinavischen Sagen identisch mit den Jotunn, bezeichnen also, wie weiter unten dargethan werden wird, die jetzigen Lappen. Jener Name stammt aber wohl ursprünglich nicht aus den germanischen, sondern den tschudischen Sprachen, bei denen dies Wort: hinten befindlich, bedeutet hat. Findet sich dasselbe auch in der heutigen finnischen Sprache nicht mehr, so existirt es doch noch im Estnischen, wo turr, gen. turja (im revalschen) oder turjo (im dörptischen Dialekt) den Hintertheil des Nackens, den Schopf, die Bucht bedeutet (Hupel Estnische Sprachlehre S. 291). Es ist diese Annahme um so wahrscheinlicher, als auch in einem estnischen Gedichte: die Tage der Vorzeit (Neus Estnische Volkslieder S. 129—134), das Land Turja (Turja-maa) *) und zwar in einem Zusammenhange erwähnt wird, wo unmöglich Norwegen damit gemeint sein kann, da es neben der Insel Runo, Oesel, Harrien, Wierland, lauter estnischen Gegenden, aufgeführt ist. Neus glaubt daher auch: dass das Kirchspiel Turgel damit gemeint sei. — Möglicherweise hängt hiermit auch der Name, den Sibirien in älterer Zeit geführt hat: Tura (Büsching Erdbeschreibung I. S. 830) zusammen. Das Turja der Kalewala würde dann also etwa übereinkommen mit dem oben erwähnten Namen Takkalappi — Hinterlappland. Darauf, dass zwischen dem eigentlichen Lappland (Pohjola) und Turja noch ein Unterschied obwalte, deutet unser Gedicht auch selbst in R. XLVIII.

---

*) V. 35 Auf des Aschgrauen Nacken nach Turja. V. 44 Turjalands Eisbauen eisern, oder wie Schott (Kalewipoeg S. 484) übersetzt: Turjalands eishacken tüchtig.

313. 314, verglichen mit 323—325, wo es heisst: „Komme, Tochter, du aus Turja, Jungfrau eile von den Lappen. — Sollte dies genug nicht scheinen, Komm, o Sohn, du aus Pohjola, Kind du aus dem vollen Lappland."

Rutja, das, wie bereits angeführt, nach Castrén und Schiefner eine Benennung Norwegens ist, und das wohl ursprünglich dasselbe Wort sein möchte, wie Ruotsi, welchen Namen Schweden noch jetzt bei den Finnländern führt, wird selbst in der Kalewala nicht erwähnt, dagegen wird in derselben mehrfach (XII. 463, XVII. 233. 423. 570) des Rutja-Falles (Rutjan koski) gedacht. Dies geschieht jedoch in einer Weise, dass man dabei kaum an einen Wasserfall in Norwegen denken kann. Der Name kommt fast nur in Beschwörungsformeln und zusammengestellt mit den Wirbeln voll von Flammen vor, nur XVII. 570 wird der schäumende Rutja als Fluss neben dem Wuoksen und dem Jordan genannt. In einer von Ganander (l. c. S. 71) mitgetheilten magischen Rune werden die Kobolde nach dem hässlichen Jnari, dem scheusslichen Rutjafalle verwiesen. Danach würde der letztere in der Nähe des Enareflusses, also im nördlichen Lappland zu suchen sein. Ganander selbst bezeichnet ihn als ein Gewässer der Unterwelt. Wahrscheinlich hängt der Name mit dem zusammen, welchen die Lappen der Unterwelt gaben: Rutaimo (Jesseu Afhandling om de Norske Finners eg Lappers hedenske Religion § 13) und der von Castrén (l. c. S. 137) durch Pestheim übersetzt wird. — Beachtenswerth erscheint es auch, dass Joukahainen, als er (III. 175 – 182) die berühmtesten Wasserfälle aufführt, des Rutjafalles nicht gedenkt.

Ueber die Urbewohner Finnlands.

Es kann kaum einem Zweifel unterliegen, dass Finnland ursprünglich von dem heutiges Tages unter dem Namen der Lappen bekannten Volksstamm bewohnt gewesen sei, die höchst wahrscheinlich in vorgeschichtlicher Zeit auch die Urbewohner Scandinaviens, dessen Norden, der von den Lappen bewohnte Theil desselben, noch gegenwärtig den Namen Finnmarken trägt, wie denn auch die Lappländer noch heutigen Tages von den Norwegern Finnen genannt werden (Geiger Urgeschichte S. 347. Eckendahl l. c. p. 140), ja selbst des nördlichen Deutschlands gewesen sind. *) Ob dies Volk der uralaltaischen Völkerfamilie, insbesondere dem finnischen Zweige derselben angehöre, ist eine früher viel bestritten gewesene Frage. Noch Lehrberg (l. c. S. 207) hat dies auf das Entschiedenste in Abrede gestellt; die neuere vergleichende Sprachforschung hat aber keinen Zweifel darüber gelassen, dass die Frage bejaht werden müsse und die lappische Sprache den uralaltaischen Sprachen zuzuzählen sei. (Roller, die Finnischen Sprachen Wien 1853, S. 6. fgg. Müller, Vorlesungen über die Wissensch. der Sprache I. S. 270. Rask Untersuch. S. 96. Eckendahl, l. c. S. 140. 141). Für den hier vorliegenden Gegenstand ist die Frage übrigens ziemlich bedeutungslos, da in der Kalewala die Lappen und die Suomen, die gegenwärtigen Bewohner Finnlands, nicht nur als zwei verschiedene, sondern auch als sich feindlich gegenüberstehende Volksstämme erscheinen.

Zum Nachweise: dass Finnland ursprünglich von Lappen bewohnt gewesen sei, diene Nachstehendes.

Spuren der letzteren findet man überall noch jetzt in jenem Lande, sowohl in Ortsnamen als in Ueberlieferungen und Denkmälern. Von den Steinaufhäufungen und anderen Ueberresten der Urzeit, die man in Finnlands Wäldern in grosser Zahl antrifft, soll nach der Behauptung des Volkes wenigstens ein Theil von den Lappen herrühren, wohin auch der Name, den sie führen: Lapin rauniot (Lappenhügel Lappengräber) hinweisst. (Warelius Beiträge zur Kenntniss Finnlands in ethnograph. Beziehung, Bulletin etc. Scienc. hist T. V. p. 168. Castrén Reise S. 95.) Am zahlreichsten finden sich dieselben in dem mittleren und nördlichen Theile des Landes, in Osterbottn, Tawastland und Satakunda, einzeln kommen sie aber auch in der Gegend von Åbo und in Nyland, also im eigentlichen Finnland vor. **) Jene Urbewohner sind es unzweifelhaft auch, von denen die Ueberreste von Befestigungen

---

*) Nilson Skandinaviska Nordens Urinvanare, ett Försök i comparative Ethnographien. Christianstad. 1838. — Rask Untersuchungen über den Ursprung der Altnordischen Sprache S. 112 fgg. Ders. Ueber das Alter und die Echtheit der Zendsprache übers. von F. H. v. d. Hagen. S. 70.

**) Porthan diss. de Bircarlis p. 2. - Die Ansicht von Lerqist (Om Lapparnes fordna hemwiser i Finnland im: Åbo Tidningar für. 1778. S. 142. 143 dass nur der Theil Finnlands von Oriwesi (in Satakunda) nordwärts ursprünglich von Lappen, der südliche dagegen von Anfang an von

herstammen, die sich im ganzen Lande selbst bis zu den Inseln des Ladogasees hin, in grosser Anzahl finden, und welche das Volk Lapin- oder Lappi-linnat nennt (Lehrberg l. c S. 226). Zweifelhafter ist es, ob auch die Burgen in viereckiger Form, fünf Faden lang und breit, aus Quaderstücken zusammengefügt, von jenen Urbewohnern herrühren (Friccius description chorographique de la Finnlande russe. St. Petersb. 1807 p. 61.). — In Karelien ist die Tradition: dass die Lappen die ursprünglichen Bewohner des Landes gewesen, ganz allgemein verbreitet. Alterthümer lappischen Ursprungs werden dort vielfach gezeigt. Unwiderleglich findet dies Anwendung bei den s. g. Lapin hundat (Lappengräbern), welche in Kajana und dem russischen Karelien vorkommen und die der Tradition nach den Lappen zu Wohnungen gedient haben, die aus einer, mit einem gewölbten von Holz, Rasen und Steinen gebildeten Dache bedeckten, Grube bestehen und in denen sich noch häufig Ueberbleibsel von Kohlen, Asche, Geräthschaften u. s. w. finden, welche darthun, dass sie einst zu menschlichen Wohnungen gedient (Castrén Reisen S. 96). Jene Annahme hat um so mehr Wahrscheinlichkeit für sich, als diese Anlagen in der That eine grosse Uebereinstimmung mit den Hütten zeigen, deren sich in waldärmeren Gegenden die Lappen bedienen. — In der Nähe von Kemi befinden sich Ruinen, die sogar für die Ueberreste der Burg eines lappischen Königs, der dort gewohnt habe, gelten (ib. S. 97).

Nicht gering ist ferner die Zahl der Localitäten in Finnland, die noch jetzt einen Namen führen, der auf jene Urbewohner hinweisst, so Lappinsalmi (Lappbucht) Lappinkangas (Lapphöhe) Lappwik (Lappbusen) Lapsal (Lappthal). Lappeenranda (Lappstrand, schwed. Willmanstrand d. i. das Ufer der Wilden), Lappwesi der Meeresarm zwischen den Skären und den Alandsinseln, Lappo, eine in Lappwesi leigende Insel, Lappajärwi, See und Ort in Osterbotten, Lappajoki (der Neu-Karlebyfluss), Lappböle auf den Ålandsinseln, Lappo Fluss und Kirchspiel in Åbolän, Lappfjärd, Fluss und Kirchspiel in Wåsalån, Lappträsk Kirchspiel und See in Nyland. Die Zahl dieser Namen könnte leicht vermehrt

---

dem tschudischen Volksstamm der Tawaster bewohnt gewesen sei, dem von Geiger (Gesch. Schwed. I. 88, 89) beigepflichtet wird, erscheint hiernach als nicht zutreffend.

werden, die angeführten werden aber bereits zum Nachweise ausreichen, dass diese Oertlichkeiten sich nicht auf einen einzelnen Bezirk beschränken, sondern über das ganze Land verbreitet sind.

Warelius sagt (l. c.): „Das Zurückweichen der Lappen vor dem Anbau des Landes ist so geschehen, dass sie Anfangs die Gegenden, welche der Meeresküste näher in den südlicheren und westlicheren Theile des Landes liegen, verliessen, wo sie nunmehr blos in Sagen leben; in den Küstengemeinden Ostbottniens, besitzt man von ihnen etwas deutlichere Ueberlieferungen; in den inneren Theilen des Landes, im oberen Satakunda und in gewissen Theilen Tawastlandes kennt man sie besser und in den oberen Kirchspielen Ostbottniens haben sie sich, wie es scheint, noch vor einem Jahrhundert an vielen Stellen aufgehalten. — Nunmehr sind die Lappen in die drei nördlichen Kirchspiele des Grossfürstenthums verdrängt worden, nämlich nach Natsjoki, Enari und Enontekis und auch in diesen sind die Finnen schon zum Theil eingedrungen." In ähnlicher Weise bemerkt Lehrberg (l. c. S. 205), dass das nomadische Volk, welches ursprünglich das Land östlich vom bottnischen und nördlich vom finnischen Meerbusen inne gehabt, erst in neueren Zeiten genöthigt worden sei, diese Gegenden ganz zu verlassen. „Wir wissen, dass es noch bis zur Mitte des 15. Jahrh. im nördlichen Satakundien, im nördlichen Tawastlande, im jetzigen Ober-Sawolax und dem Rautalambischen, so wie im östlichen Theile des ganzen Ostbottniens umhergezogen sei. Dann erst sind die unstäten Haufen allmählich aus den südlicheren Gegenden, im 17. Jahrhundert aus Kusamo, im 18. aus Kemilappmark entwichen." (cf. Wahlenberg Beschreib. v. Kemilappmark S. 71.)

Auch bei den Lappen selbst herrscht die Tradition: dass sie früher in Finnland gewohnt (Scheffer Lappland S. 51. Högström Ueber die Lappen S. 39.). —

Nach einer alten Sage, die von Zach. Plantinus mitgetheilt ist, haben die Lappen zuerst im Tawastlande gewohnt, sich dann nach Osterbotten begeben; auch von dort vertrieben, haben sie zuerst an die beiden fischreichen Flüsse Torna und Kemi, endlich aber elenderweise an die wüsten Orte, da sie jetzt wohnen, weichen müssen (Scheffer l. c. S. 52. 53). In ähnlicher Weise wird die Verdrängung der Lappen aus Finnland von Olaus Petrus

Niurenius (ib. S. 53 fgg.) und Joh. Tornaeus (ib. S. 59) erzählt. Selbst der Name, den die Russen denselben beilegen, Kajenni, (Herberstein Moscovit. wunderb. Historien S. 13) deutet hierauf; denn er ist offenbar daraus entstanden, dass sie ursprünglich in Kajana, dem südlichen Theile von Uleaborgslän, ihre Wohnsitze gehabt (Scheffer l. c. S. 50. 56.).

Ueber die Namen: Joten, Hidet, Lappen, Finnen, Quänen, Tschuden und Suomen.

Ausser den Ueberbleibseln einer grauen Vorzeit, welche den Lappen zugeschrieben werden müssen, finden sich in Finnland auch solche, deren Benennung auf ein Urvolk deutet, dem ein anderer Name beigelegt wird. Es sind dies die Jaetin roukkiot, Hiitolaisten handat. Warelius (l. c. S. 172) sagt: ein celtisches, gegenwärtig noch in Sagen fortlebendes Volk, die Joten oder Hiidet, scheint sich in Finnland in vorhistorischer Zeit aufgehalten zu haben. Es ist verschwunden, hat aber wahrscheinlich ein grösseres oder kleineres Element zur Bildung der jetzigen Bevölkerung hinterlassen."

Es erscheint aber eben so wenig wahrscheinlich: dass dieses Volk ein celtisches, wie dass es von den Volksstämmen, die wir sonst als Bewohner Finnlands kennen, verschieden gewesen ist. Was die Joten, Jotunen, Jötun, Jaeten, oder Jaetnen, denn alle diese Namen kommen vor, betrifft, so ist es nicht zweifelhaft, dass in der Regel unter ihnen die Lappen, die ursprünglichen Finnen, zu verstehen sind (Peringskiöld Aettar Tal. 8. Geiger Urgesch. S. 228 und 343). Der Jötun Swase sagt (Snorre Sturleson Heimskringla. Harald Härfagers Saga c. 25) selbst von sich, dass er ein Finne sei, und auch seine Tochter, eine der Gemahlinnen Harold Harfagers, wird (ib. c. 26) eine Finnin genannt. Eckendahl (l. c. I. S. 137) hält die Jotun daher für die Skrithfinnen, von denen weiter unten ausführlicher gesprochen werden wird. Jotunheim, das Land der Joten, lag nördlich und nordöstlich von Risaland, letzteres aber nordwestlich von der Ostsee; jenes ist also der jetzt Lappland genannte Landstrich. (Samson Fagre Saga c. 13 p. 20. Arngrim Jonae Crymol. p. 42. Geiger Gesch. v. Schwed. I. 98. Suhm Nordische Fabelzeit übers. v. Grüter I. S. 26. Nycrup Wörterb. d. scand. Mythol. 47. 48.) Jener Name scheint zuweilen aber auch in einer ausgedehnteren

Bedeutung gebraucht worden, und namentlich den Nachfofgern der Lappen im Besitze des Landes am Bottnischen Busen, den Tschuden, gegeben zu sein. Jn dem Fundin Noregr (abgedruckt in Björners Nord. Kämpedater, so wie in der Skalholter Ausgabe der Olav Tryggvasonsaga I. p. 140, am besten als Anhang von Rasks Ausgabe der Snorra Edda und im 2. Bande von Fornaldar Sögur Nordrlanda; dänisch in Rafn Nordiske Kämper Historien D. III) wird angeführt: dass Fornjot, König von Jotland gewesen sei, welches auch Finnland und Quänland genannt werde und östlich vom Helsingabotin (dem bottnischen Meerbusen) liege. Fundin Noregr findet sich in dem Flateyerbuche von 1387; mag es auch, wie dies allerdings nicht unwahrscheinlich ist, aus einer älteren Zeit herstammen, so liegt die letztere doch auf keinen Fall vor der, wo bereits Tschuden am bottnischen Busen sassen. Der Name: Jotnen kommt aber auch in einem Sinne vor, wo er sich nicht auf einen einzelnen Volksstamm bezieht, sondern allgemein: Riesen, böse Wesen und Feinde bedeutet und mit Troll und Thurse zusammengestellt wird. (Eckendahl l. c. I. S. 134 fgg.) Schon in Thiodolfs Loblied auf Thors Thaten, einem der ältesten Denkmähler der nordischen Poesie, von welchem Bruchstücke in dem Skalda genannten Theile der jüngeren Edda erhalten sind, wird dieser Gott: der Jotnen (Riesen) und Trollen (Kobolde) Zermalmer und Vernichter genannt und von ihm gerühmt: dass er den König der Gnomen erschlagen, so wie den Häuptling der Fjoll (Berge) und Finnen besiegt habe.

Der Name Hiidet stammt dagegen aus einer vor aller wirklichen Geschichte liegenden Zeit, wird wenigstens nie in einem Historiker genannt. Man kann aber mit ziemlicher Sicherheit annehmen: dass auch die Hiidet nichts anderes sind, als die Lappen und dass diesen jener Name in verächtlichem Sinne von ihren Verdrängern, den Tschuden, beigelegt worden sei. Hiisi, die Einzahl von Hiidet, ist bei diesen eine schlimme Gottheit, ein boshafter Waldkobold, der nach Einführung des Christenthums mit dem christlichen Teufel identificirt wurde oder doch in diesen überging. Auch im Lappländischen wird nach Lindahl und Oehrling (Lexic. Lapponic. p. 70) Hita als ein Fluch gebraucht. Castrén bezeugt (Mythol. S. 111), dass die Hiiden kiukaat (Hiiden Oefen) Hiiden pesät (Hiidennester) — Steinhaufen in den Wäldern — offenbar lappischen Ursprungs wären. —

Auch der Name La p p e oder Lappländer ist kein solcher, mit dem das Volk, dem er beigelegt ist, sich selbst benennt, vielmehr ist er ihm zuerst von seinen tschudischen Nachbarn beigelegt und bedeutet: die am äussersten Ende Wohnenden, ein Grenzvolk (Lehrberg l. c. S. 220. 221. Scheffer l. c. S. 5) oder wie andere z. B. Zach. Plautin (bei Scheffer l. c.) wollen: die Vertriebenen, Verjagten. „Sie wissen nicht einmal, dass sie bei uns und andern Völkern so heissen" (Högström l. c. S. 56.) „Die, welche es wissen, verwerfen den Namen als einen Spottnamen" (Scheffer l. c. S. 6. Leem Beschreib. d. Lappen S. 9). *)

Die Lappen selbst nennen sich Sabmi, Same oder Suome (Ihre Glossar. s. v. Lapp. Scheffer l. c. p. 6), ein Name der ursprünglich wohl mit dem, welchen sich die gegenwärtigen Bewohner Finnlands geben, Suomi, Suomalaiset identisch (Lehrberg l. c. S. 210), Seitens der Lappen aber wahrscheinlich erst von diesen herüber genommen ist.

Die Namen Lappen und Lappland sind verhältnissmässig ziemlich neu. Bei den Isländern erscheinen sie zuerst im Fundin Noregr, bei den Scandinaviern im Saxo Gramaticus um 1204. (Skjöldebrand Voyage au Nord p. 102. 103), bei den russischen Chronisten sogar erst gegen das Ende des 14. Jahrh. (Lehrberg l. c. S. 217. Strahl Gesch. v. Russl. I. S. 35). — Saxo erzählt (Lib. V. p. 89), dass König Frotho III. von Dänemark dem Dimar die Verwaltung beider Lappländer (utraque Lappia) übertragen, so wie (p. 90): dass eben derselbe dem König Erich von Schweden Helsingaland, beide Lappländer, Finnland und Estland unter Vorbehalt eines jährlichen Tributs verliehen habe. Wenn hier von einem doppelten Lappplande die Rede ist, so ist damit einentheils der nordwestlich, anderentheils der südöstlich vom Kiölengebirge belegene Landstrich, mithin das norwegische und das schwedische Lappland gemeint. —

Dass jene Namen erst so spät vorkommen, verliert sein Auffallendes, wenn man berücksichtigt: dass sie erst durch die Tschuden, nachdem diese das Volk aus seinen ursprünglichen

---

*) Da die Inländer selbst sich nicht Lappen nennen, die Ausländer aber dieselben nicht mit einem aus der lappischen Sprache entnommenen Worte benennen werden, so ist es auch unzulässig, wie hin und wieder geschehen (Schafarik l. c. p. 912), den Namen von dem lappischen Worte lapp, lappa Erdhöhle herzuleiten.

Wohnsitzen verdrängt, aufgebracht sind und sicher längere Zeit gebraucht haben, um sich auch bei andern Nationen einzubürgern. Im 13. Jahrh. waren sie aber auch bereits ziemlich allgemein verbreitet, da Lappland unter andern in einer Bulle Papst Gregor IX. vorkommt, welche den Heiden in Karelia, Ingria, Lappia und Watlandia Waffen zuzuführen verbietet.

Aehnlich wie mit den Namen Lappe und Lappland verhält es sich mit denen Finne und Finnland. Auch sie sind nicht der einheimischen, sondern einer fremden Sprache entnommen und werden nicht von den Inländern selbst, sondern blos von ausländischen Völkern gebraucht. Trifft auch, wie weiter unten gezeigt werden wird, die gewöhnliche Annahme: dass sie nichts als die Uebersetzungen der einheimischen Namen: Suomi und Suomenmaa wären, nicht zu, so sind sie doch entschieden deutschen Ursprungs und stammen von dem Gothischen fani, althochdeutsch fanni oder feuni Sumpf, was sich in den niederdeutschen Mundarten als fenn, venne, veen, im Neufriesischen als finns, im Englischen als fen bis auf den heutigen Tag erhalten hat.

Darüber dass der Name Finne in der That nicht in den Sprachen derjenigen Völker, denen er beigelegt wird, seinen Ursprung haben könne, ist nicht der mindeste Zweifel möglich. Denn diese Sprachen, besitzen den Buchstaben F gar nicht (Kellgren: Die Grundzüge der finnischen Sprache S. 40) und jene Völker sind gar nicht einmal im Stande, das Wort: Finne, auszusprechen (Thunmann Untersuch. über einige Nordische Völker S. 23).

Man ist daher zu der Annahme gezwungen, dass die Römer und Griechen, bei denen wir zuerst den Namen: Finnen finden, ihn von den Deutschen überkommen haben. Einen völlig gleichen Fall, wo jene Nationen einen Volksstamm nicht mit dem Namen genannt haben, welchen er selbst sich gab, sondern mit dem, welcher ihm von den Germanen in Anwendung eines deutschen Wortes beigelegt war und dass dieser Name demnächst allgemeine Geltung erlangt hat, bietet nicht nur der Name Esten (Ostländer), sondern auch der, welcher den slavischen Völkern gegeben ist: Wenden, der, der von dem altdeutschen Stamm vind, vand (wiudan winden, vandjan wenden, wantalon wandeln) herkommt, also ein nomadisirendes Volk bezeichnet.

Ueberhaupt kommt der Fall: dass ein Volk von den Ausländern anders genannt wird, wie es sich selbst nennt, sehr häufig vor. So werden die Hellenen nach dem Vorgange der Römer: Griechen, so werden die Deutschen von den romanischen Völkern Allemannen, von den slavischen die Fremden oder Stummen genannt. *)

Wenn auch später, wie der Name Finne, so doch erheblich früher wie der Lappe, finden sich die Namen Quänen und Quänland. Denn wenn auch die Annahme derer, welche jene bereits in den von einem Weibe beherrschten Sitonen des Tacitus erkennen wollen, wohl nicht richtig sein möchte, so werden sie doch unbestreitbar von König Alfred dem Grossen um 900 in der seiner Uebersetzung des Orosius vorausgeschickten cosmographischen Uebersicht genannt, wo der Kwensee, d. i. der bottnische Meerbusen **) (Porthan do antiqua gente Quenorum p. 21) und Quänland, als an Schweden und das Land der Skridfinnen grenzend, aufgeführt sind, ebenso wie in Othars Reisebericht, welchen Alfred seinem Werke einverleibt hat. In gleicher Weise, wie der Name Finnland, ist auch der: Quänland von der Natur des Bodens entnommen, da er von dem finnischen Worte Kaino, Niederung, Marschland (Juslenius Finsk Ordabok h. v. Helenius l. c. p. 163) herzuleiten ist, also ein niedriges Land, Niederland bedeutet. ***) Der Name ist noch heute in dem, welcher von den Finnländern dem Osterbottn der Schweden beigelegt wird: Kainun-maa, enthalten (Rühs Finnland S. 357. Helenius l. c. Lilius Suomalainen Sanakirja p. 28) †) und die Quänen sind nichts als die Bewohner dieses

---

*) Eine grosse Zahl derartiger Fälle wird von Thunmann Untersuch. über d. Gesch. der östlich. europ. Völker S. 375 und besonders von Schafarik (l. c. I. S. 80) aufgeführt.

**) Forster (Gesch. d. Entdeck. S. 75) hält, jedoch jedenfalls mit Unrecht, Alfreds Kwensee für das weisse Meer.

***) Dalin (Gesch. v. Schweden I. 3. 222) glaubt zwar, dass der Name Quänland mit dem Namen Wanaland übereinkomme und dass er von den Wanern herkomme. Dies ist jedoch nicht möglich, da die Wanen ein slavisches Volk waren, wie denn selbst jetzt noch die Tschuden alle Slaven mit diesem Namen (Vaenelainen) bezeichnen (Munch, das heroische Zeitalter S. 32 .Schafarik l. c. II. 84).

†) Kainu = Oesterbottn, Kvenland, Kainulainen = Kven, Oesterbottninge.

Landstrichs, die Kainulaiset, deren Name nur etwas germanisirt worden ist (Lehrberg l. c. S. 149 fgg. Geiger Urgesch. S. 352). Es erklärt sich daher auch, dass dieser Name nicht nur dem gegenwärtig Finnland bewohnenden Volksstamm beigelegt wird (Ihre Quenlandia antiqua §. IX. Geiger l. c. c. 228. Buch, Reisen durch Norwegen und Lappland II. S. 13. 210), sondern dass die Russen ihn auch den Lappen geben (Leem, über die Lappen der Finnmark S. 10) und der Lappe ihn sogar auf schwedische Ansiedler anwendet (Geiger l. c. S. 347), dass auch von Quänen auf der Westseite des bottnischen Busens (in Westerbottn) die Rede ist. Nach Peringskiöld (Aettertal p. 86) soll Quänland sogar Ost- und Westbottn, ganz Finnland und einen Theil von Russland umfasst haben. Nach anderen Angaben (vid. Schlözer Nordische Gesch. S. 455. 476) hat dagegen Ost- und Nordbottn zu Helsingaland gehört. Dies trifft für das 14. Jahrhundert zwar zu (Eckendahl l. c. I. 170), damit wird aber nicht ausgeschlossen, 'dass Helsingaland sich in früherer Zeit nicht so weit gegen Norden erstreckt habe. Nach Lehrberg (l. c. 130. 149) sind die Finnländer im 13. Jahrhundert aus Westerbottn von den Schweden verdrängt worden. Im Fundin Noregr wird von dem Lande der Joten, das auch Finnland und Quänland heisse (Jotlandi er kallod er Finnland or Kvennland), gesagt, dass es östlich vom Helsingebottn (dem bottnischen Busen) liege. Nor, der Königssohn von Jotland, geht von Quänland aus und gelangt zu dem Volke, das Lappen genannt wird, deren Land hinter der Finnmark liege (Fundin Noregr in Björner Nord. Kämpedater p. 6). Hier sind also die Lappen nicht mehr Bewohner von Finnland, vielmehr sind dies die Quänen. In der Egilssaga, deren Abfassung nicht später als in das 12. Jahrhundert fällt (Müller Sagenbibliothek I. S. 127), deren erster Theil aber in der Zeit Harald Harfagers (Mitte des 9. Jahrhunderts) spielt, und eine Hauptquelle für die älteste Geschichte Finnlands bildet, heisst es: dass auf Jemteland, Helsingaland und auf letzteres Quänland, dann Finnland folge, dieses aber wieder an Karelien stosse. Torfaeus (Hist. Norv. I. 160) bemerkt mit Bezug auf diese Stelle: „Ostbotnia itaque, forte etiam Vestbotniae pars, imo et tota Nordbotnia, ubi urbs Tornia, Quenlandia olim dicta fuit." In der weiteren Bedeutung, wo er ganz Finnland, oder wenigstens dessen westlichen Theil umfasst, wird der Name Quänland auch in der Olav Tryggvason-saga (P. II. p. 140) gebraucht, wo erzählt ist: dass der Schwedenkönig Sigurd Hring sein Land gegen die Einfälle der Kuren und Quänen, „die am Kyrialabotn (dem finnischen Meerbusen) wohnten", vertheidigt habe. Wenn aber Schubert (Reise durch Schweden II. p. 383) ganz Finnmarken, nicht nur das zu Norwegen, sondern selbst das zu Russland gehörige Lappland unter Quänland begreifen und die Quänen als die jetzigen Lappen ansehen will, so geht er entschieden zu weit und geräth in Widerspruch mit den angeführten Quellenschriften.

Uebrigens ist es, da der Name Quänen aus der Sprache der heutigen Bewohner Finnlands entnommen ist, eben so unzweifelhaft, dass darunter kein lappischer, sondern nur ein tschudischer Volksstamm begriffen sein kann, wie dass die Meinung Porthans, der sie für Germanen hält, unrichtig ist, und dass, wenn der Name zuweilen auf nichttschudische Volksstämme angewendet worden, dies missbräuchlich geschehen ist. Ein besonderer tschudischer Volksstamm, wie die Tawasten und Karelier, sind jedoch die Quänen nicht, vielmehr sind sie aus diesen beiden aber in der Art gemischt, dass die Karelier das bei weitem überwiegende Contingent hergegeben haben. Die Quänen reden daher auch keinen eigenthümlichen Dialekt, vielmehr eine Mundart, die sich nur unbedeutend von der der Karelier unterscheidet. Man muss hieraus schliessen, dass diese es vorzugsweise gewesen sind, welche die Lappen aus dem Besitz von Osterbottn verdrängt und dass sich ihnen hierbei nur einige Tawasten angeschlossen haben.

Dass die Beormas des Other, die Bjarmier, ein finnischer Volksstamm sind, der in den heutigen Permiern noch fortlebt, unterliegt keinem Zweifel, obschon ihre Sitze sich jetzt nicht mehr so weit gegen Norden ausdehnen, als damals. Bei Saxo Grammaticus, der (p. 161) eine ausführliche Schilderung davon giebt, und bei andern Geschichtsquellen jener Zeit wird das Land oft erwähnt, da die Scandinavier häufig Wikingsfahrten und Handelsreisen dorthin unternahmen.

Wenn der sogenannte Anonymus von Ravenna (Lib. IV. c. 12 u. 46 pag. 776 und 793 im Pompon. Mela von Abr. Gronov), obwohl ein Zeitgenosse Alfreds weder die Quänen noch die Bjarmier erwähnt, vielmehr die patria quae dicitur Rerefennorum et Sirdifennorum auf der einen Seite an Scythien und den nördlichen Ocean, auf der andern an Dänemark gränzen lässt, so erklärt sich dies hinreichend daraus, dass die Quellen, welche von Guido von Ravenna, aus dessen Werk der Anonymus nur einen Auszug geliefert, über diese nördlichen Gegenden benutzt worden sind, nicht über die Zeit der Besitznahme Italiens durch die Ostgothen hinausgingen — für den fraglichen Gegenstand ist jenes speciell: Aithamarit Gothorum philosophus — eine Zeit, wo schwerlich die Tschuden bereits die Lappen aus ihren ursprünglichen Wohnsitzen am bottnischen Busen verdrängt hatten.

Der Name Tschuden wird zuerst von Jordanis (um 550) erwähnt, denn es ist nicht zu bezweifeln, dass die Thuidi, welche er (De Getarum s. Gothorum orig. et reb. gest. cap. 23) unter den der Herrschaft des Gothenkönigs Ermanrich unterworfenen Völkern nennt, darunter zu verstehen sind. Es ergiebt sich dies daraus, dass Jordanis neben den Thiudi die Merens und Mordesimni (in der Ausgabe von Muratori: Mordens) aufführt, in gleicher Weise aber Nestor, der sicher den Jordanis nicht benutzt hat, in der Völkertafel, die seinen russischen Jahrbüchern vorausgeschickt ist (Ausgabe v. Schlözer II. S. 24), neben einander die Tschuden, die Meria (die Meren) und die Mordwa aufführt. Dasselbe geschieht in einem russischen Stufenbuch beim Jahre 967 (Schlözer Nord. Gesch. S. 492) und auch Adam von Bremen (Gesta Hammaburg. eccles. pontif. L. IV. c. 14) führt die Mirri und die Tschuden hintereinander auf.

Es ist indessen weder dargethan noch anzunehmen: dass die der Herrschaft des Ermanrich unterworfen gewesenen Tschuden Anwohner des bottnischen Meeres gewesen sind; denn von den mit ihnen genannten Völkerschaften haben die Merens, Merä, Merane oder Meria im Nordwesten des Gouvernements Moskau (Schlözer Nestor l. c. p. 40) — ihre Hauptstadt war Rostow im Gouvernement Jaroslaw (Schlözer Nord. Gesch. p. 493. Zeuss l. c. S. 688—690) — die Mordwa oder Mordwinen aber im Nieder-Nowgorodischen und Kasanschen Gouvernement an der Oka und Wolga (Schlözer Nestor. l. c. S. 41) gewohnt. Beide Völkerschaften haben unzweifelhaft gleichfalls dem finnischen Stamme angehört (Schlözer Nord. Gesch. S. 493. 509. Karamsin Gesch. d. Russisch. Reichs I. S. 245). Es ist sogar möglich, dass die Mordwa die Stammväter der Liben oder Liven, des Zweiges der Tschuden, welcher Livland seinen Namen gegeben, gewesen sind, da dieselben in einem Stufenbuche Lob, in dem sogenannten russischen Chronographen: Lib genannt werden (Schlözer l. c. S. 509). Schafarik (l. c. I. S. 304) und Zeuss (l. c. S. 690) glauben unter den von Jordanis bei der oben gedachten Gelegenheit aufgeführten Völkerschaften auch die Wessen und die Tscheremissen, gleichfalls zwei von Nestor in seiner Völkertafel aufgeführte Zweige des finnischen Stammes zu erkennen, doch mag die Richtigkeit dieser Annahme dahingestellt bleiben. *) Auch schon so kann man mit Bestimmtheit annehmen: dass die Thiuden des Jordanis nichts anders als die von den russischen Chronisten genannten Tschuden sind, und dass dieselben zur Zeit Ermanrichs ihre Wohnsitze im Innern Russlands gehabt haben. **)

Bayer (Geogr. Russ. S. 373) will sogar in den Scythen der Alten die Tschuden erkennen, „Quid autem Czud est aliud, quam ipsum Scythicum nomen", und Gatterer (Commentat. societat. Götting. T. XI. und XII.) tritt ihm hierin bei; doch ist diese Annahme, wie bereits von Schlözer (Nord. Gesch. S. 307) und Karamsin l. c. dargethan worden, schwerlich zutreffend. Schafarik (l. c. I. S. 287 fgg.) hält zwar die Scythen für durchaus verschieden von den Tschuden, da jene der mongolischen, diese der uralischen Völkerfamilie angehört hätten, glaubt aber doch, dass beide Namen identisch wären, indem die Slaven den Namen, den sie ursprünglich den Völkern finnischen Stammes beigelegt, auf die Skoloter (die europäischen Scythen mongolischer Abkunft) übertragen hätten, weil auch diese aus den hinteruralischen Ländern, der Urheimath der Finnen, an das schwarze Meer gezogen wären, die Griechen aber den Namen gräcisirt

---

*) Es giebt allerdings Handschriften des Jordanis, in denen sich die Namen Vasina und Remniscans (nicht Scremniscans, wie Schafarik angiebt) finden, allein die Lesarten sind hier so unsicher und verschiedenartig, dass es sehr bedenklich ist, bestimmte Folgerungen zu ziehen. Closs hat in seiner Ausgabe des Jordanis die Lesarten Vasinabroncas und Caris in den Text aufgenommen.

**) So viel ist wenigstens gewiss, dass man bei den Thiudi des Jordanis nicht wie Munch (Die Nordisch-german. Völker S. 67 und Das heroische Zeitalter S. 60) will, an die Bewohner von Thjod oder Thy in Jütland denken darf.

hätten, wobei aus Tschud: Scythe geworden sei (l. c. S. 285—288). Für den vorliegenden Gegenstand ist die Frage: ob die Namen Scythen und Tschuden ursprünglich identisch sind, ziemlich bedeutungslos, dagegen wird die Voraussetzung, von der Schafarik hierbei ausgeht, dass das Wort Tschude aus der slavischen Sprache herzuleiten sei, weiter unten ausführlicher besprochen werden.

Der älteste Schriftsteller, welcher die Tschuden als Anwohner des baltischen Meeres nennt, ist Adam von Bremen. Bei der Aufzählung der Völker, welche zu diesen gehören, sagt er a. a. O.: „Ueber die Gothen hinaus herrschen in weiten Länderräumen die Schweden bis zum Lande der Weiber (d. i. nach der gewöhnlichen Annahme Quänland). Ueber diese hinaus sollen die Wizzen, Mirren, Lamen, Scuten und Turken wohnen bis nach Ruzzien hin, wo wiederum jener Meerbusen ein Ende hat." Der Mirren ist schon oben gedacht, die Wizzen sind der finnische Stamm der Wessen, die in der Nähe des finnischen Busens wohnten und in den russischen Jahrbüchern häufig neben den Tschuden und Mirren genannt werden (Schafarik l. c. I. 438. II. 68. 76 fgg.); die Lamen waren nach Zeuss (l. c. S. 681 fgg.) ein estnischer Volksstamm; doch ist wahrscheinlich hier Jami statt Lami zu lesen und es sind die Jämen oder Hämen (die Tawasten) gemeint *); unter den Turken sind die Bewohner des südwestlichen Theils Finnlands, Åbolans, zu verstehen, da der finnische Name der Stadt Åbo: Turku ist. Die Scuten sind aber unzweifelhaft das Volk, welches die Russen Tschuden nennen.

Mehrfach kommt dieser Name bei Nestor vor, der um 1100, also wenig später, wie Adam von Bremen, seine russischen Jahrbücher verfasste. In der diesen vorausgeschickten Völkertafel nennt er zunächst Tschuden ohne Beisatz, dann Tschuden jenseits des Woloks (Zavolotzkaja Cziud'), endlich die Tschu-

---

*) Dafür spricht namentlich der Umstand, dass fast genau in der Reihenfolge, wie hier Adam von Bremen die Wizzen, Mirren, Lamen und Scuten, Nestor die Merjer, Wessen, Tschuden und Jämen als finnische Völkerschaften aufführt. Zeuss hat den Beweis darüber: dass die Lamen ein estnischer Volksstamm gewesen wären, nicht geführt. Er ist freilich auch der Ansicht, dass der Name Wizzi oder Wilzi nichts als eine deutsche Form für Litwani sei.

den am warägischen Meere. Dass unter den letzteren die Esten zu verstehen sind, ist nicht zu bezweifeln, da sie neben den Polen und Preussen aufgeführt sind. Eben so trifft sicher Schlözers (Nestor II. S. 43) Annahme: dass die Zavolotzischen Tschuden die Bewohner des Landstrichs am linken Dwinaufer, zwischen Karelien und Permien wären, zu, da sie neben den Permiern stehen. *) Wenn Schlözer (l. c. p. 40) aber auch unter den zuerst genannten Tschuden die Esten, welche Nestor zweimal genannt habe, verstehen will, so ist dies doch sehr bedenklich. Viel wahrscheinlicher ist es, dass mit jenen die Tschuden, welche Karelien inne hatten, gemeint sind. Die Bewohner des eigentlichen Finnlands aber sind Nestors: Jam, die Jämen oder Hämen (die Tawaster), ein Name, der, falls sie nicht in den Lamen des Adam von Bremen zu finden sind, hier zuerst erscheint. Dass die Annahme von Schlözer und Zeuss (l. c. S. 689): es seien diese Jamen der nachher Jngern genannte Volksstamm, nicht zutreffe, ist bereits von Lehrberg (über die Wohnsitze der Jamen in den Untersuchungen zur Erläuterung der älteren Gesch. Russl. S. 103—236) dargethan.

Nestor nennt auch (II. S. 105) in dem Verzeichnisse der den Russen tributpflichtigen eine andere Sprache, als diese redenden Völker: die Tschuden und Jamen. Die Tschuden, die zugleich mit den Nowgorodern, den Kriwitschen und den Meeren, um so den inneren Streitigkeiten ein Ende zu machen, die Waräger unter Rurik berbeiriefen, sind unzweifelhaft die Esten (Schlözer Nestor II. S. 188. Müller, altrussisch. Gesch. nach Nestor S. 189) und dies dürfte auch da, wo Nestor sonst noch der Tschuden gedenkt, so bei dem Zuge Olegs gegen die Griechen im Jahre 907 der Fall sein.

---

*) Auch Pomp. Sabinus (Comment. in Virgil. p. 30. 185) setzt die Zaulozenses an die Dwina neben die Parmii und in die Nachbarschaft der Ugari oder Ugri (Jugren). — Dagegen wollen Lehrberg (l. c. S. 208) und Castrén (Reise S. 98) in dem Sawolotscheskaja Tschud der russischen Chronisten die Bjarmier sehen. Dem widerspricht aber der Umstand, dass Nestor die Permier noch besonders neben jenen nennt. Cf. auch Sjögren Wann und wie wurden die Zawolocje und die zawolokschen Czuden russisch. Mem. d. l'acad. d. St. Petersb. VI. Ser. I. p. 526.

Da der Name Tschude derjenige ist, mit welchem die Völker finnischen Stammes, namentlich die, welche die Ostseeländer bewohnen, von den Russen noch heute genannt werden, so lohnt es wohl, dem Ursprunge desselben nachzuforschen. Man nimmt in der Regel an: dass auch in Betreff dieses Wortes das nämliche Verhältniss stattfinde, wie es vorstehend in Betreff der Namen: Finnen und Esten angegeben worden, dass er mithin kein Name, mit welchem das Volk selbst sich genannt, sondern dass er ihm lediglich von Ausländern beigelegt sei. Die gewöhnliche Meinung, die sich selbst bei genauen Kennern der slavischen Sprachen so bei Dobrowsky (Institut. ling. slav. p. 100) findet, geht dahin: dass dieser Name von dem russischen Worte Tschuid fremd herzuleiten sei, und ursprünglich nichts anderes bedeutet habe, als: die Fremden. Diese Annahme ist jedoch entschieden unrichtig. Schafarik, dem man in dieser Beziehung ein competentes Urtheil gewiss nicht absprechen kann, sagt (l. c. 1. 310. 314): „Man kann sich des Gedankens nicht erwehren: der Name Tschud sei erst in den letzten Jahrhunderten irrthümlich und missbräuchlich von den russischen Slaven die Tchud für gleich mit cuzij peregrinus, alienus hielten, obwohl die Wörter verschieden sind, jenen unbekannten (hinteruralischen) Völkern beigelegt worden". — „Es möge Niemand der Einbildung leben, die Wörter čud und čuz'ij seien einer Wurzel und bezeichnete nichts anderes als unbekannte Urbewohner. — Wörter wie čud, čudi und čuz', čuz'ij (fremd) für eins zu erklären, vermochten bis jetzt nur Unwissende, da nicht die entfernteste Verwandtschaft zwischen beiden stattfindet. — Schon ein Blick auf die Formen und Bedeutung beider Wörter überzeugt jeden Kenner der slavischen Sprachen sofort davon: dass sie in Ursprung und Wurzel vollkommen verschieden sind." —

Dessen ungeachtet hält Schafarik Tschude für den Namen, welcher den Völkern finnischen Stammes von den Nordslaven beigelegt worden (l. c. S. 315), und er beruft sich zur Begründung dieser Ansicht theils darauf: dass das Wort čud in einigen slavischen Dialekten für: gigas, portentum, monstrum, vorkomme *)

---

*) An einer andern Stelle (II. 235) nimmt übrigens Schafarik selbst an: dass das bulgarische Wort čuz (Riese) aus dem Völkernamen čudin (Finne) entstanden sei.

theils die Finnen selbst, da eine derartige Häufung von Consonanten der Natur ihrer Sprache durchaus widerspreche, gar nicht im Stande wären: das Wort Tschude auszusprechen und statt dessen Tutu, Tuti sagen müssten. Das letztere kann zugegeben werden, daraus folgt aber nur: dass wir in Tschud die russificirte Form des Namens vor uns haben, nicht aber dass diese die ursprüngliche sei. Eben so haben die Russen aus dem Namen, den die Finländer sich selbst geben: Suomen, Ssumen gemacht. In letzterer Form wiederstreitet auch dieser Name dem Genius der finnischen Sprache, es wird aber keinem einfallen ihn um deswillen für einen ursprünglich slavischen zu halten. Bei dem ältesten abendländischen Schriftsteller, bei dem wir dem Namen Tschude begegnen, bei Jordanis lautet derselbe, wie angegeben: Thuidi, also in einer Weise, welche dem Naturell der finnischen Sprache vollkommen entspricht, und mit Tute und Tuti, wie die Finnländer selbst jenen aussprechen, beinahe genau übereinstimmt: noch jetzt existirt bei diesen das Wort tuttu (estnisch tuttawa) für: bekannt (tuddi estnisch, im Dialekt von Hapsal, ein alter Mensch, gehört aber wohl nicht hierher). — Soll daher jenes tutu oder russisch tschud ursprünglich ein nomen appellativum gewesen sein, so würde es bedeutet haben: diejenigen, welche man kennt, im Gegensatz von Fremden, also gerade das Gegentheil von dem, was man gewöhnlich annimmt. Auch bei den Tschuwaschen bedeutet Tschud oder tuttu einen Nachbarn, Bekannten (Tatischew Ist. ross. II. 373.) und im ganzen Sibirien bis hin an die Grenzen von China werden unter Tschud die vorgeschichtlichen Urbewohner verstanden (Müller orig. gent. russ. p. 13. Schlözer Nestor II. 39). —

Dass Tschud kein ausschliesslich slavisches Wort sein könne, ergiebt sich schon daraus: dass es sich auch bei den Lappen in der Form Tjude (auszusprechen: Tschude) findet; hier bedeutet es Feind (Lindahl et Oehrling Lexic. lappon. h. v.) gewiss sehr charakteristisch; da die Tschuden die schlimmsten Feinde der Lappen waren, von denen diese aus der ursprünglichen Heimath in unwirthbare Gegenden gedrängt wurden, so konnten sie kein geeigneteres Wort finden, um einen Feind überhaupt zu bezeichnen, als den Namen jener. In derselben Weise hatte bei den Normännern der Name: Joten den allgemeinen Begriff: Feind angenommen (Olav Tryggvasonssaga c. 16. Geijer Urgesch. S. 338). —

Dass in einigen slavischen Sprachen das Wort Tschud (čud) in der Bedeutung von: Riese, Ungeheuer vorkommt, hat seine Richtigkeit, doch darf nicht übersehen werden, dass dies nur in denen der Ostslaven der Fall ist, die noch jetzt die Nachbaren finnischer Völker sind oder es doch einst waren, nicht aber bei den Westslaven, den Czechen, Lausitzern und Polaben (Schafarik l. c. S. 314. 315). Wenn jene dies Wort in ihre Idiome aufgenommen haben, so ist dies sicher in ähnlicher Weise geschehen, wie die angeführte Aufnahme in die lappische Sprache. Von einer derartigen Verwendung ursprünglicher Volksnamen zu nominibus appellativis existiren vielfache Beispiele. So machten die Slaven aus dem Namen der Awaren oder wie sie bei Nestor (ed. Timkowski p. 7) heissen, Obrka, ihr Obor oder Obr, die Scandinavier aus dem Namen des Volksstammes Thursi, ihr thurs, aus dem der Jöten ihr jötnun, die Deutschen aus dem Volke der Hunnen ihre Hünen oder Heunen, — dies Alles sind Bezeichnungen für Riese und Feind (Grimm Mytholog. S. 296 fgg. Geijer Urgesch. S. 338. 394) — aus dem slavischen Volke der Anten ihre Anta oder Enta = Helden. In ähnlicher Weise ist das Wort Sclave aus dem Volksnamen: Slaven, entstanden (Schafarik l. c. II. 47. 325 fgg). Der Name der Skamaren eines räuberischen Volkes von unbekannter, vielleicht finnischer Abkunft, lebt bei den Slaven bis auf den heutigen Tag in dem Worte: skomoroch d. i. Gauner, Schurke, fort (Karamzin Istor. ross. I. 58. B. 71. Anm. 120). Von ihm wird auch das Altdeutsche scamara (Grimm Rechtsalterthümer S. 635) und das Mittellateinische scamares u. s. w. (Du Cange Gloss. lat. med. aevi s. h. v.) hergeleitet. Aus dem Namen der von den Bulgaren unterthänig gemachten Sabirer oder Sebrer entstand in den slavischen Sprachen das Wort Sebr, Sebar für einen unterthänigen Mann, einen Leibeignen, einen Bauer, vielleicht auch das Czechische: Zebrak (Bettler) (Schafarik l. c. S. 332). Im Grunde gehört auch die Art, wie die Deutschen sich der Wörter: spanisch, böhmisch, wälsch, bedienen in diese Reihe „Tschud bezeichnet", sagt Grimm (Mythol. S. 701) „den Slaven einen Finnen und Riesen, das russ. ispolin (riese) deutet auf die gens Spalorum bei Jornandes. So hängen riesenbenennungen zusammen mit alten Volksnamen; feindliche kriegerische Nachbarn vergrösserte der Volksglauben zu unmenschlichen Riesen." Vergl. auch Schafarik l. c. I. S. 476.

Die Ostslaven mögen nun wohl mit dem sich Thiudi, Tutu oder Tschude nennenden Volke in eine derartige Berührung gekommen sein, dass sie Veranlassung hatten, diesem Namen eine allgemeine Bedeutung in dem angegebenen Sinne beizulegen.

Dass der Name Tschude den finnischen Völkerschaften nicht erst von den Russen beigelegt sei, scheint schon sich daraus zu ergeben dass wir ihn im Abendlande zuerst bei Schriftstellern finden, die ihn sicher nicht durch russische Vermittelung kennen gelernt haben, wie bei Jordanis und Adam von Bremen. Die Art wie Nestor die Tschuden neben den Wessen, Jämen, Permiern, Meren, Morduinen, Tscheremissen und andern Völkerschaften des uralischen Stammes nennt, deutet gleichfalls wenig darauf: dass es sich bei jenen um einen lediglich von den Russen aufgebrachten Namen handle. Eben so ergiebt sich aus den erwähnten Schriftstellern, dass der Name Tschude keineswegs ein solcher ist, welcher schon ursprünglich die Ostslaven allen Zweigen der finnischen Völkerfamilie gegeben haben, dass derselbe vielmehr anfänglich nur von einem Gliede derselben geführt ist und erst später generalisirt worden sein muss. Man gelangt sonach nothwendig zu dem Schlusse: dass der Name Tschud ein solcher ist, den einer der finnischen Volkstämme in seinen ursprünglichen Wohnsitzen im inneren Russland geführt und dass er denselben von dort in die neue Niederlassung an der Ostsee mitgebracht habe. Dass der Name gegenwärtig von den Ostseefinnen selbst nicht mehr gebraucht wird, ist nicht sehr auffallend. Nachdem sie ihre Ursitze verlassen, trennten sie sich in mehrere Zweige, die verschiedene Richtungen einschlugen. In die neuen Wohnsitze gelangt, beschränkten sie sich meist auf die Beibehaltung der Stammnamen, die sie wahrscheinlich auch schon in der Urheimath geführt, sie nannten sich daher nur mit diesem: Suomen, Turken, Karelier, Ludiner oder Ljudier, Torma, Tschuchenzen, Liwen u. s. w. oder sie nahmen neue Namen an von der Beschaffenheit des Landes, was sie in Besitz genommen: Niederländer (Quänen) Wasserländer (Hämen) *) während nach-

---

*) Häme, Hämenmaa, Hämelaiset kommen von dem Worte häm gen. häme, nass, wässerig, das sich gegenwärtig zwar nicht mehr in der finnischen,

barliche Nationen auf sie die Namen übertrugen, welche die, die vor ihnen die eingenommenen Landstriche im Besitz gehabt, geführt hatten: Finnen, Esten. Den gemeinschaftlichen Namen Tschuden hörten sie auf zu brauchen, **) nachdem die Gemeinschaftlichkeit aufgehört hatte. Nur die Russen behielten ihn bei, deren Nachbarn sie schon in ihren Ursitzen gewessen und denen derselbe daher geläufig war. Es gilt hier das was Schafarik (l. c. I. p. 80) in Betreff des Namens Wenden bemerkt: „daraus dass dieser Name bei den Slaven selbst sich nicht findet, folgt noch nicht so ohne weiteres, dass er kein ursprünglicher Eigenname der slavischen Stämme sein könne. Die Geschichte sowohl als die eigene Erfahrung lehrt, dass fasst jedes unter Völkern anderer Herkunft angesessene Volk mehr als einen Namen führe, indem es sich selbst mit einem andern bezeichnet und wiederum mit einem andern von den Ausländern benannt wird." — Im Grunde hat der Name Slave dasselbe Schicksal gehabt wie der: Tschude. Auch er wird jetzt von keinem einzelnen Stamme dieses Völkergeschlechts geführt und ist mehr ein Eigenthum der Wissenschaft als des Volkes geworden. —

Das von den Russen in dem vorliegenden Falle eingehaltene Verfahren: einen Namen, den ursprünglich ein einzelner Stamm geführt, zu verallgemeinern und einer ganzen Völkerfamilie beizulegen, findet gleichfalls Analogien genug in der Geschichte. So wurde der Name der Sabirer oder Seberer, eines Volksstamms,

---

wohl aber noch im dörptischen Dialekt der estnischen Sprache findet (Hupel l. c. S. 150). Der Name Tawasten ist diesem Volksstamm erst von den Schweden beigelegt. Die Hauptstadt Tawastehus heisst bei den Finnländern noch jetzt Hämelinna. Die Russen haben dem Genius ihre Sprache entsprechend aus Häme: Jam gemacht, ein neuer Beleg für das, was in Betreff des Namens Tschude bemerkt ist.

**) Anscheinend hat ihn ausser den Zawoloztkischen Tschuden auch noch, mindestens eine Zeit lang, der Volksstamm, welcher sich in Estland niedergelassen, fortgeführt, wenigstens giebt Nestor, zu dessen Zeit der Name noch nicht von den Russen für alle finnischen Völker gebraucht wurde, diesem den Namen Tschuden, und die Russischen Annalen bei Sczerbatov unter dem Jahre 1190 nennen sie pomorskaja Czud, die am Meere wohnenden Tschuden, zum Unterschied von den Zawolotzkischen Tschuden. Auch in den Tschuchenzen, wie ein Theil der Bewohner Finnlands heisst, ist wohl eine Erinnerung an den Namen: Tschuden enthalten.

der am östlichen Fusse des Urals seine Sitze hatte, von den Russen auf die Bewohner aller transuralischen Länder, das heutige Sibirien, ausgedehnt. So haben die Finnen den Namen Ruotsi, der ursprünglich nur dem auf der Roslagischen Küste angesessenen Stamme zukam, auf das ganze Land Schweden übertragen. Und auch mit dem Namen: Russland, ist es ähnlich gegangen: er ging von eben jenen Roslagen, den warägischen Fürsten, zuerst auf die Slaven am Ilmensee über und dehnte sich von diesen allmählich auf alle zwischen dem schwarzen und weissen Meere wohnenden Slaven aus.

Was den Namen betrifft, mit welchem die Finnländer selbst ihr Land nennen: Suomi, gen. Suomen-Suomenmaa so wird gewöhnlich, namentlich von deutschen und schwedischen Schriftstellern (Rühs Finnland — omarbet. af A. I. Arwidsson II. S. 1. Geiger Gesch. Schw. I. S. 90) angenommen: dass er aus Suomiehenmaa contrahirt und letzteres Wort aus suo, Sumpf, mies gen. miehen, Mann und maa, Land, zusammengesetzt sei, also das Land der Sumpfbewohner bedeute, und man hält den Namen, den die Lappen selbst sich geben: Sabme, Same für dasselbe nur in der Aussprache modificirte Wort. Lehrberg (l. c. S. 210. —212. 213. 222.) nimmt an: dass die Tschuden erst das germanische Feen durch das finnische Suomi übersetzt und die Lappen, als dies zu ihrer Kenntniss gelangt, auch ihrer Seits den Namen angenommen hätten, der dann auf die Tschuden, als sie die Besitzer des Landes geworden, übergegangen sei; diese hätten keinen Anstand genommen, den von ihren Ueberwindern, den Schweden, gebrauchten Namen anzunehmen; so habe der Specialname für die nördlichen Finnen die allgemeine Benennung des ganzen Volkes werden müssen. — Diese Ansicht widerstreitet jedoch allen Regeln der Wahrscheinlichkeit. Eher wäre es noch denkbar: dass die Germanen den finnischen von der Beschaffenheit des Landes hergenommenen Namen: Suomi, in ihre Sprache übersetzt und dessen Bewohner demgemäss Finnen genannt hätten. Sjögren (Ueber Jämen Mémoir. d. acad. de. St. Petersb. I. 303) hat jedoch dargethan: dass es den Gesetzen der finnischen Etymologie durchaus widerstreitet: Suomiehenmaa, Suomenmaa von Suo-mies und maa herzuleiten, dass vielmehr suomi gen. suomen ein ursprüngliches, nicht zusammengesetztes Wort sei, und dass daher Suomen maa nicht anders übersetzt werden könne als: Land der Suomen. Die Idee: dass der Name: Finnland, eine wörtliche Uebersetzung von Suomenmaa sei, oder umgekehrt der letztere Name eine solche des ersteren, wird man also wohl verlassen müssen. Dass Sjögren selbst es nicht gewagt hat, die Bedeutung des Wortes zu erklären, *) thut hierbei nichts, da es überhaupt und namentlich auch bei den Tschuden eine grosse Anzahl von Namen einzelner Volksstämme giebt, deren ursprüngliche Bedeutung Niemand zu erklären vermag. Ein solcher Name eines Stammes war sicher auch der: Suomen, vielleicht in der ältesten Zeit der, welchen die Karelier (Karjalaiset) führten, die den letzteren nur als einen Beinamen von ihrer Hauptbeschäftigung, der Viehzucht, (Karja Vieh, Heerde; Karjainen Hirt; karja kansa Nomadenvolk) erhalten hatten, obwohl er zuletzt der allein gebräuchliche geworden ist. Auf jenes scheint wenigstens die Art zu deuten, wie nach dem oben Ausgeführten der Name in der Kalewala vorkommt, in welcher Suomi und Karjala als gleichbedeutend erscheinen. — So werden in den Nowgoroder Jahrbüchern bei den Jahren 1240 und 1256 neben den Jämen, also den Tawasten, die Ssumen — offenbar die russificirte Form von Suomen — als Theilnehmer an einem Angriffe auf Nowgorod genannt (Lehrberg l. c. S. 158 und 168). **) Die Karelier haben sich ohne Zweifel an diesen Zügen, die von ihren Grenzen ausgingen, mit betheiligt; wenn sie dessen ungeachtet dort nicht genannt werden, so deutet dies darauf: dass sie unter den Ssumen zu verstehen sind.

---

*) Lehrberg (l. c. S. 216) bringt den Namen mit dem in das weisse Meer sich ergiessenden Flusse Ssuma, in Verbindung, wobei er aber freilich von der Voraussetzung ausgeht, dass derselbe ursprünglich den heutigen Lappen angehört habe.

**) „Im Jahre 1240 kamen die Schweden heran mit grosser Macht und Norweger und Ssumen und Jämen in Schiffen überaus zahlreich — sie hielten in der Newa an der Mündung der Ischora und wollten Ladoga erobern." — „Im Jahre 1256 kamen die Schweden und Jämen und Ssumen und Didmann (Tideman von Reval) mit dem ganzen Gebiet und einem grossen Heere und sie fingen an, eine Burg an der Narowa zu erbauen." Dass Karelier bei diesem Zuge betheiligt gewesen sein werden, ist um so wahrscheinlicher, als die nächste Veranlassung zu demselben die war: dass eine Bulle des Papstes Alexander IV. wegen Errichtung eines Bisthums für Watland, Ingrien und Karelien zur Ausführung gebracht werden sollte. Dass unter den Ssumen der Nowgoro-

Wie Klingstädt (Nachricht von Samojeden und Lappländern S. 44), berichtet, nennen die Karelier auch selbst sich Somaemejet, Suomenmänner (mees plur. mejet, der Mann). Später erhielt jener Name, in ähnlicher Art wie die Finnen in der oben angedeuteten Weise den Namen der Roslagen auf ganz Schweden übertrugen, wie der Name Germanen von einem kleinen Volksstamm auf alle Deutsche übertragen ward, wie der Landstrich Schonen den Namen für ganz Scandinavien hergegeben hat, eine allgemeinere Bedeutung und umfasste auch das eigentliche Finnland, wie sich daraus ergiebt: dass nach einer Nachricht der Nowgoroder Jahrbücher beim Jahre 1318 das Gorod (Schloss) des Ssumischen Knäsen sich in Åbo befunden hat (Lehrberg l. c. S. 196). Dass die Ausdehnung schliesslich soweit gegangen, dass der Name sich sogar auf die Lappen erstreckt hat, lässt sich kaum anders erklären: als dass diese, welche stets verlangt haben, mit ihren tschudischen Nachbarn auf gleiche Linie gesetzt zu werden und von dem ihnen vom Auslande gegebenen Namen nichts wissen wollen, nicht nur den von den Fremden jenen beigelegten: Finnen, der allerdings von Anfang her ihnen zukam, sondern auch den, mit welchem jene sich selbst nennen: Suomen, in Anspruch genommen haben.

Sind nun die Lappen es gewesen, welche die Urbewohner Finnlands waren und ist der Name: Finnen, ursprünglich nicht ein ethnographischer, sondern ein geographischer, so liegt auch die Vermuthung sehr nahe: dass man unter den Finnen der ältesten Geschichtsquellen nicht den Volksstamm, welcher gegenwärtig

der Jahrbücher die nomadischen Ureinwohner Finnlands, die Lappen verstanden werden müssten, wie Lehrberg (l. c. S. 212) glaubt, ist kaum anzunehmen. Die Lappen, die nie ein kriegerisches Volk gewesen sind, waren zu jener Zeit längst aus Finnland in den äussersten Norden verdrängt. Schwerlich werden sie aus diesen zu einer kriegerischen Unternehmung gegen Nowgorod herangezogen sein. Eben so wenig wird man nach ihnen dem Herzoge von Finnland den Namen: der ssumische Knäs, beigelegt haben. Dagegen mag zugegeben werden, dass unter den Ssumen nur die Bewohner des westlichen (des finnländischen oder schwedischen), nicht aber die des östlichen (des russischen) Karelien, welches letztere damals d. h. vor dem Frieden von Orechowez 1323 eine grössere Ausdehnung hatte, als später und auch den westlich vom Ladogasee belegenen Landstrich in sich fasste, begriffen worden sind.

Finnland bewohnt, sondern die Lappen zu verstehen habe. Und dies ist auch, wie weiter unten noch näher dargethan werden wird, ganz unzweifelhaft der Fall. (cf. Geiger l. c. S. 72).

Finnland bietet übrigens keineswegs das einzige Beispiel dar: dass vollkommen verschiedene Völker, welche im Besitze desselben Landes auf einander folgten, den nämlichen Namen geführt, indem der der Vorgänger ohne weiteres auf die Nachfolger übertragen ward. Allbekannte Beispiele der Art sind unter andern: Livland, das diesen Namen beibehalten hat, als der Volksstamm, von welchem es ihn erhalten hatte, die tschudischen Liven, bis auf wenige Ueberreste von den litthauischen Letten vertilgt oder vertrieben waren, Schlesien, Bulgarien, Illyrien, wo Slaven die germanischen, finnischen und thracischen Urbewohner ersetzten, Böhmen, *) Baiern, Jütland, die Insel Rügen u. s. w. Auch die Namen Spanien, Andalusien, Brittanien gehören hierher, wenn man will, selbst Preussen und Pommern.

Das nämliche Verhältniss dürfte auch in Betreff der Esten obwalten, denn die ursprünglichen Bewohner Estlands, des Ostlandes, die Ostiäer des Pytheas (Strabo I. cap. 4), die Aestyer des Tacitus (German. c. 45), welche an der Südküste des baltischen Meeres von der Weichsel bis zur Newa sassen, die an Sitte und Tracht den Sueven, in der Sprache den Britanniern nahe kamen, **) können unmöglich die Vorfahren der tschudischen Bewohner des Landstrichs, der gegenwärtig den Namen Estland führt, gewesen sein. Sie waren wohl ein keltischer Stamm, welcher in ähnlicher Weise wie die Peuciner, Ombronen, Bastarner (Ossolinski. Vinc. Kadlubek v. Linde S. 140) hier sitzen geblieben war, als seine Brüderstämme von den Germanen weiter gegen Westen gedrängt wurden, der, als die Slaven und Letten in den südwestlichen, die Tschuden in den nordöstlichen Theil seines Landes drangen, von jenen vernichtet wurde, in diesen aber aufging. Denn nur so lässt es sich erklären: dass die estnische Sprache eine,

---

*) Manet adhuc Boemi nomen significatque loci veterem memoriam, quamvis mutatis cultoribus. Tacit. Germ. 28.

**) Es ist sehr bequem, wie Holzmann (Kelten und Germanen S. 52) und andere thun, sich dadurch zu helfen: dass man den Tacitus des Irrthums zeiht. Auf diese Weise wird aber der Knoten nicht gelöst, sondern durchhauen. Es ist kaum zu glauben, dass der Biograph des Agricola nicht im Stande gewesen sei, die keltischen Idiome von denen der übrigen Europa beiwohnenden Völker zu unterscheiden.

wenn auch nur entfernte doch unleugbare Verwandtschaft mit den keltischen Sprachen zeigt (Pott, Etymolog. Forschungen II. 478; Parrot, Versuch einer Entwickelung der Sprachen, Abstammung — der Esten. Berl. 1839. Kruse, Urgesch. des Estnischen Volksstamms S. 122 fgg., 135 fgg., 345 fgg. Brandes, das ethnographische Verhältniss der Kelten und Germanen S. 57.), und dass auch die Namen der Ostsee: Cronium mare, so wie des Niemenflusses: Chronos, keltischen Ursprungs sind (cronni, ersisch croinn, wallisisch crunn, ein stehendes Gewässer. Toland, history of the druids in: Collection of several pieces. London 1726 Vol. I. *) Schlözer Nordisch. Gesch. S. 114, Adelung Mithridates II. 54). Der Name, welchen die Ostsee bei Hecataeus führt: Amalchium, so wie der nach Philemon von den Cimbren gebrauchte: Morimarusa bedeuten gleichfalls: das geronnene, das seichte, das todte Meer. Auch sie sind keltischen Ursprungs (Thunmann Nordisch. Völker S. 11). Wachter (Praefat. ad Germ. XLV. vor seinem Glossar. germ.) erklärt auch das Mentonomon des Plinius (Hist. nat. Lib. XXXVII. c. 2. §. 35) für ein keltisches Wort und übersetzt es durch: locus aquarum brevium. **)

---

*) Toland nimmt zwar an: dass dies ein von den Britanniern der Ostsee gegebener Name sei, welchen Pytheas von diesen gehört habe, er ist aber zu dieser Annahme wohl nur dadurch gelangt, dass ihm die Möglichkeit nicht beigefallen, dass ein Volk keltischer Abstammung und Sprache einst an jener Küste gewohnt, und dem Meere und Flusse den Namen gegeben habe. Viel einfacher ist es jedenfalls, wenn man das letztere voraussetzt.

**) Es fragt sich: ob nicht das aestuarium oceani in der erwähnten Stelle des Plinius, was den Auslegern so viel Kopfzerbrechen gekostet hat, (Voigt Gesch. Preuss. I. S. 20. 21.) auf einem Missverständnisse beruht und ursprünglich von einem Aestuorum oceani, einem Aestyermeere, die Rede gewesen sei. Dass diese Stelle an Verderbniss leide, beweisen nicht nur die vielen Verschiedenheiten der Lesart, wie sie Sillig in seiner Ausgabe des Plinius T. V. p. 390. 991 aufführt, sondern ist auch von Müllenhof (Deutsche Alterthumsk. I. 416 fgg.) dargethan, der nachgewiesen hat: dass die Stelle in der Art, wie sie jetzt gelesen werde, gar keinen vernünftigen Sinn gebe. Schafarik (l. c. I. 455) nennt sie: ein wahres stabulum Augiae. Einige Schriftsteller, namentlich Ukert (Germanien S. 86) und Müllenhof (l. c. S. 481) glauben zwar: dass Plinius nicht von Ostsee-, sondern von Nordseegegenden spreche, dieser, Annahme stehen aber doch sehr erhebliche Bedenken entgegen. Der Hauptgrund für jene: dass die Ostsee, da in ihr keine Ebbe und Fluth stattfinde, nicht ein aestuarium genannt werden könne, verliert bei An-

Auf diese an der Ostsee wohnenden Kelten geht es wohl auch, wenn Matthäus von Cholewa (Vinc. Kadlubek Hist. polon. L. I. c. 2. in Dlugoss. Hist. polon. II. p. 604) auf Grund alter Volksüberlieferungen (fama est) berichtet: dass die Kelten — denn dass diese unter den von ihm Galli genannten Volke zu verstehen sind, *) ergiebt sich aus seiner Angabe: sie hätten

nahme des obigen Veränderungsvorschlags seine Bedeutung. — Es ist dann auch nicht nöthig, die Guttones des Pytheas in Teutones zu verwandeln. Denn dass die Guttonen im Nordosten Deutschlands ihre Wohnsitze hatten, ergiebt sich aus Plinius IV. 28. Auch von Ptolemaeus (Geograph. III. 5) werden sie östlich der Weichsel neben die Finnen gesetzt und bekanntlich haben auch selbst in späterer Zeit gothische Stämme an den Weichselmündungen ihren Sitz gehabt. — Der Sinn der oben gedachten Stellen des Plinius würde dann etwa der sein: Nach Pytheas wohnen die Guttonen, ein germanischer Volksstamm, an dem Theile des Aestyermeeres, welcher den Namen Mentonomon führt und der eine Ausdehnung von 6000 Stadien hat. Von diesem aus kann man in einer eintägigen Seefahrt die Insel Abalus, den Fundort des Bernsteins, erreichen. — Mentonomon gilt für das frische Haf (Forster Gesch. d. Entdeck. S. 36) von dessen Mündung ins Meer, dem Tief, man recht gut in einem Tage das Bernsteinland Abalus (Samland oder Witland) erreichen konnte. Den Namen Abalus halten Schlözer (Nord. Gesch. S. 23), Schafarik (l. c. p. 111) und Forster (l. c. p. 36 und 97) für identisch mit Baltikka oder Baltia (eine Ansicht, welcher der Umstand zur Seite steht: dass der Name bei Solinus Abalcia lautet), dies aber für eine Uebersetzung von Witland (Weissland), dem durch die Fluthen verschlungenen Vorlande Samlands. Dass dieses nur eine Halbinsel ist — denn die Annahme Wilhelms (Germanien S. 323): dass Samland zu dieser Zeit wirklich eine Insel gewesen sein möge, scheint doch bedenklich — kann keinen Anstoss erregen (Voigt l. c. S. 23. 632, Reichard Kl. geogr. Schrift. S. 437); hat doch selbst Scandinavien den Alten lange für eine Insel gegolten; noch Adam von Bremen glaubte: dass Kurland und Estland, namentlich aber Samland (IV. c. 18) Inseln wären. — Uebrigens begegnen wir dem Aestyermeere noch in viel späterer Zeit in den Estmeere des Wulfstan (Periplus Otheri ed. Bussaeus p. 20). — Ob auch der palus Estia des Pompon. Mela (III. 3) hierhin gehöre, mag dahin gestellt bleiben. Unmöglich ist es nicht, wenigstens sagt Js. Vossius in seinem Commentar zu dieser Stelle: Si conjecturae locus sit: pro Estia putem rescribendum esse: Aestia. Palus Aestium sive Aestiorum est illa, in qua succinum colligitur et olim et nunc notissima. Im Grunde ist jene Benennung noch heute im Gebrauch. Denn da der Name: Aestyer oder Ostiäer nichts anderes bedeutet, als die gegen Osten Wohnenden, so ist auch das Aestyermeer nichts anderes, als die Ostsee.

*) Qui ipsorum lingua Celtae, nostra Galli appellantur. Caesar. d. bell. gall. I. 8.

damals fast alle Länder inne gehabt (pene totius orbis tunc regna occupasse) — mit den Polen Kriege geführt, wobei viele Tausende von ihnen das Leben verloren hätten. Es ist daher nicht nöthig, mit Lelewel (Ueber Matth. Cholew. in Ossolinski Vinc. Kadlubek von Linde S. 468) den Schauplatz dieser Kriege nach Kroatien zu verlegen und unter den Galliern die Franken zu verstehen. Auch Bartholds, der die letztere Ansicht theilt und die Begebenheit in eine spätere Zeit verlegen will wie Matthäus, der sie in die des Dänenkönigs Kanut setzt, Bemerkung (Gesch. v. Pommern I. 90): „Unerforschlich also bleibt, in welcher Weise Kelten in unserem Nordlande gewaltet haben", findet so in einfacher Weise ihre Erledigung. Dass das halb germanische, halb keltische Volk, was zur Zeit des Tacitus an der Küste der Ostsee von der Weichsel bis zur Newa sass, nicht identisch sein könne mit den halbwilden litthauischen und finnischen Stämmen, welche die ersten christlichen Sendboten hier vorfanden, darüber kann kaum noch ein Zweifel obwalten. Ein Wechsel muss nothwendigerweise in der Zwischenzeit stattgefunden haben. Den Zeitpunkt desselben etwas näher zu bestimmen, wird weiter unten versucht werden.

Der ursprünglich von den Germanen herrührende, ihre Lage gegen Morgen bezeichnende Name: Ostland, blieb diesen Gegenden, auch nachdem andere Volksstämme sie eingenommen, in dem südwestlichen Theile noch lange — noch zur Zeit Einhards (Vita Caroli magni cap. 12) und König Alfreds (Otheri et Wulfstani periplus p. 21 sq. Forster l. c. S. 97 fgg.), — in dem nordöstlichen (dem heutigen Estland) für immer. Schon Schafarik (l. c. I. 298) bemerkt: „Ist der Name Aestier oder Ostier aber eine geographische Bezeichnung für die Bewohner der östlichen Küste von dem finnischen Meerbusen bis zur Mündung der Weichsel, so lässt sich aus dem blossen Namen nicht weiter auf die Nationalität des daselbst angesessenen Volkes schliessen. Mit gleichem Rechte darf er nämlich auf die Finnen, Litthauer und Slaven bezogen werden."

Dass „die sanften, friedliebenden Leute (pacatum hominum genus omnino)", wie Jordanis (l. c. cap. 5) die Aestier seiner Zeit, die Nachbarn der an der Weichselmündung sitzenden Vidivarier, schildert, zu deren Unterwerfung der Gothenkönig Ermanrich nichts als Klugheit bedurfte (ib. c. 23. Aestiorum quoque similiter nationem — ipse prudentiae virtute subegit), unmöglich die kriegerischen Preussen sein können, von denen bereits Wulfstan sagt: dass viel Krieg unter ihnen wäre, und die der deutsche Orden erst durch einen Jahrhunderte langen Kampf unterwerfen konnte, möchte wohl kaum zweifelhaft scheinen.

Ob nicht die grossen Schwierigkeiten, welche das Vorkommen des Namens der Veneder oder Wenden bei den älteren Geographen herbeigeführt hat, doch am leichtesten ihre Lösung finden würden, wenn man annimmt: dass er verschiedenen Völkern, welche nach einander denselben Landstrich bewohnt, successive beigelegt sei, mag, so entschieden sich auch Schafarik (l. c. I. 69 fgg. 82 fgg.) dagegen erklärt, dahin gestellt bleiben.

Finnland bis zur Besitznahme durch die Tschuden.

Nach auf die Vergleichung der verschiedenen ural-altaischen Idiome gegründeten Untersuchungen, namentlich denen von A. Ahlquist (Om. Finska sprakets Kulturord. Ett linguistisk't bidrag till Finnarnes äldsta Kulturhistoria. Helsingfors 1871) ist den jetzigen Finnländern, bevor sie sich von den übrigen tschudischen Stämmen getrennt haben und vor der Zeit, wo die Kultur anderer schon weiter vorgeschrittener Völker, namentlich der Nordgermanen, Einfluss auf sie gewann, der Ackerbau nicht ganz unbekannt gewesen, wenngleich solcher nur in nomadisirender Weise d. h. vermittelst des Schwendens (Niederbrennens einer Waldfläche und Einstreuens der Getreidesaat in die Asche) von ihnen betrieben worden ist und sie von den Getreidearten nur die Gerste und den Hafer und von den Wurzelgewächsen nur die Rüben gekannt haben. Die Tschuden standen daher keineswegs mehr anf den niedrigsten Stufen der Kultur, als sie die Gegenden an dem bottnischen und dem finnischen Meerbusen besetzten. Sie waren bereits nicht mehr ganz unkundig der Bearbeitung der Metalle, sie kannten namentlich das Eisen, den Stahl, das Kupfer, das Silber, das Messer, das Beil, den Nagel und andere Werkzeuge, selbst die Schmiedekohlen und die Feueresse (Rühs Finnland S. 9. fgg. Roller, die finnischen Sprachen S. 33 fgg. Vergl. Lehrberg l. c. S. 203).

Schon der älteste Zeuge, der uns einen etwas genaueren Bericht über einen finnischen Volksstamm giebt, der Normanne Othar (Periplus p. 6 der Ausgabe von Bussaeus, p. 31 der von Rask) schildert das von demselben bewohnte Land Bjarmien als ein reich angebautes, was sich sehr auffallend von dem nur von einigen Fischern, Vogelfängern und Jägern spärlich bewohnten Lande der Lappen, der damaligen Finnen, unterscheide.

Dass sich die Tschuden zu der Zeit, wo sie die Länder zwischen dem finnischen Busen und dem weissen Meere in Besitz nahmen, schon auf einer nicht mehr ganz tiefen Stufe der Gesittung befunden haben, dass ihnen insbesondere die Bodenkultur nicht mehr unbekannt gewesen, kann um so weniger befremden, als ihre ursprünglichen Sitze in erheblich südlicheren Gegenden belegen gewesen und sie erst aus diesen durch die nach Norden sich ausbreitenden Slaven verdrängt worden waren (Schafarik l. c. I. S. 305). Dass wenigstens lange vor der schwedischen Eroberung die Finnländer ein ackerbautreibendes Volk gewesen sind, ist von Porthan (ad Juutsen Chronic. Episcop. Finl. p. 63 seqq. und p. 58 not. 29) nachgewiesen; selbst die Bienenwirthschaft war ihnen nicht unbekannt (Rühs Finnland S. 14). Der Anbau von Getreide ist so sehr ein charakteristisches Merkmal der Tschuden, dass man in Norwegen die Einwanderer aus Finnland von den ursprünglichen Finnen (den Lappen) dadurch unterscheidet, dass man sie Roggenfinnen (Rugfinnen) nennt (Rühs l. c. S. 418, Buch Reise II. 19.)

Vergleicht man hiermit die Schilderung, welche Tacitus, der ältaste Schriftsteller, bei welchem der Name der Finnen vorkommt, von denselben giebt (German. c. 46): „Die Fennen sind von ausserordentlicher Wildheit und ekelhafter Armuth, sie haben weder Waffen, noch Pferde, noch Wohnungen. Kräuter sind ihre Nahrung, die Kleidung Thierfelle, ihr Lager der Erdboden. Sie verlassen sich einzig auf ihre Pfeile, die sie aus Mangel an Eisen mit Spitzen von Knochen versehen" u. s. w., so kann es nicht zweifelhaft sein, dass sich dies nicht auf den später unter dem Namen der Finnen bekannten tschudischen Volksstamm, sondern auf Niemand anders als die Lappen beziehen kann. —

Eben so sicher ist es aber: dass das Land, das von den Finnen des Tacitus bewohnt wurde, nicht Lappland ist. Nach diesem Schriftsteller waren es nicht die Finnen, sondern die suionischen Völkerschaften und die Sitonenstämme, welche den äussersten Norden, die Gegenden am nördlichen Eismeere bewohnten. Die Finnen waren vielmehr die Nachbarn der Veneden (Wenden). Denn von den letzteren erzählt Tacitus: dass sie das was sich an Wäldern und Gebirgen zwischen dem Peuciner- und dem Fennengebiete erhebe, in Raubzügen durchschweiften. Die Peuciner wohnten von den östlichen Karpathen bis hinab zur Dniestermündung, die Veneden nördlich von diesen zwischen der Weichsel und dem oberen Laufe der Wolga. Ob die Sitze der Finnen wirklich, wie Thunmann (Oestliche Völker S. 18) behauptet, bis hinunter an die Memel — d. h. den oberen Lauf dieses Flusses, denn an der Mündung sassen die Aestyer — gegangen sind, mag dahin gestellt bleiben, das wird aber wenigstens Niemand behaupten: dass die Slaven (die Veneden) sich zu jener Zeit bis nach Lappland erstreckt haben. Hat Tacitus das letztere überhaupt gekannt, so kann man es nur in dem Lande der von einer Frau beherrschten Sitonen, der Nachbarn der Suionen (Schweden), finden. Diese müssten die Skritfinnen der Späteren sein, deren Sitze sich damals tiefer hinab erstreckten als demnächst, selbst bis in das südliche Norwegen und Schweden (Geiger Urgesch. 345. 365), noch zur Zeit Adams von Bremen bis nach Wärmeland. *)

Der nächste Schriftsteller, von welchem die Finnen genannt werden, Ptolemäus, beschränkt sich auf die Anführung ihres Namens (Φιννοι) und setzt ihre Wohnsitze auch wohl etwas zu südlich. **)

---

*) Die Ansicht Dalins (l. c. I. 58): dass der Name der Sitonen sich noch in der Stadt Sigtuna, oder wie sie auf einer Münze König Olafs heisst, Siton, einst der Hauptstadt des mittleren Schwedens, bei der Odin, als er mit den Asen einwanderte, sich zuerst niedergelassen haben soll, finde, möchte daher doch nicht so zu verwerfen sein, wie es meist geschehen. Auch Zeuss (l. c. S. 57. 157. 274) nimmt an: dass Tacitus mit dem Namen der Sitonen die nicht germanischen, namentlich die finnischen Bewohner der scandinavischen Halbinsel bezeichne; wenn er den Namen aber von dem deutschen Worte: sitan, sitzen ableitet, so lässt sich dagegen erinnern: dass dies wenig auf ein Volk, das selbst heutigen Tages noch keine festen Wohnsitze hat, zu passen scheint.

**) Zeuss (die Deutschen S. 156. 274) glaubt daher: dass der Name entstellt sei und es statt Φιννοι heissen müsse Σκιροι (die Sciri des Plinius). Einfacher und natürlicher möchte es sein anzunehmen: dass Polemäus sich in Betreff der Lage der Wohnsitze der Finnen etwas geirrt habe.

Die Erwähnung der Finnen auf einer griechischen und einer lateinischen Münze des Kaisers Volusianus von 253 (Vaillant Numism. Imp. Roman. Par. 1694 II. 351. Ejusd. Numism. aerea Imper. ib. 1697 II. 220. 221) ist so unbestimmt, dass aus ihr keine Folgerungen gezogen werden können.

In dem angelsächsischen Gesange des Wanderers, der von den ersten Herausgebern J. J. und W. D. Conybeare (Illustrations of Anglo-Saxon poetry p. 9. fgg.) in die zweite Hälfte des 5. Jahrh. gesetzt, von W. Grimm (Deutsche Heldensage S. 18) aber für gleichzeitig mit Beowulf (7. oder 8. Jahrh.) gehalten wird, ist sowohl der Finnen (Finnum) als der Skritofinnen (Scridefinnum) gedacht und sogar ein Herrscher der ersteren, Celic, namhaft gemacht; da aber in diesem Gedichte offenbar Geschichte und Sage mit einander vermischt sind, so ist es zu bestimmten Schlussfolgerungen nicht geeignet. Dasselbe gilt von dem Beowulf, wo im 9. Liede der Finnen als Bewohner der Nordküste Norwegens und Nachbarn der Raunen gedacht ist.

Der älteste Schriftsteller nach Tacitus, welcher ausführlich der Finnen gedenkt, ist der um 550 lebende Gothe Jordanis (De Getarem sive Gothorum origine c. 5). Auch er schildert sie als Wilde, die sich nicht von Getreide, sondern blos von dem Fleisch der wilden Thiere, welche das Land in grosser Menge hervorbringe und von den Eiern der Vögel nährten. — Ueber die vielbestrittene Lesart dieser Stelle, ob unter der gens Adogit, bei der vierzig Tage hindurch ununterbrochen Tag und eben so lang Nacht ist, die Scritefinnen oder Halogaland, das nördliche Norwegen, zu verstehen sei, ob weiterhin gentes Rerefennae, Refennae, Crefennae, Trefennae oder Tre et Crefennae gelesen werden müsse, will ich mich mit der Hinweisung auf die ausführlichen Erörterungen von Closs in seiner Ausgabe des Jordanis p. 14—16, von Zeuss (Die Deutschen und die Nachbarstämme S. 685) und von Lehrberg (l. c. S. 204) beschränken. Für die vorliegende Untersuchung sind diese Varianten nicht wesentlich; denn das erscheint nicht zweifelhaft: dass die Angaben des Jordanis sich eben so wie die des Tacitus nur auf das später Lappen genannte Volk beziehen können und dass das von ihnen bewohnte sumpfreiche Land (ubi tunta paludibus foetura ponitur) nur das heutige Finnland, dessen Name ja nur auf diese Weise lateinisch wiedergegeben oder doch umschrieben ist, sein könne.

Auch der dem Jordanis etwa gleichzeitige Procopius (De bello Gothico. Lib. II. c. 15. p. 261 in Muratori scriptor. T. I.) gedenkt dieses Volks unter dem Namen Scrithifinni und setzt es nach Thule hin, unter welchem Namen er die scandinavische Halbinsel versteht. Er spricht daher nicht von Bewohnern Finnlands, sondern Finnmarkens oder Lapplands. Er sagt von ihnen: „Von allen Völkern, welche Thule bewohnen, sind die Skrithfinnen die einzigen, welche ein thierähnliches Leben ohne ordentliche Kleidung und Nahrung führen; die Jagd gewährt beiden Geschlechtern zur genüge, da sich hier grössere Wälder als irgendwo finden, und die hohen Berge eine ungeheure Menge Wild darbieten. Sie leben von dem Fleische des Wildes und kleiden sich in Häute, welche mit Thiersehnen zusammengefügt um den Leib geworfen werden. Sie säugen auch ihre Kinder nicht, sondern die Frau hängt, wenn sie auf die Jagd geht, das neugeborne Kind in Häute gewickelt an einen Baum und giebt ihm ein Stück Mark in den Mund."

Sehr ausführlich spricht von den Finnen Paulus Diaconus (Schluss des 8. Jahrh.) im 5. Kapitel des 1. Buchs seiner lombardischen Geschichte. Er sagt: „In der Nähe (der Halbinsel Scandinavien) wohnt das Volk der Skriptowiner" (Scritowiner oder Scritobiner) „die zur Sommerzeit Schnee haben und, wie sie denn von der Art der wilden Thiere sich nicht sehr unterscheiden, nichts anders als das rohe Fleisch wilder Thiere essen, von deren rauhen Fellen sie sich auch ihre Kleider anfertigen. Nach dem Worte ihrer barbarischen Sprache haben sie ihren Namen vom Springen. Denn durch gewisse künstliche Sprünge und mit einem krummen bogenähnlichen Holze erlegen sie die wilden Thiere. Bei ihnen giebt es ein dem Hirsch nicht unähnliches Thier, aus dessen rauhhaariger Haut ich ein nach Art der Tunika bis ans Knie reichendes Kleid gesehen habe, wie es die oben genannten Skriptoviner tragen. In jenen Gegenden ist es um die Zeit der Sommersonnenwende einige Tage lang auch bei Nacht ganz hell und die Tage sind viel länger als anderswo; umgekehrt wird es zur Zeit der Wintersonnenwende zwar hell, doch die Sonne nicht sichtbar und die Tage sind kürzer, die Nächte länger als sonst irgendwo."

Die Scritifinni des Procopius und die Scriptovini des Paulus Diaconus erklären die Ausleger (Forster l. c. S. 85. Lehrberg l.

c. 205) durch: Schreitfinnen, und wollen diesen Namen aus der Gewohnheit des fraglichen Volkes: sich grosser Schneeschuhe oder Schreitschuhe zu bedienen herleiten. Dass eben so wie der zweite auch der erste Theil des Namens germanischen Ursprungs sei, lässt sich, trotz der widersprechenden Angabe des Paulus Diaconus, wohl annehmen, die Form, welche derselbe bei Saxo Grammaticus (edid. Stephani. Praef. p. 4) bei Olaus Magnus (Historia de gentibus septentrionalibus Lib. I. cap. 3 et. 4) Sam. Rhenius (Scheffer l. c. p. 27) und anderen Späteren hat: Skricfinni, Strickfinnar ist dieser Erklärung aber wenig günstig. Andr. Buraous (Descript. Sueciae p. 43) leitet ihn von dem schwedischen Skid = Schneeschlittschuh (Arnd Reise durch Schweden III. 275, 276) her, und nennt demgemäss das Volk: Skidhfinni, und es liesse sich diese Ansicht auch durch den Namen, welcher der Skade, der Gemahlin Niords aus jotnischem Geschlecht, beigelegt ist Skidgudinna, die Göttin auf Schrittschuhen (Edda Daemis. 23) unterstützen, dem widerspricht aber die Form, welche das Wort in den vielen von Stephani (Not. in hist. Sax. Gramm. p. 26) angeführten Urkunden hat, und die, bei aller sonstigen Verschiedenheit, doch constant mit den Buchstaben: scr. beginnt. Stephani, welcher die Etymologie ausführlich bespricht, sagt zum Schluss: de Etymologia nominis semper in eadem cum D. Wormio nostro fui sententia. Skricfinnen enim dictos putavi quasi Scricfinner, quod praerupta montium pandis trabibus celerrimo impetu quasi praetervolent. Hinc: at skrie paa Jis, phrasis puerulis nostris familiaris."

Auch Zeuss (l. c. S. 684) hat den Namen durch Kletterfinnen übersetzt und ihn von den altnordischen skrida, kriechen, klettern, hergeleitet. Im Altschwedischen bedeutet: skirida fortschieben, gleiten. — Soviel aber auch diese Herleitung für sich haben mag, so möchte es doch noch vorzuziehen sein, dabei an die Skreidfischerei zu denken, welche bereits in der Egilssaga neben der Häringsfischerei als ein Haupterwerbszweig der Bewohner des nördlichen Scandinavien genannt wird (Munch die nordisch-germanischen Völker S. 120.). Denn dass unter den Skridfinnen: die Seefinnen d. h. die vom Fischfang lebenden Finnen gemeint sind, erscheint nicht zweifelhaft.

Der tschudische Volksstamm als Bewohner Finnlands.

Während Paulus Diaconus und die übrigen angeführten Schriftsteller nur ein Volk im Osten und Norden des bottnischen Busens kennen, das bei ihnen den gedachten Namen führt, unter dem aber unzweifelhaft die Lappen zu verstehen sind und das noch viel später, so bei Adam von Bremen (IV. c. 24) und bei Saxo Grammaticus (Proem. p. 4. Buch V. p. 93 nennt er sie blos Fenni und ihr Land Finnimarchia) unter diesem Namen erscheint, wie denn auch von Kaiser Ludwig 834 in dem dem Erzstift Hamburg ertheilten Privilegium und der auf den gleichen Gegenstand bezüglichen Bulle Papst Gregor IV. neben den Isländern, den Slaven u. s. w. nur die Scredevindon (Scridevindum) genannt sind (Lambeccius Origin. Hamburg I. p. 122. 129), treten zuerst *) bei König Alfred (gegen 900) in der geographischen Uebersicht von Europa, welche er seiner Bearbeitung des Orosius (The anglo-saxon version from the historian Orosius by. Aelfred the Great. Together with an englisch translation (by. Barrington) Lond. 1773. Deutsch: von Dahlmann Forschungen I. 417. fgg.) voranschickte, in der erwähnten Gegend ausser jenem noch zwei andere Völker auf: die Kwenen oder Quänen und die Bjarmier. Er sagt: „Die Sveon (Schweden) haben gegen Süden den Scearm Osti (die Ostsee) und östlich die Sarmende (Sarmaten d. i. Slaven) und nach Norden jenseits der Wüste ist Kwenland. Nordwestlich aber sind die Scride-Finnas und gegen Westen die Northmen (Norweger)." — Unter der hier genannten Wüste ist das Land zu verstehen, das von den Scride-Finnas bewohnt war. Dies trennte daher Schweden von Quänland. Dies ergiebt sich deutlich aus dem von Alfred mitaufgenommenen Reisebericht Others (Periplus Otheri Halgolando-Norvegi ut et Wulfstani secundum narrationes eorumdem de suis navigationibus als Anhang zu Frodae filii Arii Thorgilsis liber historicus de Islandia Hafn. 1744; auch bei Langenbek Script. rer. Danicar. II. 106 fgg. und von Rask in den Schriften der scandinavisch. Gesellsch. 1815 Bd. II. S. 39 fgg. deutsch von Dahlmann Forschungen I. 422 fgg.). Denn

---

*) Zeuss (l. c. S. 686) will die Quänen bereits in den Vinoviloth des Jordanis (l. c. cap. 3) erkennen, doch sind die von ihm für diese Annahme angeführten Gründe wenig überzeugend.

Other berichtete dem Könige: dass sich von seiner im hohen Norden Norwegens belegenen Heimath das Land nordwärts ziehe, daselbst aber alles wüst sei, mit Ausnahme weniger Stellen, in welchen einige Finnas im Winter von der Jagd, im Sommer aber von den in der See gefangenen Fischen lebten. Other schildert nun weiter seine Reise auf dem nördlichen Eismeer, wo er auf der rechten Hand das nur von Fischern, Vogelfängern und Jägern bewohnte wüste Land, links die offene See gehabt habe, bis er an einen grossen Strom (die Dwina) gelangte, an dessen Mündung er blieb, da er aus Furcht vor den Bewohnern nicht hinauf zu schiffen wagte; denn an dessen einem Ufer fand sich eine zahlreiche Bevölkerung, die Beormas (Bjarmier), wogegen das Land der Terfennen alles wüste und nur von einigen Jägern, Fischern oder Vogelfängern bewohnt war.

Die von Other hier genannten Terfennen sind wohl identisch mit den Rerefinni oder Crefinni des Jordanis und den Renefreni oder Rerefenni des Anonymus von Ravenna (Lib IV. c. 12 und 46.) Es ist hier wie es scheint der von den Schweden früher Trennes (contrahirt aus Trefennes) von den Russen Tre (in dem Novgoroder Register kommen die Lappen unter dem Namen Tre vor. Strahl l. c. I. S. 35.) genannte Landstrich, das gegenwärtige russische Lappland, die Gegend zwischen dem Enare See und dem weissen Meere gemeint. Unzweifelhaft bedeutet dieser Name: Waldfinnen, und ist aus dem angelsächsischen treov, englischen tree, gothischen triu, schwedischen trä, altdeutschen treo tra, ter = Baum. Holz (Lehrberg l. c. S. 204) gebildet, die wie Schmeller (Bairisch. Wörterb. I. S. 453) dargethan hat, bei Zusammensetzungen die Form ter annehmen. Unter den Terfennen sind also die Waldlappen, im Gegensatz gegen die Skrickfinnen oder Sioefinnun, die See- oder Fischerlappen (Scheffer l. c. S. 26. 27), zu verstehen. Diese Unterscheidung hat sich bis auf den heutigen Tag erhalten (Castrén Reise S. 48). Others Schilderung von den Terfinnen passt noch gegenwärtig auf die Waldlappen. Denn auch diese betrachten, wie Castrén bemerkt, den Fischfang als einen Hauptnahrungszweig.

Die Sprache, welche die Finnas und die, welche die Beormas redeten, hatten, nach Others Meinung, grosse Aehnlichkeit mit einander. Nachdem derselbe noch mancherlei Einzelheiten von jenen angeführt, geht er auf das dem nördlichen Schweden gegenüberliegende Kwenaland über: und gedenkt dabei der Raubzüge, welche die Kwenas und die Nordmänner häufig gegen einander unternähmen, wobei die Kwenas die Sitte hätten, über das zwischen den Seen liegende Land ihre Schiffe zu tragen, was sie deshalb vermöchten, weil solche sehr klein und leicht wären.

Aus dem Vorstehenden ergiebt sich: dass zu Alfreds Zeit das am bottnischen Meerbusen gelegene Land nicht mehr von dem damals noch Finnen genannten Volke der Lappen (Forster l. c. S. 86), das vielmehr seine Wohnsitze in den Gegenden am nördlichen Eismeere hatte, sondern von einem davon verschiedenen Volksstamm, den Quänen bewohnt war, *) der offenbar bereits auf einer höheren Stufe der Gesittung stand, als jene. Dass die Quänen wirklich ein von den Lappen durchaus verschiedener Volksstamm sind, kann nicht zweifelhaft sein. Ihre (Disput. de Quenlandia antiqua) sagt: „Noch heut zu Tage geben die Norweger den Namen: Quänen, denjenigen Einwohnern von Lappland, die von finnischer Herkunft sind und finnisch reden. Diese haben nicht nur eine vom Lappischen verschiedene Mundart, sondern sind auch höher im Wuchse und minder braun von Gesicht; Zeichen genug: dass sie eine verschiedene Nation sind."

Auf der von Forster für die Cosmographie Alfreds entworfenen Karte führt denn auch das Land zwischen dem bottnischen Busen und dem Onegasee den Namen: Cwenland, das zwischen dem ersteren und dem Nordkap den: Terfennaland oder Wüste. Wenn Forster das Gebiet der Finnas oder Scridefinni bis an die Gränzen von Jämteland hinunterrückt, so dass es nicht nur das heutige Westerbotn sondern auch Westernorland umfasst, so wird dies wohl, wenn auch jetzt keine Lappen mehr in so südlichen Gegenden und an der Küste des baltischen Meeres wohnen, doch für die Zeit König Alfreds vollkommen zutreffen, da noch in der Mitte des 16. Jahrh. der Portugiese Damiaõ de Goes

---

*) Dalin (l. c. I. 60) und andere schwedische Geschichtschreiber machen allerdings bereits den fabelhaften Fornjotr, der ein Zeitgenosse des Mithridates oder gar Alexanders des Grossen gewesen sein soll, und dessen Nachkommen zu Königen von Quänland. Da der älteste Gewährsmann hierfür aber der weit über 1000 Jahre später lebende Verfasser von Fundin Noregr ist, so fehlt es an einem einigermassen stichhaltigen Beweise von einem so frühen Vorkommen jenes Namens gänzlich.

(Deploratio Lappianae gentis et Lappiae descriptio 1500) Lappland durch den bottnischen Busen in ein östliches und ein westliches theilt.

Ist übrigens Alfred auch der älteste Schriftsteller, bei dem sich mit Bezug auf die in Rede stehenden Gegenden der Name eines tschudischen Volksstamms, der Quänen, mit Bestimmtheit findet, so ergeben doch andere, wenn auch spätere, doch nicht minder zuverlässige, Quellen: dass bereits früher Tschuden in den Ostseeländern ihren Wohnsitz gehabt haben. Der s. g. bairischen Geograph (um 870) nennt in seinem Völkerverzeichnisse die Liudi oder Luudi, einen tschudischen Stamm (Siögren in den Mem. de l'acad. de St. Petersb. Ser. VI. T. I. p. 277), neben den Forsderen, in welchem letzteren Namen man (Schafarik l. c. II. 675) die Terfinnen erkennen will. *) Sagubrot p. 12 lässt den König Jvar Vidfadme von Schweden, als er einen Kriegszug gegen König Radbard von Gardarike (Russland) unternahm, in den karelischen Busen einfahren. Wenn der finnische Meerbusen diesen Namen zu jener Zeit geführt, so müssen auch bereits die Karelier an ihm ihre Sitze gehabt haben. Harald Hildetand war zur Zeit des bei jenem Unternehmen erfolgten Todes seines Grossvaters Jvar 15 Jahre alt, aber hoch betag als er in der Brävallaschlacht gegen seinen Neffen Sigurd Hring sein Leben verlor. Wenn nun diese Schlacht in die Zeit von 715 bis 730 fällt (Munch das heroische Zeitalter S. 97), so muss Jvars Fahrt in den Kyrialabottn in die Mitte des 7. Jahrh. gesetzt, werden. — Der Lagman Torgny erwähnte in seiner 1023 auf der Reichsver-

---

*) Zeuss (l. c. S. 623) will jedoch lesen: Forsderenliudi, Waldleute, und glaubt darin eine deutsche Uebersetzung des Namens des slavischen Volksstamms der Drewljane oder Drewier zu erkennen, ein Name, der allerdings die angegebene Bedeutung hat. Für diese Ansicht lässt sich anführen: dass es nicht gut zu erklären sein würde, wenn die Drewier, die gerade damals wegen ihrer blutigen Kriege mit den Russen eine nicht unbedeutende Rolle spielten, in jener Völkertafel ganz fehlten und dass ihnen in dieser auch kein angemessenerer Platz wie neben den Russen hätte angewiesen werden können, dass die in der Tafel genannten Völker nur solche sind, die der slavischen Völkerfamilie angehörten — mit alleiniger Ausnahme der Ungarn und der Preussen, welche in Mitten jener sassen — und dass die Kenntnisse des Verfertigers der Völkertafel sich überhaupt nicht über die Russen hinaus erstreckt zu haben scheinen.

sammlung zu Upsala gehaltenen Rede: dass Erik Edmundson, König von Upsala, sich Finnland und Karelien und andere gegen Osten gelegene Länder unterworfen gehabt habe (Snorre Sturleson in Olafs Helgasaga c. 81. Heimskringla. I. 485). Da Erik 885 gestorben ist, die Unterwerfung jener Länder aber in die ersten Jahre seiner ziemlich langen Regierung fällt, so ist dieselbe etwa in das Jahr 850 zu setzen. Das Zeugniss Torgnys ist um so glaubenswürdiger, als sein Grossvater selbst an jenem Heerzuge theilgenommen.

Dass schon vor Alfred die Quänen am bottnischen Busen gewohnt und die Karelier ihre Nachbarn gewesen, ergiebt sich aus der Erzählung der Egilssaga (c. 14. cf. Torfaeus hist. Norv. II. p. 32. 34): dass als Thorolf, der Statthalter des Norwegerkönigs Harald Harfager in Halogaland, sich in Finnmarken zur Erhebung des Tributs befunden, zu ihm Boten von Farewid dem König der Quänen gekommen wären, die ihn um Hülfe gegen den König der Kyrialer ersucht, welche sein Land mit einem Raubzuge heimgesucht hätten. Thorolf sei auf diese Bitte eingegangen, habe sich mit den Quänen vereinigt und den Kyrialern eine Niederlage beigebracht. Thorolf sei hierauf nach Quänland zurückgegangen und habe ein enges Bündniss mit den Quänen abgeschlossen. 878 habe er und Farewid einen neuen Einfall in Kyrialand unternommen, von welchem sie mit reicher Beute heimgekehrt wären.

Aber nicht nur scandinavische, sondern auch russische Quellen ergeben: dass schon vor Alfred tschudische Völker in den Ostseeländern gesessen. Nestor (um 1100) bemerkt in seiner Völkertafel (Schlözer Nestor II. 124), dass die Tschuden am Warägischen Meere (der Ostsee) ihre Sitze hätten, und nennt neben ihnen als gleichen Stammes angehörig unter andern auch die Jämen und die Ljuben (Liwen) (vergl. ib. S. 105). Weiter erzählt er (ib. S. 153): dass im Jahre 859 die Waräger von jenseit des Meeres gekommen wären und die Slaven in Novgorod, die Tschuden, die Meren und die Kriwitschen mit Tribut belegt hätten (ib. S. 167). Diese Völkerschaften hätten sich 862 gegen die Waräger empört und sie über das Meer gejagt (ib. S. 175); die Slaven, Tschuden und Kriwitschen aber gleich darauf die Russen-Waräger aufgefordert: zu ihnen zu kommen und die Herrschaft über sie zu übernehmen. — Dass dies alles in dem kurzen Zeitraum von drei Jahren geschehen sei, ist freilich wenig wahrscheinlich und man wird annehmen müssen: dass die erste warägische Eroberung in eine frühere Zeit falle; das aber erscheint mindestens unzweifelhaft: dass schon in der Mitte des 9. Jahrh. tschudische Volksstämme die Gegenden an der Ostsee inne gehabt.

Zeitpunkt der Besitznahme Finnlands durch die Tschuden.

Wenn nun in dem Vorstehenden auch dargethan ist: dass Finnland zu der Zeit, wo es zuerst in die beglaubigte Geschichte eintritt, der des Tacitus, von dem heute Lappen genannten Volksstamm bewohnt gewesen und dieser erst später von den Tschuden aus seinen Wohnsitzen vertrieben sei, so fragt sich weiter: in welchem Zeitpunkte diese Verdrängung stattgefunden hat. Dass gegen das Jahr 900 bereits eine tschudische Bevölkerung, die den Namen Quänen führte, am bottnischen Busen sass, ist durch das Zeugniss König Alfreds unwiderleglich dargethan, es ist aber ebenso gewiss anzunehmen: dass in dem nächst vorher gegangenen Jahrhunderte ausser jenen Quänen auch Hämen und Karelier, gleichfalls tschudische Stämme, Finnland, andere Tschuden das südlich vom finnischen Busen belegene Land, Estland, innegehabt. Diese Besitznahme muss also vor dem 9. Jahrhundert erfolgt sein. Die Schriftsteller, welche zunächst nach Tacitus die Finnen erwähnen: Procopius, Paulus Diakonus, der Geograph von Ravenna, schildern das Land zwar so, dass man dabei nur an den äussersten Norden, das heutige Lappland denken kann, dadurch wird aber die Möglichkeit noch nicht ausgeschlossen: dass die Wohnsitze der Bewohner jenes Landes sich noch bis an den finnischen Busen erstreckt haben und Jordanis scheint auch wirklich von Finnland zu sprechen, da nur dieses, nicht aber Scandinavien ein mit Sümpfen bedecktes Land genannt werden kann. Aus dem letztgenannten Schriftsteller ergiebt sich zugleich mit Bestimmtheit: dass die Tschuden zur Zeit des Gothen-Königs Ermanrich (332—350) noch in anderen Gegenden, im mittleren Russland, ihre Sitze gehabt. Ihre Niederlassung in den Ostseeländern muss also in die Zeit zwischen 350 und 800 oder wenn man auf die Angabe des Sagubrot über den Kriegszug des Schwedenkönigs Iwar Vidfadme ein wesentliches Gewicht legt, 650 fallen. — Nun wissen wir: dass etwa in der Mitte dieses Zeitraums, um das Jahr 500, eine grosse Völkerbewegung im östlichen Europa stattgefunden hat. Bereits Nestor (l. c. p. 66 fgg.) gedenkt derselben. Schlözer (Nordische Gesch. S. 252) lässt die Bulgaren, bekanntlich auch ein uralischer Volksstamm, von den Ursitzen am Fusse des Ural an die untere Donau ziehen und die Slaven, welche bis dahin dort gesessen, verdrängen. Die lezteren, die Stammväter der Russen, begaben sich nun (im 6 Jahrh.) in die Gegenden an dem Dnepr und der Wolchow bis hinauf nach Novgorod (ibid. S. 222 und 478 Schafarik l. c. I. 61.) Es ist anzunehmen: dass dies eine allgemeine Bewegung der im mittleren Russland wohnenden Völkerschaften, zu denen, wie wir gesehen, auch die Tschuden gehören, zur Folge gehabt hat und auch die Ostseeländer von diesem Stosse getroffen worden sind. Damals werden die Bjarmier an die Gestade des weissen Meeres, die Finnländer auf die nördliche, die Ingrier auf die östliche, die Esten auf die südliche Seite des finnischen Busens, die Liwen in das noch jetzt nach ihnen genannte Land gelangt sein. *) Es ist sogar nicht unmöglich, dass die Eroberungen der Tschuden sich ursprünglich noch weiter erstreckt haben als auf die Landstriche, welche wir später in ihrem Besitz finden, namentlich auf Norbottn und Westerbottn,

---

*) Wenn Schafarik (l. c. I. S. 303) meint, dass die Liven in Livland finnische Colonisten sein möchten und man bei ihnen nicht gerade an die Ueberreste einer grossen tschudischen Urbevölkerung zu denken brauche, so lässt er dabei unberücksichtigt: dass ja das Land nach ihnen seinen Namen trägt, dies aber bei einer geringfügigen Einwanderung unmöglich sein würde. Auch die Angabe Heinrich des Letten (Gruber Origines p. 56): „Erant Letthi ante fidem susceptam humiles et despecti et multas injurias sustinentes a Livonibus et Esthonibus," spricht gegen die Ansicht: dass die Liven blosse Einwanderer gewesen wären, die sich unter einer lettischen Hauptbevölkerung niedergelassen. Man muss vielmehr annehmen: dass die Letten, die gegenwärtig den Hauptbestandtheil unter den Einwohnern Livlands ausmachen, erst später in dieses gelangt sind wie die Liwen, aber ungeachtet sie diese im Laufe der Zeit unterwarfen, vertilgten oder verdrängten, doch der bisherige Name dem Lande verblieben ist. Nach den Untersuchungen von Thunmann (Nordische Völker S. 18) ist das ganze Land von der Düna bis an die Memel ursprünglich von Finnen bewohnt gewesen und erst in der zweiten Hälfte des 13. Jahrh. sind diese durch die Letten aus dem grössten Theil ihrer Besitzungen verdrängt.

und dass sie erst später von hier ebenso wie von dem Ostrande des bottnischen und dem Nordrande des finnischen Busens von den Scandinaviern wieder verdrängt sind. *)

Schafarik (l. c. I. 244 fgg.) will freilich jene von Nestor erwähnte Bewegung der slavischen Völker in eine sehr viel frühere Zeit (in das 4. Jahrh. vor Chr.) setzen und glaubt die Wlachen für die Kelten (Gallier) halten zu müssen, von denen es bekannt ist, dass sie damals in Pannonien und Illyricum eingefallen wären. Doch will er die Quelle Nestors in einer Volksüberlieferung sehen. Eine solche kann sich nun wohl einige Jahrhunderte, wird sich aber schwerlich fast anderthalb Jahrtausende erhalten. Auch räumt Schafarik (l. c. 310. II. 16. 57. 63) ein: dass im 4.—6. Jahrh. nach Chr. grosse Wanderungen der uralischen Völker stattgefunden haben, in Folge deren auch die Slaven weiter nach Westen vorgerückt sind (ib. I. 330). Bei derselben Veranlassung mögen auch die litthauischen Völker in ihre späteren Sitze am Südgestade der Ostsee, welche bisher die Aestyer inne gehabt, gelangt sein. Von den Preussen namentlich ist mit Bestimmtheit anzunehmen, dass sie früher weiter im Innern, etwa im jetzigen Gouvernement Grodno in der Nähe der Stadt Pruschan (Prushany), in deren Namen noch bis auf den heutigen Tag der ihre erhalten ist, gewohnt, wo sie die Nachbarn der Galindier waren — welche nebst den Sudauern einem andern von Pet. v. Düsburg gleichfalls erwähnten litthauischen Volksstamm, Ptolemaeus (Geogr. III. 5) zwischen die auf der rechten Seite der Weichsel wohnenden Veneden und die skytischen Alau-

---

*) Wenn sich aber im Norden des Grossfürstenthums in den Gegenden westlich vom weissen Meere gleichfalls Spuren finden, welche darauf deuten: dass einst Karelier hier gewohnt haben (Castrén Reise S. 171. 175. 182) so ist die Veranlassung hierzu gewiss weniger darin zu suchen, dass der genannte Volksstamm sich dieses Landstrichs bemächtigt und die Urbewohner daraus verdrängt und sie unterworfen gehabt habe, wie dass sich einzelne Flüchtlinge dort niedergelassen, welche sich der Herrschaft der Russen, als diese sich Karelien unterwarfen, entziehen wollten. Jedenfalls ist die Zahl derer, welche sich dorthin begaben, eine so geringe gewesen, dass sie sich nicht als selbstständiger Volksstamm erhalten konnten, vielmehr in dem Masse eine Vermischung mit den Lappen eingingen, dass beide nicht mehr zu unterscheiden waren (Schlözer Nord. Gesch. S. 466. 479).

nen, die ihre Sitze damals zwischen der oberen Wolga und den Quellen des Dniepr hatten, setzt — und dass sie erst seit dem Beginn des Mittelalters an die Küste gekommen sind. — Wulfstans Estland ist schon von den Preussen bewohnt, obwohl für Land und Volk der alte Name damals, wie auch noch später bei scandinavischen und deutschen Schriftstellern, beibehalten war. Dass jedoch der Name: Preussen zu jener Zeit nicht mehr unbekannt war, ergiebt sich aus seinem Vorkommen bei dem s. g. bairischen Geographen (um 870), *) der es freilich unbestimmt lässt, ob diese damals schon am Gestade der Ostsee gesessen, da er sie zwischen den Wolyniern und den weissen Bulgaren nennt (Schafarik l. c. II. 573). — Dass die Aestyer, welche zur Römerzeit die Gestade der Ostsee bewohnten, unmöglich die Vorfahren der Preussen gewesen sein können, welche der deutsche Orden dort vorfand, ist schon oben darzuthun versucht worden.

In eine offenbar etwas zu späte Zeit setzt Munch die Besitznahme der Ostseeländer durch die tschudischen Volksstämme. Er geht von der Annahme aus: dass die Ostküste des baltischen Meeres ursprünglich von Germanen bewohnt gewesen, welche in Folge einer grossen Völkerbewegung, die in der Epoche machenden Brävallaschlacht (zwischen 715 und 730 nach Chr.) ihren Gipfelpunkt habe, mehr nach Osten, nach Scandinavien gelangt wären und setzt hiermit das Vorrücken der bisher im nördlichen

---

*) Voigt (Gesch. Preuss. I. 301. 802. Handbuch d. Gesch. Preuss. I. 48) irrt daher wenn er behauptet: dass die älteste Erwähnung des Namens Preussen sich bei Gaudentius, dem Biographen des h. Adalbert (um 1000) finde. Es ergiebt sich hieraus aber auch: wie wenig begründet Voigts Annahme ist: der Name Preussen sei aus Po- Russen, die neben den Russen wohnenden, entstanden (Gesch. I. 305 fgg. 667 fgg. Handb. I. 50). Bei dem bairischen Geographen sind die Russen noch lediglich die: Waräger-Russen (Schafarik l. 615); erst gegen das Ende des 9. Jahrh. ging der Name Russen auf die Novgorodschen Slaven und dann allmählich auf andere slavische Stämme über (Schlözer Nestor II. 193). Streng genommen sind übrigens die Preussen eben so wenig wie später, so damals die unmittelbaren Nachbarn der russischen Slaven gewesen. Dies waren vielmehr die Litthauer, die wenigstens zu jener Zeit niemals unter den Russen mit begriffen wurden, und die Schamaiten. Andere Gründe gegen die Zulässigkeit von Voigts Etymologie hat bereits Zeuss (l. c. S. 671) angeführt.

Russland wohnhaft gewesenen Tschudenstämme in Verbindung. „Da wir", bemerkt er (Das heroische Zeitalter S. 99) „nur in der späteren Zeit (wenigstens vom 9. Jahrhundert an) tschudische Volksstämme, nämlich Finnen, Esten und Letten, auf den Küsten wohnend finden, wo dem Vorangeführten nach die Suionen gewohnt haben müssen, so kann man annehmen, dass ungefähr um das 7., 8. und 9. Jahrhundert, d. h. ungefähr um die Zeit der Braavallaschlacht eine Völkerbewegung stattgefunden hat, wobei tschudische Volksstämme an die Küste vorgerückt sind und die Strecken besetzt haben, welche die Suionen bisher bewohnten, nunmehr aber zu verlassen gezwungen wurden." Munch sucht weiterhin darzuthun: dass der 659 erfolgte Einbruch der Chazaren in Europa es gewesen sei, der die Tschuden genöthigt habe, die Suionen aus ihren bisherigen Sitzen in den Ostseeprovinzen zu verdrängen.

Dass der hier von Munch angenommene Zeitpunkt ein etwas zu später sei, scheint sich daraus zu ergeben: dass sich mindestens in der Mitte des 9. Jahrh. die Tschuden bereits im Besitze der nördlichen Landstriche Finnlands, Quänlands, befanden, die Verdrängung der Lappen unzweifelhaft von Süden gegen Norden stattgefunden haben wird und man aus den Vorgängen in neuerer Zeit schliessen muss, dass diese Verdrängung nur sehr allmählich stattgefunden hat und zwischen ihrem Beginn und ihrem Abschluss sicher mehr als ein Jahrundert verlaufen sein wird.

In noch höherem Grade muss man Anstand nehmen, Schöning beizustimmen, wenn er (Gamle Geographie p. 122) die Besitznahme Finnlands und Lapplands durch ihre gegenwärtigen Bewohner erst in die Zeit setzen will, wo die Bjarmier, unfähig die unaufhörlichen Räubereien der Normänner länger zu ertragen, ihre bisherigen Wohnsitze an der Dwina und dem weissen Meere, aufgegeben hätten. — Die Bjarmier mögen damals diese Gegenden verlassen haben und weiter in das Innere des Landes, da wo wir jetzt ihre Nachkommen, die Permier, finden, zurückgegangen sein, mit der Besitznahme Finnlands durch die Tschuden haben jene Unternehmungen der Normänner schwerlich den mindesten Zusammenhang. Nach Schlözer (Nordische Gesch. S. 437. 462. 467. 478) haben die Fahrten der Normänner nach Bjarmien 1217 aufgehört, nachdem die Fürsten von Novgorod sich dieses Landes und seines Handels bemächtigt hatten. Schöning nimmt an: dass die Einfälle der Mongolen oder Tartaren sich bis hinauf nach Bjarmien erstreckt und auch dies die Bewohner dieses Landes veranlasst hat, die bisherigen Wohnsitze zu verlassen. Diese Annahme hat sehr wenig Wahrscheinlichkeit für sich; immer aber würde auch in diesem Falle die Aufgabe der Wohnsitze an der Dwina Seitens der Bjarmier erst in das 13. Jahrh. fallen, also in eine viel spätere Zeit, als nachweislich die Besitznahme Finnlands durch die Tschuden. —

Der Wahrheit ziemlich nahe möchte Scheffer kommen, wenn er (Lappland S. 56) glaubt: dass die Vertreibung der Lappen aus den ursprünglichen Wohnsitzen in das sechste Jahrhundert nach Chr. Geburt gesetzt werden muss, obschon er nur durch Combination zu dieser Annahme gelangt ist.

Sicher ist wenigstens das, dass jenes in eine Zeit fällt, die vor der ältesten scandinavischen Ueberlieferung liegt, da diese nur Tschuden als die Bewohner des bottnischen Meerbusens kennt. In der Zeit, wo Finnland zuerst zusammenhängend in den Kreis der beglaubigten Geschichte eintrat, der, wo die Besitznahme und Colonisirung durch die Schweden begann, war das Land bewohnt: in seinem östlichen Theile von den Kareliern, im nordwestlichen von den Quänen, im mittleren und südwestlichen von den Hämen.

Geschichtliche Grundlage der Samporunen.

„Ueberall wo es eine Heldensage und epische Dichtung giebt" sagt Müllenhof (Deutsche Alterthumskunde I. S. 8) mit Bezug auf die Kalewala „haftet sie an der grössten und entscheidensten epoche im leben eines volkes; es ist in den zusammenhang der Geschichte getreten und die Zeit des blos natürlichen unbewussten daseins ist vorüber." — Dass den auf den Kampf um den Sampo sich beziehenden Gesängen, auf welche der vorstehende Ausspruch vorzugsweise Anwendung findet, geschichtliche Thatsachen zu Grunde liegen, ist denn auch bereits mehrfach anerkannt worden. Castrén sagt (Mythol. S. 240): „dass dieselben auf einer historischen Grundlage beruhen, zu bezweifeln ist nach meiner Ansicht nicht möglich. — Was die finnischen Gesänge betrifft, so tritt zwar die Heldenthat in ihnen oft in den Hintergrund und wird von anderen höher geachteten Eigenschaften überflügelt, auf jeden Fall ist aber der Kampf ein Gegenstand der meisten epischen Lieder unserer Vorfahren." — „Die grossen Thaten, welche der Gesang den Helden der Vorzeit zuschreibt, sind in der That Abenteuer der Art, wie sie bei wilden Stämmen noch jetzt bisweilen von kraftvollen und muthigen Individuen vollführt werden. Die Sage hat nach ihrer gewöhnlichen Weise den Glanz der Heldenthaten der Vorzeit erhöht" und ibid. S. 258: „Bei einer vorurtheilsfreien Betrachtung der Beschaffenheit der Gesänge — wird ohne Zweifel ein Jeder zu der Ueberzeugung geführt werden, dass sie mindestens zum grösseren Theil auf einem historischen Grunde ruhn. Dies Verhältniss lässt sich an allen Gesängen, welche die Freierfahrten der drei Helden Wäinämöinen, Ilmarinen und Lemminkainen schildern, nachweisen und zu dieser Zahl gehören die meisten in der Kalewala vorkommenden."

Auch Schott (Ueber finnische und estnische Heldensage: Monatsberichte der Acad. d. Wiss. zu Berl. 1866. S. 249) schliesst sich der Ansicht an: dass die Kalewalagesänge eine historische Bedeutung hätten.

In Betreff der Samporunen findet Castrén (l. c. S. 266) diese darin: dass zwischen Pohjola und Kalewala heftige Kämpfe stattgefunden und es ist von ihm (l. c. S. 267—270) überzeugend nachgewiesen: dass die Schilderung dieses Streits nicht, wie meist behauptet worden, eine ethische, sondern eine geschichtliche Bedeutung habe; doch beschränkt er (l. c. S. 262) diese Ansicht wieder dahin: dass in der Samposage, wenn sie auch ursprünglich eine historische Bedeutung gehabt habe, auf jeden Fall vieles allegorisch aufzufassen sei, und wenn er die geschichtliche Grundlage in der Sitte der uralischen Völker, die Gattinnen aus einem anderen Geschlecht sich zu holen, nöthigenfalls zu erkämpfen, sieht, so reicht dies, so richtig die Sache an sich sein mag, doch für die Samporunen nicht aus. In diesen besteht jene Grundlage vielmehr vorzugsweise in der Verdrängung der Urbewohner, der Lappen, aus den zum Ackerbau geeigneten Gegenden Finnlands in den unwirthbaren Norden durch die Tschuden, namentlich der Vertreibung jener aus Osterbottn durch die Karelier und die bei dieser Gelegenheit stattgefundenen Kämpfe zwischen beiden Völkern.

Schiefner (Ueber das Thier Tarvas im Finnischen Epos, Bullet. de l'acad. de St. Petersb. Scienc. hist. T. V. p. 99) erkennt gleichfalls an: dass der Hauptsache nach die Kalewalagesänge aus dem Kampfe des Lappen- und des Finnenthums hervorgegangen wären.

Davon, dass dergleichen Kämpfe wirklich stattgefunden, finden sich auch ausserhalb der Kalewala bei beiden Völkern, namentlich bei den Lappen, vielfache Erinnerungen.

Castrén (Reisen S. 17) sagt: „Nach der lappischen Ueberlieferung sollen Päiwiö und seine drei Söhne, die Nationalhelden der Lappen, sich durch ihre Kämpfe mit den russischen Kareliern ausgezeichnet haben. Ihrerseits besitzen auch die Karelier Traditionen von den kriegerischen Thaten des Päiwiö-Geschlechts, und in der Kalewala selbst werden Päiwilä- und Päiwän-poika (Päiwän-Buben) als Feinde des Kalewalavolkes genannt. Allerdings haben sowohl die Traditionen der Lappen wie die der Karelen von dem fraglichen Geschlecht eine mythische Färbung, allein dass sie sich auf einen historischen Grund stützen, kann um so weniger in Frage gestellt werden, als es ein bekanntes Factum ist, dass die Karelen früher häufige Streifzüge nach Lappland unternommen haben."

Die verschiedenen Sagen über die Thaten dieser Päiwiö-Söhne und eines ähnlichen Helden, der den Namen Laurukainen (lappländisch: Laurukadsch) führt, in den Kämpfen gegen die Karelen, werden von Castrén (l. c. S. 19—26) ausführlich mitgetheilt.

Eine andere Ueberlieferung bezieht sich auf Valit oder Varent, einen berühmten Herrscher in Karelien und Vasallen von Novgorod, welcher Lappland erobert und die Lappen gezwungen haben soll, einen Tribut an Novgorod zu zahlen. Castrén (l. c. S. 172) bemerkt in Beziehung hierauf: wie theils aus mündlichen Traditionen, theils aus schriftlichen Urkunden hervorgehe, hätten die Finnen, namentlich Finnen karelischer Abstammung, in früheren Zeiten oft Streifzüge nach Lappland unternommen. Zuweilen wären recht heftige Kämpfe vorgefallen, bei welchen natürlicher Weise die Lappen, nach ihren eignen Erzählungen, den Sieg davon getragen. Ein ähnlicher Streifzug liege wahrscheinlich auch der Tradition von Valit oder Varent zu Grunde.

Derselbe Schriftsteller erwähnt (l. c. S. 95) auch noch eine andere Volksüberlieferung, der zufolge finnische Gränzbewohner die Lappen niedergemetzelt und sich deren Besitzthümer angeeignet hätten, ungeachtet die Lappen bereit gewesen, sie ihnen gütlich abzutreten. „Ueberhaupt war die Tradition allgemein verbreitet: dass die Lappen die ältesten Bewohner des Landes gewesen und dass sie allmählig während der sogenannten Varastussodat und Poito-sodat (Diebeskriege-Geheimkriege) von den Finnen ausgerottet seien."

Auch Porthan (Ad Juust. Chronic. p. 113 nr. 85 p. 12. 133. 315. 519 nr. 507) und Lehrberg (l. c. p. 147 und 204) gedenken jener Fehden zwischen den Karelen und den Lappen. Nach ihnen haben die ersten ursprünglich in den Gegenden östlich vom Kymene und Päjäne gewohnt und sich von dort durch Sawolax und Kajana nach dem Norden verbreitet.

Hogström (Beschreib. Lapplands S. 65) berichtet gleichfalls, und zwar auf Grund mündlicher Mittheilung von Lappländern, von Kämpfen, welche deren Vorfahren zu bestehen gehabt hätten. Er nennt die Feinde zwar Russen, der Name, welchen jene geführt haben — Karjel — ergiebt jedoch, dass es die Karelen gewesen sind.

Sehr ausführlich sind die Erzählungen von jenen Kämpfen, insbesondere von einem Führer Mathias Kurk, der sich dabei hervorgethan haben soll, bei Scheffer (l. c. S. 51. fgg.). In einem von ihm mitgetheilten Berichte des Olaus Petri Niurenius, der in der ersten Hälfte des 17. Jahrh. gelebt hat, wird angeführt: dass um die Zeit der Geburt Christi Finnen, weil sie in ihrer bisherigen Heimath, dem Tawastlande, sehr bedrängt worden, sich in den bis dahin unbewohnten Strandgegenden Ostbottniens niedergelassen hätten. Dort hätten sie lange in Frieden gewohnt und durch den Betrieb des Handels grosse Reichthümer erlangt. Als die, welche sie aus ihren bisherigen Wohnsitzen vertrieben, die Tawasten, dies erfahren, wären dieselben missgünstig geworden, hätten einen Vornehmen aus ihrer Mitte, Mathias genannt, zum Heerführer erwählt, wären dann mit Uebermacht in das Land der Vertriebenen gedrungen und hätten durch Plünderung und Beraubung dieselben gezwungen, auch diese Landstriche zu verlassen und sich noch weiter nordwärts in die von den Flüssen Kemi und Tornea durchströmte Gegend zu begeben. Als die Tawaster nach Verlauf einiger Jahre erfuhren: dass auch dort die Vertriebenen „gar bequem lebeten", hätten sie solche von neuem überfallen und dergestalt bei ihnen gehauset, dass sie

sie gezwungen, sich in die wüsten Landstriche, wo sie jetzt wohnen, zu begeben. — Im Wesentlichen stimmen hiermit die gleichfalls von Scheffer mitgetheilten Berichte des Andreas Anderson, Joh. Tornaeus, Zach. Plantinus, Joh. Buraeus überein, welcher letztere die Begebenheit in die Zeit des Königs Magnus Ladusläs von Schweden († 1290) setzt. —

Auch norwegische Sagen wissen von Kämpfen zwischen den Tschuden und den Lappen zu erzählen. Nach ihnen soll Nor, der Sohn Thors, des Königs von Jotenland, Quänland und Finnland, von seinem Vater den Auftrag erhalten haben, seine von dem Könige Rolf von Bergen in Hedemarken entführte Schwester Goe aufzusuchen. Nor sei mit seinem Heere auf Schrittschuhen von Quänland oder Kajana aus über Bottn nach Lappland gegangen, habe die Lappen, welche sich ihm entgegenstellten, durch seine Zauberkünste besiegt und sie genöthigt, in den Gebirgen Zuflucht zu suchen, wo sie nachgehends in Wildheit verfallen wären. (Fundin Noregr bei Björner Nordiske Kämpedater p. 6. confr. Schöning Forsög til de Nord. Landes gamle geographie p. 51. Torfaeus Hist. Norv. I. p. 418. 426.)

Auch 1279 und 1302 und schon früher unter der Regierung des Königs Magnus Lagabäter unternahmen die Karelier Raubzüge in die von den Lappen bewohnten Gegenden (Torfaeus l. c. IV. p. 366 und 410. Ramus Norriges Kongers Historie p. 293.)

Mag der Name der Haupthelden in jenen Erzählungen auch noch so viel Bedenken erwecken und mögen die Zeiten, in welche die Ereignisse versetzt werden, entschieden unrichtig sein, so ist doch kaum zu bezweifeln: dass diesen Berichten wirkliche Thatsachen zu Grunde liegen.

Sicht man von den Namen ab, so ist es, als wenn wir namentlich in der Erzählung des Olaus Petri Niurenius eine kurze Angabe des wesentlichen Inhalts der Samporunen der Kalewala, entkleidet von allem dichterischen Schmuck und allen symbolischen und allegorischen Zuthaten, vor uns haben.

Man kann daher wohl annehmen: dass jene Kämpfe zwischen den Lappen und den Finnländern, die Verdrängung der ersteren aus den südlicheren zum Ackerbau geeigneten Landstrecken in die nördlichen unwirthbaren Gegenden den Hauptinhalt der fraglichen Runen bilden, wenn auch daneben die Sitte der finnischen Völ-

ker: ihre Frauen sich aus anderen Stämmen zu holen, ihre Rolle
spielen mag.

Man wird sich das Sachverhältniss so zu denken haben.

Im Beginn der Zeit, welche in diesen Runen dargestellt wird,
hatten die Lappen die Landstriche am nordöstlichen Gestade des
bottnischen Busens, das heutige Osterbottn inne. Die Betreibung des Ackerbaues war ihnen, obwohl ihr Land zu solchem
geeignet war, noch unbekannt. Als sie sahen, welchen Nutzen
die Finnländer, die ihn bereits betrieben, davon zogen, wünschten auch sie sich ihn anzueignen. Finnländische Anbauern, die
sich, von ihnen herbeigerufen, unter ihnen niederliessen, wurden
ihre Lehrmeister. Als die Lappen so zu grösserem Wohlstande
gelangt waren, erweckten sie die Missgunst und Habgier der in
der Heimath jener Ansiedler zurückgebliebenen Karelier, deren
bergiges, wälder- und sumpfreiches Land weniger zum Getreidebau geeignet war, als das flachere Osterbottn. Die Karelier unternahmen es daher, die Lappen aus dem letzteren zu verdrängen.
Da eine in Vorschlag gebrachte Theilung nicht zu Stande kam,
so kam es zu einem Kampfe, der von beiden Seiten mit grosser
Hartnäckigkeit und mit wechselndem Erfolge geführt ward, schliesslich aber dazu führte: dass der grössere und bessere Theil des
Landes, jedoch in einem Zustande der Verwüstung, in den Besitz der Angreifer gelangte, nur der obere d. h. der nördliche,
minder ertragreiche Theil blieb den Lappen. Diese gaben den
Kampf aber noch nicht auf, gingen vielmehr ihrerseits zum Angriff über und zwar mit solcher Heftigkeit, dass die Gegner in
eine sehr bedrängte Lage geriethen. Das Endergebniss war aber
doch der Sieg der Karelier, die im Besitz ihrer Eroberung blieben und dadurch zu Wohlstand gelangten, während von da an
beständige Armuth das Loos der Lappen war.

Diese historische Grundlage finden wir in nachstehender
Weise in dem die Erzählung bildenden Bestandtheile der Runen.
Pohjola, das hier, wie oben dargethan ist, Osterbottn bedeutet,
Wohnsitz der Lappen — Louhi, dessen Herrin, wünscht von den
Kareliern den Getreide verschaffenden Sampo zu erhalten —
durch den diesem Volksstamme angehörenden Ilmarinen wird ihr
solcher zu Theil; zum Lohn erhält derselbe die Tochter der Herrin Lapplands zur Gattin. — Das letztere gelangt, nachdem es
sich in Besitz des Ackerbaues, des Sampo, befindet, zu hohem

Wohlstande. *) — Dies erregt die Habsucht der Karelier, die Raubzüge gegen Pohjola unternehmen — gewaltsame Entführung der zweiten Tochter des Pohjolawirthin — demnächst aber Ansprüche auf den Besitz des Sampo erheben, zuerst eine Theilung desselben d. h. des zum Anbau geeigneten Landstriches vorschlagen (XL. II. 41. 55) und als dieser Vorschlag zurück gewiesen wird, sich seiner gewaltsam zu bemächtigen suchen. Bei dem hierauf entstandenen Kampfe werden die Karelier nicht nur schwer von den Lappen bedrängt, sondern sie erreichen auch nur unvollständig ihre Absicht; ein Theil des Sampo gelangt zwar in ihren Besitz, ein anderer geht aber verloren und der dritte allerdings am wenigsten werthvolle, der Deckel, bleibt in dem Besitz von Pohjola **) d. h. den Lappen ist der nördliche Theil des Landes verblieben, in dem zwar zur Noth noch Ackerbau betrieben werden kann, dieser aber so unsicher und wenig lohnend geworden ist, dass er nur in sehr geringem Grade zum Wohlstande der Bewohner beiträgt. — Die Lappen gehn nun zum Angriff über — Karelien geräth hierbei in grosse Noth; es wird mit Feuer (Rune XLVII.) und Schwert verwüstet. Seuchen, als Folge des Krieges, suchen es heim (XLV. 177 fgg.), die reissenden Thiere nehmen überhand (XLVI. 17 fgg.), der Wohlstand wird auf langehin vernichtet (XLII. 307 fgg.), selbst der geistige Bildungsstand des Volkes macht Rückschritte (die Kantele geht verloren). Endlich gelingt es aber doch den Führern der Karelier, namentlich ihrem Haupthelden Wäinämöinen, den Lappen die errungenen Vortheile wieder zu entreissen und die entstandenen Schäden zu heilen, auch in geistiger Beziehung das Volk wieder zu heben (Anfertigung einer neuen Kantele); die Lappen, nachdem sie zu der Erkenntniss gelangt sind, dass

---

*) „Selbst erfreu ich mich des Wohlseins, als Beherrscherin des Sampo" sagt die Wirthin von Pohjola. (XLII. 51. 52.)

**) Schiffner (Zur Sampomythe. Bullet. T. VIII. S. 72) „d. h. wohl die Bewohner von Pohjola sind in nimmer helle Gegenden zurückgedrängt. — Verbleibt dem Nordlande, dem winterlichen Bereich, auch der bunte Sternenhimmel, so ist ihm, wenigstens periodisch, das glanzvollste strahlenreiche Gestirn des Firmaments entzogen. Dass wir dieses ursprünglich im Sampomythus zu suchen haben, dürfte wohl schwer zu bezweifeln sein."

alle ihre Anstrengungen erfolglos bleiben, sehen sich genöthigt, von dem ferneren Kampfe abzustehn und den Kareliern ihre Eroberungen zu lassen. Der Schluss der Samporunen (XLIX.) schildert die Wiederherstellung des Friedens zwischen beiden Völkern, dadurch herbeigeführt, dass die Lappen die von ihnen gemachten Gefangenen, wohl einen Häuptling (den Mond) und dessen Gattin (die Sonne), aus Besorgniss vor einem neuen Kriegszuge der Karelier der Haft entlassen.

Die vorstehenden Ausführungen sollen übrigens durchaus nicht darauf Anspruch machen, dass man annimmt: die Führer der Karelier bei den fraglichen Unternehmungen hätten wirklich die Namen: Wäinämöinen, Ilmarinen und Lemminkainen geführt. Vielmehr sind ohne Zweifel, wie es bei dergleichen Ueberlieferungen, die durch Generationen bei dem Volke fortleben, stets geschieht, die Thaten vieler auf die Häupter derer zusammengehäuft, welche einmal zu Nationalhelden erkoren waren. Sind wirkliche Personen einstmals Träger jener Namen gewesen, so haben sie, wahrscheinlich noch bevor die Tschuden ihre gegenwärtigen Wohnsitze einnahmen und ehe sich die verschiedenen Stämme von einander trennten, gelebt; denn nur so erklärt es sich, dass wir auch in den Sagen der Esten, namentlich im Kalewipoeg, nicht nur den Namen Wäinämöinen u. s. w. begegnen (Castrén Myth. 294. 295) sondern, selbst einzelne Erlebnisse der Träger derselben wiedertreffen, wie es z. B. auch eine estnische Sage giebt, in welcher Wäinämöinen mit seinen Liebesanträgen von einem jungen Mädchen seines vorgerückten Alters wegen abgewiesen wird. (Schott Kalewipoeg S. 445).

Bedeutung des Sampo.

In dem Vorstehenden ist von der Voraussetzung ausgegangen, dass der Sampo als Repräsentant oder Symbol des Ackerbaues anzusehen sei, dies bedarf noch einer näheren Erörterung.

Ueber die Bedeutung des Sampo sind sehr von einander abweichende Ansichten ausgesprochen worden. Lönnrot, welcher Pohjola für die alte Stadt der Bjarmier Cholmogory hielt, erklärte (Tidning för medborgerlig bildning. Januar 1859. Deutsch im Inland. Jahrg. 1859 Nr. 13) den Sampo für das berühmte Jumalabild des genannten Volkes. — Castrén verglich denselben (Vorr. zur schwed. Uebersetz. der Kalewala S. XXXI.) mit den Talismanen, welche noch hie und da, sogar bei den Finnländern, üblich sind und von den Schamanen verfertigt werden. Ohne gerade diese Ansicht aufzugeben, sprach er sich jedoch in seiner Mythologie (S. 263) dahin aus: dass die Vorstellung vom Sampo einem in Wirklichkeit existirenden Gegenstande entnommen worden sei, welcher wohl ein Tempel gewesen sein könne, gegen diese Annahme aber doch auch sehr wesentliche Umstände sprächen. Er erkennt daher auch an: dass der bereits von Jac. Grimm (in Höfers Zeitschr. für die Wissensch. der Sprache I. S. 29) ausgesprochenen Ansicht: dass der Sampo eine Mühle sei, manches zur Seite stehe.

Mannhart (Germanisch. Mythen S. 400) hat im Sampo die Wolke erkennen wollen, A. Kuhn (Herabkunft des Feuers S. 114) denselben als das Gestirn des Tages angesehen, Schwartz, (Urspr. der Mythol. S. 118. 235) ihn als Gürtel d. h. Regenbogen gedeutet.

Am gründlichsten ist von Schiefner dieser Gegenstand behandelt, der ihm zwei Abhandlungen gewidmet hat. In der ersten (Zur Sampo-Mythe im Finnischen Epos. Bulletin etc. T. VIII. p. 72) glaubt er das Wort Sampo auf das schwedische Stamp, Stampfe, zurück führen und den Sampo als eine Mühle ansehen zu müssen. Er bemerkt hierbei: „Es kann nicht fehlen, dass Manchem mit einer solchen Erklärung des Sampo wenig gedient sein wird. Auf jeden Fall wird man eine Mühle bei aller Bedeutung für die Nahrung für zu unbedeutend ansehen dürfen, um ein Gegenstand einer so gewaltigen Entführung und ein Anlass zu so heftigen Kämpfen zu sein. Mit Recht kann man die Frage aufwerfen, ob nicht vielleicht die Mühle mit der Benennung Sampo auf einen ursprünglich ganz verschiedenartigen Mythus gepropft sei. Ein Anknüpfungspunkt könnte leicht durch ein ähnlich klingendes Wort gegeben worden sein. Wir glauben, den rechten Weg einzuschlagen, wenn wir den Mythus aus den Erscheinungen der äusseren Natur zu erklären suchen. Die Haupthelden der Kalewala scheinen ursprünglich elementare Götter gewesen zu sein, deren Wesen um so mehr an Durchsichtigkeit verloren hat, als sie schon zu blossen Helden herabgesunken sind." — Diese Ansicht wird nun näher aus dem Inhalt des Gedichtes zu begründen versucht. —

In seiner zweiten Abhandlung (Ueber das Wort „Sampo"

im finnischen Epos. Bulletin III. 497 fgg.) ist Schiefner von seiner früheren Erklärung des Wortes Sampo wieder abgegangen und hat dies mit dem russischen САМО, finnischen same, schwedischen samme = selbst, in Verbindung gebracht, indem er auf das Selbst mahlen des Sampo das Hauptgewicht legt und er sucht diese Erklärung durch Bezugnahme auf viele russische Sagen und Märchen, in denen sich Analogien finden, zu rechtfertigen.

Ohne mich auf die Etymologie des Wortes Sampo einzulassen, will ich Nachstehendes bemerken.

Dass der Sampo eine Mühle sei, darüber kann eigentlich kein Zweifel obwalten, denn unser Gedicht sagt mit platten Worten: dass er gemahlen habe, und was mahlt, ist eben eine Mühle; auch ist dies bereits von Castrén, Grimm, Schiefner vollständig und überzeugend dargethan. — Eben so unzweifelhaft ist es aber, dass dies allein nicht ausreicht, um die Bedeutung, welche derselbe in unseren Runen hat, zu erklären. Einer gewöhnlichen Mühle kann unmöglich eine solche Wichtigkeit beiwohnen, dass sie den Hauptgegenstand eines Gedichtes bildet, welches sich vielleicht mehr als ein Jahrtausend in der Volksüberlieferung erhalten hat, und dass sich über ihren Besitz gewaltige Kämpfe zwischen zwei Völkerstämmen erheben. Der Sampo muss also durchaus noch eine tiefer gehende, allegorische oder symbolische Bedeutung haben. Es fragt sich nun: welches diese sei.

Ich glaube diese darin zu finden, dass durch den Sampo der Ackerbau und der durch diesen herbeigeführte Wohlstand repräsentirt werden sollen.

Hierauf weisen insbesondere die Worte, in welche Wäinämöinen ausbricht, als er wahrnimmt, dass die Fluthen die Trümmer des Sampo an das Ufer getrieben haben (XLIII. 297 fgg.)

 Daher kommt des Samens Spriessen,
 Wechselloser Wohlfahrt Anfang,
 Daraus Pflügen, daraus Säen,
 Daraus Wachsthum jeder Weise —
 Auf Suomis weiten Fluren,
 Auf Suomis Heimathstrecken.

Er senkt daher die Splitter des Sampo in die Erde: (ib. 395 fgg.)

 Dass sie wüchsen, sie sich mehrten,
 Dass sie sich gestalten möchten,
 Dort zu Gerste für die Bienen,
 Dort zu Roggen für die Bröte.

Die entgegengesetzte Wirkung hat für Pohjola der Verlust des Sampo (XLIII. 383. 384).

>Deshalb ist in Nordland Armuth,
>Fehlet es an Brod in Lappland.

Anders war es, als dies sich noch in dessen Besitz befand.

>Wie das Leben in Pohjola,
>Wenn der Sampo in Pohjola!
>Dort ist Pflügen, dort ist Säen,
>Dort ist Wachsthum jeder Weise,
>Dorten wechellose Wohlfahrt,

sagt Ilmarinen (XXXVIII. 310 fgg.).

Die drei Wurzeln des Sampo, deren eine in die Erde, die zweite in das Wasser, die dritte in das Haus geht (X. 430—432 XXXIX. 20—23) deuten gleichfalls auf den Ackerbau, dessen Haupterfordernisse ein tragfähiger Boden und Feuchtigkeit sind und dessen Erträge erst wenn sie unter Dach und Fach geborgen, nutzbar gemacht werden können und so den Wohlstand begründen.

>Wie sollt' Pohjola nicht leben?
>Dorten mahlt der Sampo fleissig —
>Mahlet einen Tag zum Essen,
>Mahlt den zweiten zum Verkaufen,
>Mahlt den dritten guten Vorrath

(XXXVIII. 502 fgg. X. 420—423. 508—510).

Der Sampo mahlt auf einer Seite Mehl, auf der andern Salz, auf der dritten Geld (X. 414—416). Dass das Salz hier mit aufgeführt ist, erklärt sich daraus: dass die Lappen eben so wie die Finnländer sich dies, das gerade in den nordischen Gegenden ein so unentbehrliches Bedürfniss ist, nur im Wege des Handels aus dem Auslande verschaffen konnten — man erhielt es besonders aus Deutschland und Russland (XLVI. 310—315) — und der Ackerbau am besten die Mittel zum Ankauf gewährte. — Raha, was Schiefner (X. 416) durch Geld wiedergegeben hat, entspricht dem schwedischen Bytesmedel = Tauschmittel, steht daher in Beziehung zu den voraufgeführten Stellen, in denen gesagt ist: dass der Sampo am zweiten Tage zum Verkauf mahle.

Mit der angegebenen Bedeutung des Sampo stimmt es auch, wenn bei der Anfertigung desselben aus Ilmarinens Werkstatt zuerst ein goldner Bogen, dann ein Boot mit Goldrand, ferner ein Rind mit goldenen Hörnern, demnächst aber ein goldner Pflug hervor geht (X. 325—382); denn es sind dies die Gegenstände, deren Ackerbau und Handel bedürfen. Es erinnert dies übrigens an eine von Herodot (IV. c. 7) mitgetheilte Skytische Sage, nach welcher unter die Söhne des Targitaos, des Stammvaters der Skythen, nach dessen Hinscheiden vier Gegenstände vom Himmel hinabgefallen sind: ein goldner Pflug, ein goldenes Joch, ein goldenes Beil und eine goldene Schaale, durch deren Besitz der jüngste Sohn die Herrschaft erlangte.

Wie sehr das tschudische Volk das Wohlergehen für abhängig von dem Betriebe des Ackerbaues hält, dafür bildet unter andern auch das finnische Märchen Anton Punhaara (Baumast) (deutsch von Schott in Ermans Archiv 1851) einen Beleg, in welcher Lapplands grosse Zauberin auf die Frage: wie der Mensch am besten glücklich werden könne, die Antwort ertheilt: sein bestes Glück verschafft er sich, wenn er das Land urbar macht. — So besteht denn auch Kalewipoegs erstes Verdienst um sein Land, nachdem er die Herrschaft über dasselbe übernommen, darin: dass er grosse bis dahin unwirthbare Strecken urbar macht (Kalewipoeg Ges. VIII). —

Zu der symbolischen Bedeutung, welche in dem Vorstehenden dem Sampo beigelegt ist, scheint von den Gegenständen, aus denen derselbe geschmiedet wird — der Spitze einer Schwanfeder, der Milch einer güsten Kuh, einem Gerstenkorne und der Wolle eines Sommerschaafes (X. 263—266. 273—276), wenigstens der erste Bestandtheil nicht zu passen, während die drei andern doch mindestens in gewisser Beziehung zum Landbau stehen. Es fragt sich aber, ob Vers 263 und 273: Joutsenen kynän nenästü, nicht noch anders als von Schiefner geschehen: Aus der Schwanenfeder Spitze, übertragen werden kann oder doch ursprünglich anders gelautet hat. Denn es heisst zwar joutsen: der Schwan, aber auch joutsi, gen. joutsen, gen. plur. joutsimen, der Bogen, kynä die Feder, aber auch: kynnän der Pflug (Kynnys die Dreschtenne). Die Milch der güsten Kuh, freilich auch ein etwas eigenthümlicher Bestandtheil eines Schmiedematerials, ist übrigens erst in der zweiten Ausgabe der Kalewala hinzugekommen.

In ähnlicher Weise wie vorstehend geschehen, ist übrigens auch bereits von Castrén die Bedeutung des Sampo aufgefasst worden. Er sagt (Mythol. S. 263): „Als der Sampo fertig geschmiedet worden, mahlte er in einer Abenddämmerung drei Kasten voll Mehl. Das Mahlen darf hier wohl nicht buchstäblich aufgefasst werden, sondern der Sinn ist offenbar der, dass der Besitz des Sampo der Pohjolawirthin die Güter dieses Lebens in reichlicher Fülle verschaffte" und (ib. S. 265): „Auf jeden Fall bezieht sich der Sampo nicht auf irgend einen wirklich existirenden Gegenstand, sondern ist und bleibt ein Talisman für irdisches Glück jeglicher Art. Dass dieser Talisman unter dem Bilde einer Mühle gefasst wird, rührt theils daher, dass das Mehl, welches die Mühle hervorbringt, für den besten und wichtigsten Gegenstand der menschlichen Nahrung angesehen wurde, theils auch vielleicht von dem Umstande, dass die Mühle durch ihr rastloses Mahlen dem Menschen in reichlichem Masse darbietet, was sie in Folge der Natur zu Wege bringen kann."

Wenn Castrén aber fortfährt: „So aufgefasst hat der Sampo keine historische Bedeutung im eigentlichen Sinn", so vermag ich dem nur sehr bedingt beizupflichten. Der Sampo selbst bezieht sich allerdings sicher nicht auf einen concreten Gegenstand, dagegen möchte der Erzählung von seiner Anfertigung und dem Kampfe um seinen Besitz doch wohl eine geschichtliche Beziehung zu Grunde liegen und diese, wie schon oben bemerkt worden, darin bestehen: dass die Lappen ursprünglich, zwar im Besitze eines zur Cultur geeigneten Landes, aber des Ackerbaus unkundig gewesen, den letzteren durch Karelier, die sich als Kolonisten in ihrer Mitte niedergelassen, kennen gelernt und zu betreiben angefangen haben, aber nachdem sie auf diese Weise zu Wohlstand gelangt waren, von den Tschuden aus ihrem Besitzthum vertrieben worden sind.

Zur Begründung dieser Annahme will ich mich namentlich auf eine von Buch (Reise durch Norwegen und Lappland Th. II. S. 13.) gegebenen Nachricht beziehen: „Alten ist nicht allein die angenehmste, die bewohnteste und die fruchtbarste Gegend in Finnmarken, sondern auch die einzige, in welcher noch Kornbau getrieben wird, der nördlichste Kornbau der Welt. Das ist ein Verdienst der Quänen in Alten. Ehe sie erschienen, wagte man Kornbau noch nicht. Diese Quänen aber sind aus Finnland seit dem Anfang des 18. Jahrh. eingewanderte Finnländer. Die ersten Einwanderungen zogen andere nach sich und sie haben seitdem fast unaufhörlich fortgewährt, ja so sehr, dass die Lappen selbst und nicht ohne Grund fürchten, die Quänen werden endlich ihr ganzes Land besetzen und sie gänzlich vertreiben."

Schubert (Reise durch Schweden u. s. w. I. 120) berichtet in ähnlicher Weise: „Die ganze Strecke von Haparanda bis zur Kirche Öfver-Torneå, mehr denn 7 Meilen Weges, ist eine der fruchtbarsten, anmuthigsten und bevölkertsten Gegenden Schwedens. Kornfelder wechseln mit lieblichen Wiesen, die die reichste Vegetation, ja ellenhohes, dicht stehendes Gras schmückt; ein grosses Dorf reiht sich an das andere, alle sind von Finnen bewohnt. Der treffliche Anbau dieser Polargegenden ist eine Folge der Einwanderungen aus dem eigentlichen Finnland" u. s. w.

Das hier geschilderte Sachverhältniss ist sicher nur eine Wiederholung dessen, was etwa tausend Jahre früher stattgefunden hat, als die Tschuden die Lappländer aus Osterbottn verdrängten und was die historische Grundlage der Samporunen bildet, nur dass damals die Sache etwas mehr auf gewaltsamem Wege vorgegangen sein mag.

Man kann die Betreibung des Ackerbaues als ein charakteristisches Merkmal des tschudischen Stammes ansehen. „Den Ackerbau versäumen, heisst nach der Meinung von Sodankylä (in Finnland) ein Lappe oder Heide sein." (Castrén Reise S. 71); „erst wenn sie finnisirt worden, haben die Lappen sich auf den Ackerbau gelegt" (ib. S. 81). — „Der Ackerbau und die Viehzucht sind die Nahrungszweige, die sich vorzugsweise für den Charakter der Finnen eignen und es scheint, als habe die Vorsehung sie nach dem Norden berufen, damit sie durch ihre unermüdliche Kraft, ihre Geduld, ihren ruhigen, nie verzweifelnden Muth, die Wildnisse Finnlands, des nördlichen Russlands und Scandinaviens cultiviren möchten" (ib. S. 183. 184).

Bereits oben ist dargethan worden: dass die Tschuden schon zu der Zeit, als sie zuerst Finnland in Besitz nahmen, mit dem Ackerbau nicht unbekannt gewesen, dagegen ihre Vorbesitzer, die Lappen, blos von Jagd, Vogelfang und Fischerei ihren Lebensunterhalt gezogen haben. Wenn wir nun in den Samporunen auch bei den Letzteren Getreidebau und die durch denselben zu gewinnenden Nahrungsmittel antreffen, so bleibt nur die Annahme: dass sie ihn durch jene kennen gelernt und von ihnen angenommen haben. Den Anfangspunkt bildet die Anfertigung des Sampo. Als, bevor diese noch erfolgt war, die Wirthin von Pohjola den Wäinämöinen speisst, geschicht dies nur mit Fischen und Fleisch, nicht aber mit Brod (VII. 273. 274). Als sie durch diesen in

Erfahrung gebracht, dass man sich in Kalewala mit Brod und Bier nähre (VIII. 45—50), wollte auch sie dessen theilhaftig werden und verlangte daher die Anfertigung des Sampo. Nachdem letztere stattgefunden, war denn auch der Ackerbau und das Mahlen des Getreides in Pohjola heimisch (XVIII. 484. 494 fgg. 497 fgg. XIX. 426 fgg. 441 fgg.). Selbst in Hinterlappland wurde mit dem Stiere gepflügt. *) — Dass auch die Kunst des Bierbrauens erst von den Tschuden zu den Lappen gelangt sei, ergiebt die Erzählung von der Erfindung und Bereitung des Bieres (XX. 139 fgg.).—

Bevor ich diese Untersuchung über die Bedeutung der Sampomythe schliesse, muss ich noch der Uebereinstimmung zwischen derselben und einer altnordischen Sage erwähnen, auf welche mehrfach (Castrén Mythol. S. 264. Schiefner Ueber das Wort Sampo. Bull. III. 497. Asbjörnson und Moe Norske Folke eventyr. S. 488 der 2. Ausg. Christiania 1852) hingewiesen worden ist, namentlich weil man angenommen hat, dass die Sampomythe aus dieser Sage entlehnt sei. Wäre diese Ansicht richtig, so würde von einer tieferen, einer symbolischen Bedeutung der ersteren überhaupt kaum noch die Rede sein können. Die nordische Sage nun ist die aus dem uralten Liede: Grötta-Saungr in der jüngeren Edda (Cap. 43) mitgetheilte Erzählung von Grotti, der Zaubermühle des Königs Frode. Diese hatte die Eigenschaft, alles hervormahlen zu können, was man von ihr verlangte. Frode liess sie Gold, Frieden und Glückseligkeit mahlen. Als er aber unersättlich wurde, mahlten die beiden Mägde, welche angestellt waren den Mühlstein zu drehen, den Unfrieden hervor; ein Seekönig Mysing überfiel nun den Frode, erschlug ihn und bemächtigte sich der Mühle. Mysing liess nun auf derselben Salz mahlen; dadurch wurde das Schiff aber so schwer belastet, dass es zuletzt sammt der Mühle in die Tiefe des Meeres sank. — Es kann nicht in Abrede gestellt werden, dass sich hier mancherlei Anklänge an die Sampomythe finden — die dreierlei Dinge, welche gemahlen werden, darunter Gold und Salz; die gewaltsame Entführung; der Untergang im Meere — aber die Verschiedenheiten sind noch viel wesentlicher; eine derselben, dass der Sampo

---

*) Denn wie Schiefner (Bull. V. 97. VI. 285 und 379) dargethan, ist das in der angeführten Stelle genannte Thier: der Stier.

selbst mahlt, Grotti aber von Menschenhänden bewegt werden muss, ist allein schon so bedeutsam, dass sie die Annahme einer Entlehnung ausschliesst. Nach den von Uhland (Schriften I. 170—172) aufgestellten, wohl allgemein als massgebend angenommenen Criterien zur Entscheidung der Frage über die Abstammung der Sage eines Volkes von der ähnlichen eines andern, gelangt man zu dem Schlusse: dass hier der Fall einer Entlehnung nicht vorliegt. Soll eine solche aber doch einmal stattgefunden haben, so fragt es sich sehr: ob nicht umgekehrt wie gewöhnlich angenommen wird, die finnische Mythe die ursprüngliche sei. Dafür scheint wenigstens der Umstand zu sprechen, dass die eine der beiden Mägde den Namen Fenja führt, ein Name, der nach Munch (das heroische Zeitalter S. 33) eigentlich Fenia lauten sollte und aus fen oder feni Sumpf gebildet ist, also dieselbe Abstammung hat wie Finne und Finnland.

Ueber Louhi, die Pohjolawirthin.

Louhi, die Herrin des Nordlandes, spielt in der Kalewala, namentlich in den Samporunen, eine so bedeutende Rolle, dass sie wohl eine eingehende Betrachtung verdient. Castrén hat dieselbe in seiner Mythologie S. 281—283 und 310 ausführlich besprochen. Dass ein Weib an der Spitze der den Kalewalahelden gegenüberstehenden Partei sich befindet, erklärt er dadurch: dass die Lappen wegen ihres feigen unmännlichen Sinnes keinen Muth gehabt, dem Feinde gerade gegenüber zu treten, sondern ihn heimlich durch List und teuflische Ränke aller Art zu schaden gesucht hätten, da aber solche Waffen eines Mannes unwürdig wären, sehr treffend eine alte Hexe zur Repräsentantin dieses ganzen Geschlechts ausersehen worden sei. Hiergegen muss jedoch erinnert werden: dass wenigstens in den Samporunen die Lappen sich niemals als feige oder hinterlistig zeigen, dass sie überall die Angegriffenen sind, die sich so gut sie es vermögen, wehren, und was die Anwendung von Zauberkünsten an Stelle der Waffen im Kampfe betrifft, die Kalewalahelden hierin sicher den Lappen nichts nachgeben.

Schliesslich bemerkt Castrén: dass der Louhi, eben so wie Wäinämöinen, Ilmarinen und Lemminkainen eine Göttertrilogie bilden, auch ein Platz unter den Gottheiten angewiesen werden müsse. — Lenqvist (De superstit. Fennor. p. 44—46) hat diese

Ansicht gleichfalls ausgesprochen und auch Ganander (l. c. S. 40) führt die Pohjolan emäntä, auch Louhi und Akka *) genannt, unter den finnischen Gottheiten auf und bemerkt von ihr: man habe sie sich als eine mächtige Herrscherin gedacht, die Gutes und Böses, je nach ihrem Belieben, gethan habe. Unter ihren Kindern wären auch die Riesen: Ruho, Peri-Sokia, der dem Ukko und Ilmarinen die Blitze schmiedete, und Rampa, der Pestpfeile entsendete, welchen letzteren sie vom Winde empfangen hatte, gewesen. Schiefner (Ueber den Namen Sampo S. 3) bemerkt: dass Louhi an die bösen Frauen der russischen und die Laumés der litthauischen Märchen erinnere.

Die Stellung, welche Louhi in den Samporunen einnimmt, ist eine sehr bedeutende; sie ist geradezu die Herrscherin des Nordlandes. Von einem Gemahle derselben ist in jenen nur ganz beiläufig, als durch das Bellen der Hunde die Ankunft Wäinämöinens und Ilmarinens in Pohjola angezeigt wird, die Rede (XVIII. 485 fgg.); wie wenig derselbe zu sagen habe geht daraus hervor: dass Tochter, Frau und Sohn seiner Aufforderung: nachzusehen, was das Hundegebell bedeute, keine Folge geben, so dass ihm nichts übrig bleibt, als jenes selbst zu thun. Ausserdem kommt Louhis Gemahl nur noch im zweiten Abschnitt der Lemminkainenrunen vor, wo ihm jedoch gleichfalls eine ziemlich unbedeutende Rolle zugetheilt ist. Lediglich Louhi ist es, welche die Fremdlinge aufnimmt, bei welcher die Bewerbungen um die Hand der Tochter angebracht werden, die über solche verfügt, welche den Sampo anfertigen lässt und als dieser geraubt worden, die Räuber verfolgt und auch nach dem Untergang des Sampo den Kampf noch fortsetzt, bis sie alle ihr zu Gebote stehenden Mittel erschöpft hat. Dass ein so eigenthümliches, so wenig mit dem gewöhnlichen Lauf der Dinge in Einklang stehendes, wenn man will so unnatürliches Verhältniss lediglich in der Phantasie der Sänger seinen Ursprung gehabt habe, ist ganz undenkbar; eben so wenig lässt sich annehmen, dass wir es hier blos mit einer Personification, einer symbolischen oder allegori-

---

*) Wenn Louhi und Akka hier identificirt werden, so ist dies wohl ein Missverständniss. Die letztere war nach Gananders eigener Angabe (p. 68. 12. 19.) die Gemahlin Ukkos. Auch kommt in der von Ganander (S. 41) mitgetheilten Rune weder der Name von Louhi, noch die Bezeichnung: Pojolan emäntä vor.

schen Gestalt zu thun haben, da dies der Natur eines auf einer geschichtlichen Grundlage beruhenden Volksepos, wie die Samporunen es sind, widerstreiten würde. In einem solchen können blos allegorischen Wesen wohl untergeordnete Rollen übertragen werden, sie können aber nie als eigentliche Träger des Hauptinhalts dienen. Es muss daher angenommen werden, dass die Person der Louhi, wenn der Name auch ein willkührlich erfundener sein sollte, doch eine reale Grundlage hat. Es mag aber hier eben so gegangen sein, wie mit Wäinämöinen und Ilmarinen, ihren Hauptgegnern in unserem Gedichte, dass eine ursprünglich historische Persönlichkeit im Laufe der Zeiten der Mythe anheim gefallen und eine mythologische Gestalt geworden ist. Daher wurde denn auch in späterer Zeit allerlei Böses auf sie gehäuft, so unter anderem von ihr berichtet: dass sie, vom Winde geschwängert, verderbliche Plagegeister zur Welt gebracht habe, eine That, die früher und auch in unserem Gedichte (XLV. 23 fgg.) mit grösserem Rechte der Loviatar, einer Tochter Tuonis, beigemessen war (Castrén Mythol. S. 132). — In der Kalewala ist von jenen Dingen auch nicht einmal eine Andeutung enthalten; Louhi ist darin lediglich ein menschliches Wesen, nur gleich ihren Gegnern, den Kalewsöhnen, in hohem Grade der Zauberkunst mächtig.

Die historische Grundlage der Louhi möchte nun darin beruhen: dass es in der Urzeit in Lappland Frauen gegeben, welchen eine grosse Gewalt, eine höhere Stellung eingeräumt war und die für mächtige Zauberinnen galten, dass also eine Art Weiberregiment, eine Gynaikokratie, wie wir sie auch bei andern Völkern, unter andern in den Urstaaten Südamerikas treffen, stattgefunden. Ganz dieselbe Stellung, welche in der Kalewala die Louhi einnimmt, hat in den nordischen Sagen die finnische d. i. lappländische Zauberin und Prophetin Huld oder Hulda inne. *)

Snorres Heimskringla in der Yuglingasaga (cap. 16. 17) und das Chronic. Finnland. anonym. (Nettelbladt Schwed. Biblioth. S. 96 **) erzählen: dass Drifva, die Tochter des Finnenkönigs Sino

---

*) Der Name ist von dem altscandinavischen huld, verborgen, verschlossen herzuleiten (Björn Halderson Isl. Lexic. h. v.)

**) Das Chronic. Finnland. ist allerdings, wenn, wie man glaubt, Messenius dessen Verfasser ist (Schlözer Nord. Gesch. 473) keine ursprüngliche Quelle.

oder Snö, als ihr Gatte Wanland, König von Schweden, seinem Versprechen entgegen nicht wieder zu ihr zurückkehrte, sich an die Zauberin (seidkona) Huld (Huldr) gewendet und durch Geschenke diese vermocht habe, vermittelst ihrer Zauberkünste den Wanland zu zwingen, nach Finnland zurück zu kehren, oder ihn seines Lebens zu berauben. Wanland wurde auch von dem Verlangen zur Rückkehr zu seiner Gemahlin ergriffen; da aber seine Freunde unter dem Vorgeben: dass nur die finnischen Zauberkünste ihm dies Verlangen eingeflösst hätten, ihn zurückhielten, so erfolgte plötzlich sein Tod. — Auch die Söhne Wisburs, die Enkel Wanlands aus seiner Ehe mit Drifva, wendeten sich, als sie mit ihrem Vater über die Morgengabe ihrer vom Gatten verstossenen Mutter, der Tochter des Finnenfürsten Athes, in Zwist gerathen waren, an die Prophetin (völva) Huld, mit deren Hülfe sie dann auch ihren Vater umbrachten, und die bei dieser Gelegenheit zugleich das ganze Geschlecht der Ynglinger mit dem Fluche belegte: dass dessen Angehörige sich stets gegenseitig befehden und der eine den gewaltsamen Tod des andern herbeiführen solle. Aber wie in der Kalewala, war auch hier die Niederlage der Lappen das schliessliche Ergebniss. Domalder, Wisburs Sohn aus zweiter Ehe, besiegte sie und erhielt davon den Beinamen: Jota Dolge d. i. der Jöten Verfolger (Thjodolf in der Ynglingasaga cap. 16). Doch brachte Skialf, die Tochter des Finnenkönigs Froste, den Fluch der Hulda zur Erfüllung, da sie ihren Gemahl Agne, König von Schweden, umbrachte, um den Tod ihres Vaters an ihm zu rächen (Ynglingasaga c. 22).

Noch in späterer Zeit erscheint diese Hulda in der nordischen Sage; ihre Töchter, die Zauberschwestern Thorgerde, Hörgabrant und Yrpo, werden mehrfach (Olav Tryggvesonssaga I. cap. 154, 114 II. cap. 51. Nialssaga cap. 83 Hördesaga cap. 83) erwähnt. — Der Isländer Sturle Thordsen erwarb sich 1205 die Gunst des Königs Magnus Lagebüter durch seinen ausgezeichneten Vortrag der Sage von der Riesin Hulda (Sturlungasaga. III. 304. 306 Torfacus Hist. Norveg. IV. p. 341). Ein Bruchstück einer, jedoch augenscheinlich aus späterer Zeit herstammenden, Huldasage ist von Müller (Sagabibliothek I. 363—371) mitgetheilt. Hulda ist hier eine Freundin Odins, Tochter Rudents, Königs von Riesenland, von ihrem Oheim, dem Fürsten der Thussen (Thurssen) erzogen und in der Kunst der Zauberei unterrichtet. Sie ward daher auch von Odin als die Beherrscherin aller Zauberer in Nordland eingesetzt. Zur Ynglingasaga steht dies Fragment nur in sofern in Beziehung, als Huldas Mutter dieselbe Rolle wie dort der Drifva zugetheilt ist. *)

Dalin, der die Hulda ausführlich bespricht, (l. c. I. S. 93. 137. 259) macht dieselbe zur Vorsteherin des Tempels Jumalas, der höchsten Gottheit der finnischen Völker. Ganander (l. c. S. 118) will in ihr die Velleda des Tacitus wieder erkennen. Jedenfalls hat sie eine hervorragende Stellung unter den Lappen eingenommen. Man kann sich versucht fühlen, bei Lapplands grosser Zauberin in dem bereits erwähnten finnischen Märchen Anton Punhaara, an sie zu denken. Auch die goldene alte Frau (aurea anus, slata baba), welche nach Herberstein (Moscoviter wunderbare Historien S. 91) noch zu seiner Zeit in den Küstenlanden des nördlichen Oceans verehrt wurde, scheint an die Macht zu erinnern, welche einst die Prophetinnen in diesen Gegenden genossen. — Selbst übergewöhnliche physische Kräfte wurden den dortigen Frauen beigelegt. Die Olaf Tryggvasonssaga berichtet, dass die aus dem Osten nach Scandinavien gekommenen Männer viel von den Jätenfrauen zu leiden gehabt hätten, bis Thor auf jener Anrufen die Jätinnen mit seinem Hammer erschlagen. — In ähnlicher Weise gaben die Zauberjungfrauen aus Jötunheim Veranlassung zu einem für die Asen verderblichen Kriege, in dem sie die heiligen Runentafeln derselben, die Grundlage ihrer Herrschaft, stahlen (Rauschnik Mythologie S. 411—419). Auch die Voluspa (Strophe 8) gedenkt: wie die bisherige glückliche Lage der Asen ihr Ende erreicht habe, als drei mit Macht be-

---

*) Man hat mehrfach (Geijer Urgesch. S. 402 Eckendahl l. c. S. 105) die Hulda der Ynglingasaga in der Hulla oder Huldren, nach dem Glauben des norwegischen Volkes Königin der Zaubergeister, welche unter der Erde, in Bergen und in Wäldern leben, von welcher diese den Namen: Huldafolk, die Zauberkünste aber den: Hulda konstir, erhalten haben, wieder finden wollen, doch fragt sich: ob hier wirklich ein Zusammenhang stattfindet. Die Hulla des norwegischen Volksglaubens ist offenbar identisch mit der Holda und Frau Holle der deutschen Sage. (Grimm Mythol. S. 164—169) und ein der Geisterwelt angehöriges Wesen. Dagegen ist, worauf bereits Müller (l. c. p. 369) hingewiesen hat, die Hulda der Ynglingasaga blos eine böse Zauberin und es sind weder sie noch ihre Töchter jemals als Göttinnen oder Geister verehrt worden. Auch die Sturlingasaga nennt sie lediglich eine grosse Zauberin (Trollkona mikil).

gabte Thursenmädchen aus Jötunheim zu ihnen gekommen wären.
— Ob auch die Schildjungfraun, welche nach dem Sögebrot und Saxo Grammaticus in der Brävallaschlacht, an der alle Völkerstämme des Nordens, insbesondere die Finnen, Theil nahmen, auf beiden Seiten mit gefochten haben sollen, hierher gezogen werden können, mag dahin gestellt bleiben.

Dagegen fragt sich: ob nicht eine weit ältere Ueberlieferung, die sich durch viele Jahrhunderte hindurch zieht, welche von einem im höchsten Norden wohnenden, von einer Frau beherrschten Volke, einem Amazonenlande berichtet, in Beziehung zu der Stellung steht, welche Louhi in der Kalewala, Hulda in der nordischen Sage einnehmen.

Wenn man hier auch nicht der Hyperboräischen Jungfrauen des Herodot, welche das Heiligthum zu Delos gegründet, gedenken will, so berichtet doch schon Tacitus (Germ. c. 45) von den Sitonen, die wir, wie schon früher gezeigt worden, in diesen Gegenden zu suchen haben und die wahrscheinlich identisch mit den Scritfinnen anderer Berichterstatter sind, dass sie von einem Weibe beherrscht würden. Paul Warnefried (De gest. Longob. I. c. 15) nachdem er erzählt hat, dass angeblich die Longobarden einen Kampf mit den Amazonen zu bestehen gehabt hätten, bemerkt: „wie er von etlichen gehört habe: dass bis auf den heutigen Tag im hintersten Deutschland" (d. i. in Scandinavien) „das Volk dieser Weiber noch bestehe." — Auch Jordanis gedenkt vielfach (De Getar. orig ed. Closs p. 33. 36—38. 40. 41. 83) der Amazonen; da er sie aber zu Abkömmlingen der Gothen macht, und seine bezüglichen Angaben meist aus den classischen Schriftstellern entnommen hat, so ist er hier ohne Bedeutung, wie auch hier kein grosses Gewicht darauf gelegt werden soll: dass Solinus (Polyhist. c. 17) und Martianus Capella (De nuptiis philol. Lib. VI. p. 215 der Ausg. von H. Grotius, §. 65 der Ausg. von Kopp) die Amazonen nach Europa setzen und zu Nachbarn der Kimmerier machen. Erheblicher ist es, wenn der Geograph von Ravenna (IV. c. 4 und 46) die Amazonen neben den Rerefinnen und Serdefinnen (Scritfinnen) als Anwohner des nördlichen Oceans, wohin sie sich nach Verlassung der ursprünglichen Wohnsitze, am Caucasus begeben hätten, nennt. Von grösserer Wichtigkeit sind aber noch die auf diesen Gegenstand bezüglichen Nachrichten des Adam von Bremen. Zunächst erzählt er (l. c. III. cap.

15 und schol. 119): dass Anund, der Sohn des Königs Emund des Aelteren von Schweden, den der Vater ausgesendet hatte, sein Reich zu erweitern, als er in das Land der Weiber (in patriam feminarum *) „die ich für Amazonen halte" gelangte sammt seinem Heere durch Gift, welches jene in die Quellen gethan hatten, umgekommen sei. — Sodann wird (L. IV. c. 14) von ihm erwähnt: dass jenseits der Gothen in weiten Länderstrecken die Schweden bis zu dem Lande der Weiber (ad terram feminarum) herrschten; (c. 17), dass die Insel Aestland (das heutige Estland) dem Lande der Weiber zunächst belegen sein solle und (c. 19) dass man erzähle: an den Gestaden des Baltischen Meeres wären die Amazonen, was gegenwärtig das Weiberland genannt werde (quod nunc terra feminarum dicitur). Diese sollten nach Einigen vermittelst des Genusses von Wasser Leibesfrucht empfangen. Andere erzählten auch: sie würden schwanger von den gelegentlich sie besuchenden Handelsleuten oder von den Gefangenen, die sie bei sich hätten oder von Ungeheuern, die dort nicht selten wären. Das letztere halte er für glaubwürdiger. Und wenn sie zum Gebären kämen, so würden die Geburten männlichen Geschlechts sogenannte Hundsköpfe, die weiblichen dagegen die schönsten Mädchen; diese lebten in Gemeinschaft und verschmähten den Umgang mit Männern, die sie sogar, wenn sie zu ihnen kämen, in mannhaftem Kampfe zurückschlügen. Hundsköpfe aber wären Wesen, welche den Kopf an der Brust hätten. In Russland sehe man sie oft als Gefangene und sie bellten die Worte mit der Stimme hervor. —

Bei der Beschreibung von Schweden (ib. c. 25) sagt Adam: dass im Osten der riphäischen Berge, wo ungeheure Einöden, sehr tiefer Schnee und Schaaren menschlicher Ungeheuer den Zutritt

---

*) Ihre (Disputat. de Quenlandia antiqua) hat die Lesart: cum in Quenland, patriam feminarum, pervenisset, quas nos Amazones vocamus, doch scheint diese von ihm selbst herzurühren, da sie sich in keiner bei der Ausgabe des Adam von Bremen in den Monument. Germ. hist. Script. T. VII. benutzten Handschriften findet. Albert v. Stade (Chronic. p. 124), von dem hier der Adam v. Bremen ausgeschrieben worden ist hat blos: cum ad Amazonas pervenisset. Dagegen nennt dieser selbst in der Wiederholung der Erzählung von dem Zuge Anunds (schol. 119) die Amazonen nicht, vielmehr sagt er blos: cum — misisset in Scythiam, ille in terram pervenit feminarum.

wehrten, die Amazonen wohnten. — Nach der Erzählung des Dänenkönigs Sven Estrithson pflege einmal jährlich, zuweilen aber auch nur einmal in drei Jahren, ein Volk vom Gebirge in die Ebene hinabzusteigen, welches obwohl klein an Wuchs, doch an Kraft und Gewandtheit die Schweden beinahe übertreffe und wenn man ihm nicht mit aller Macht Widerstand leiste, das Land verheere. — Bei der Beschreibung von Norwegen kommt Adam von Bremen nochmals auf diesen Gegenstand. Hier (l. c. cap. 31) sagt er: „Alle die in Norwegen leben, haben den christlichen Glauben, ausgenommen sind nur die, welche jenseits des nördlichen Striches um den Ocean herum wohnen. Diese sollen noch heutigen Tages in magischen Künsten und Beschwörungen so bewandert sein, dass sie behaupteten: sie wüssten, was jeder auf der Erde thue. Mit machtvollen Beschwörungsformeln ziehen sie grosse Wallfische an den Meeresstrand und sie verrichten auch vieles Andere mit grosser Leichtigkeit, was die heilige Schrift von Hexen erzählt. In dem rauhesten Theile des dortigen Gebirges finden sich, wie ich vernommen habe, bärtige Weiber; die Männer aber, welche die Wälder bewohnen, bekommt man selten zu sehen. Ihre Kleidung besteht aus den Fellen der wilden Thiere; wenn sie sprechen, so knirschen sie mehr mit den Zähnen an einander, als dass sie ordentliche Worte hervorbringen, so dass sie selbst von den nächsten Nachbarvölkern kaum verstanden werden können. Dieses mit ewigem Schnee bedeckte Gebirge führt bei den römischen Schriftstellern den Namen der riphäischen Berge. Die Scritefinger können ohne Frost und Schnee nicht leben; sie überholen im Laufe durch den tiefsten Schnee selbst das Wild". —

Dass Adam von Bremen hier von den Lappen spreche, ergiebt sich namentlich aus dem, was er über die Sprache anführt — Cranz, der die Stelle in seine norwegische Geschichte aufgenommen hat, nennt das Volk gerade zu: Lappen — behauptete man noch noch in späterer Zeit, dass man, um sich die lappische Sprache aneignen zu können, erst lernen müsse: wie ein Hund zu bellen (Högström l. c. S. 54). Eben so ergiebt sich: dass, wenn sie auch nicht ausdrücklich genannt werden, von den Amazonen hier die Rede sei, daraus: dass in Betreff der Sprache der männlichen Sprösslinge derselben in L. IV. c. 19 ziemlich das nämliche berichtet wird und dass die riphäischen Berge sowohl hier, als da, wo der Amazonen gedacht ist, genannt werden. — Giesebrecht (Ueber die Nordlandskunde des Adam von Bremen. Abhandl. d. deutsch. Gesellsch. zu Königsb. III. 190) glaubt: dass Adam seine Amazonen nur den antiken Schriftstellern, namentlich dem Solinus entnommen habe. Dies ist aber sicher nicht der Fall; nicht nur setzt Solinus die Amazonen in eine durchaus andere Gegend als Adam, sondern der letztere giebt auch eine Menge Einzelnheiten, von denen dort nichts steht und die er geradezu ersonnen haben müsste, wenn nur Solinus seine Quelle gewesen wäre. Auch nennt er selbst den Dänenkönig Sven Estrithson (Schol. 119), u. den Bischof Adalward als seine Gewährsmänner. Nur die Angaben über die Art, wie die Amazonen die Leibesfurcht empfangen und über die von ihnen geborenen Knaben möchten wohl aus Solinus und Martianus Capella entnommen sein. Eine grosse Anzahl von Gelehrten, z. B. Schöning (Gamle Geographie), Ihre (Diss. de Quenland. antiq.), Lehrberg (l. c. S. 150), Buch|(l. c. II. 16), Geijer (l. c. S. 352 fgg.), Eckendahl (l. c. S. 145) hat dagegen geglaubt: dass alle jene Nachrichten Adams von einem Weiberlande und den Amazonen lediglich auf einem Missverständnisse und zwar des Namens des am bottnischen Meerbusen gelegenen Landes Quänland beruhten. Quenna im Altnordischen und queins, queno oder quinno im Gothischen, quinna im Schwedischen heisse: ein Weib; (davon Angelsächsisch: Cwen und Englisch: queen die Königin; Graf Althochdeutscher Sprachschatz IV. S. 677. 678). — Aus der Aehnlichkeit dieses Wortes mit dem Namen: Kwener oder Quaener sei schon vor Alters bei den entfernteren germanischen Nachbarn die Meinung entstanden: dass Kwenland unter weiblicher Herrschaft stehe oder wohl gar nur von Weibern bewohnt und ein wahres Amazonenland sei.

Dass diese Hypothese in hohem Grade sinnreich ist, kann nicht in Abrede gestellt werden, es fragt sich aber: ob sie in gleichem Masse als zutreffend anerkannt werden muss; namentlich aber: ob sie auf alle angeführten Schriftsteller Anwendung leidet. Wenn auch nicht gerade für unmöglich erklärt werden soll, dass dem Adam von Bremen ein solches qui pro quo begegnet ist — obgleich auch hier der Umstand entgegensteht, dass er seine Nachrichten von mehreren Gewährsmännern und zwar solchen, denen eine zuverlässige Kenntniss beiwohnen musste, hatte und doch diese schwerlich sämmtlich in jenem Irrthum befangen gewesen sein werden, — so ist es doch völlig unglaublich, dass ein solches Missverständniss sich Jahrhunderte hindurch fortgeschleppt und in den verschiedensten Gegenden obgewaltet habe, dass auch die im äussersten Norden wohnenden Amazonen des Paul Warnefried und des Geographen von Ravenna, geschweige die von einem Weibe beherrschten Sitonen des Tacitus einer solchen irrthümlichen Auffassung des Namens: Quänen, ihren Ursprung verdanken. Aber auch bei Adam von Bremen sind die Namen: Weiberland und Land der Amazonen nicht geradezu als identisch anzusehen, denn in der erwähnten Stelle (IV. c. 19) sagt er: dass das Land, welches die Amazonen bewohnt haben sollten, gegenwärtig den Namen Weiberland führe (quod nunc terra feminarum dicitur). Ist daher dies Weiberland wirklich nichts als eine Uebersetzung des Namens: Quänland, so würde der Sinn dieser Stelle sein: Das Land, welches gegenwärtig Quänland heisse, solle früher von den Amazonen bewohnt gewesen sein. Da nun vor den Quänen die Lappländer den fraglichen Landstrich inne hatten, so müssten auch sie jene Amazonen sein. — Noch mag darauf hingewiesen werden: dass Alfred der Grosse in seiner Uebersetzung des Orosius nicht nur Quänland und die Quänsee, sondern auch ein Mägthaland nennt, das an das Land der Sermende (Sarmaten) grenzt, deren Wohnsitze sich bis an das Gebirge Riffin (das Riphäische Gebirge der alten Geographen und des Adam von Bremen) erstreckten. (Forster l. c. S. 83). Dass dieses Mägthaland das Amazonenland der angeführten Schriftsteller sei, ist von Dahlmann (Forschungen I. 420) dargethan. Es zeigt sich daher auch hier: dass die Namen Amazonenland und Quänland nicht als unbedingt synonym angesehen werden können.

So schwankend und unbestimmt nun auch alle diese Nachrichten sein mögen, so machen sie es doch wahrscheinlich: dass, wie einst die kriegerischen Sauromatenjungfrauen zur Entstehung der Sage von den Amazonen bei den Griechen Anlass gegeben (Hippocrates De aere, locis et aquis p. 291. Herodot. IV. 110—116), so im höchsten Norden Europas, den von den Finnen bewohnten Gegenden, eine Einrichtung bestand, vermöge derer die Frauen oder eine Frau ein höheres Ansehen besassen und eine grössere Gewalt ausübten wie die Männer. Dies ist aber die Stellung, welche Louhi, die Herrin des Nordlandes, in der Kalewala einnimmt, und es dürfte daher die Vermuthung nicht zu gewagt sein: dass wir auch hierin ein Stück alter Geschichte, eine Volksüberlieferung vor uns haben, der eine wirkliche Thatsache zu Grunde liegt.

Die Entstehungszeit der Samporunen.

In dem Vorstehenden ist versucht worden, den Nachweis zu führen: dass die Besitznahme Finnlands durch die Tschuden und die Verdrängung der Urbewohner dieses Landes, der Lappen, in die Zeit vom 4. bis 8., am wahrscheinlichsten in das 6. Jahrh. n. Chr. G. gesetzt werden müsse, so wie dass diese Begebenheit die historische Grundlage der Samporunen bilde. *) Hierdurch wird der äusserste Anfangspunkt für die Entstehungszeit gegeben. Wir sind jedoch genöthigt, einen etwas späteren Zeitpunkt anzunehmen. Denn die Tschuden werden, nachdem sie von den früheren Sitzen im Inneren Russlands an die Ostsee gelangt waren, sich zunächst des südlichen Theiles von Finnland bemächtigt haben und von dort aus allmählich gegen Norden, zuletzt nach Osterbotten vorgedrungen sein. Es wird, wie bereits früher erwähnt, mehr als ein Jahrhundert vergangen sein, bis diese Verdrängung der Lappen aus den angegebenen Länderstrecken ihren Abschluss gefunden hatte. Man wird daher auch nicht weit von der Wahrheit abirren, wenn man annimmt: dass die Besitznahme Osterbottns, Quänlands im engeren Sinne, durch die Tschuden etwa um das Jahr 700 stattgefunden. Sie würden dann zu König

---

*) Castrén sagt: (Mythol. 261) „Die Gesänge vom Sampo scheinen dagegen einer späteren Zeit anzugehören, als die Finnen sich von ihren übrigen Stammverwandten abgesondert hatten." Das letztere ist an sich wohl unzweifelhaft; wenn Castrén die Samporunen aber hier den Bewerbungsrunen entgegensetzt und von diesen glaubt: dass sie in der Zeit entstanden sein müssen, als die tschudischen Völker noch in naher Berührung mit ihren asiatischen Stammverwandten lebten und mit ihnen gemeinschaftliche Einrichtungen hatten, so muss hier auf die schon oben gemachten Bemerkungen: dass eine Eintheilung der Kalewala in Bewerbungs- und Samporunen sich nicht streng durchführen lässt, und dass möglicher Weise die Sitte, ihre Frauen aus fremden Stämmen zu nehmen, von den Tschuden aus der Urheimath in die neuen Wohnsitze mit geführt sein kann, zurückgekommen werden.

Alfreds Zeit schon immer c. 200 Jahre dort gesessen haben, Zeit genug für die Befehdungen mit den Nordmännern, deren Other in seinem Reiseberichte gedenkt. Die Entstehung der Samporunen ist aber auf keinen Fall gleichzeitig mit dieser Besitznahme, vielmehr rühren die Gesänge sicher aus einer Zeit her, wo die Begebenheit, welche darin angedeutet ist, zwar noch in dem Andenken des Volkes lebte, aber doch schon eine mythische Gestalt angenommen hatte und die Personen, welche ihre Hauptträger gewesen, theilweise das blos Menschliche eingebüsst hatten und mit dem Gewande der Sage umkleidet waren. Hierzu werden unzweifelhaft mehrere Menschenalter nöthig gewesen sein. Man gelangt hierdurch zu dem Ergebniss: dass die Entstehungszeit der Samporunen kaum früher als in den Anfang des 9. Jahrhunderts wird gesetzt werden können. Sie dürfte aber auch nicht viel später fallen.

Es ist oben der Culturstufe, auf welcher die Tschuden sich zu der Zeit befunden haben, wo sie sich in Finnland niederliessen, gedacht. In den Samporunen treffen wir sie so ziemlich noch auf der nämlichen. Viehzucht, Jagd und Fischfang bilden noch die Hauptquellen des Lebensunterhaltes; der Getreidebau ist nicht ganz unbekannt, er tritt aber nirgends in den Vordergrund und beschränkt sich im Wesentlichen auf den Anbau der Gerste. In welchem Grade dieser noch den Hauptbestandtheil des Ackerbaues gebildet habe und welche Wichtigkeit ihm daher beigelegt worden sei, ergiebt sich deutlich aus dem Namen Osmo und Osmoinen, der neben dem Kalewala dem Heimathlande der Helden in unserem Gedichte häufig beigelegt wird. Denn wie II. 250 und die Benennung der Göttin des Bierbrauens: Osmotar, darthun, bedeutet jener Name eigentlich: Gerstenland.

Ganz auf jenem Standpunkte, wie bei der Besitznahme Finnlands durch die Tschuden, befand sich die Cultur aber doch nicht mehr zur Zeit der Entstehung der Samporunen. Es ergiebt sich dies namentlich daraus: dass, wenn auch nur beiläufig, des Weizens und Roggens gedacht wird (IX. 163. 164. XLIII. 398). Denn da die Benennung des Roggens im Finnischen (ruis) aus dem Schwedischen (rág) entlehnt ist, können die Tschuden den Anbau dieser Getreidegattung erst durch ihre germanischen Nachbarn kennen gelernt haben. — Die Wohnungen waren schon mit einem gewissen Comfort eingerichtet, namentlich überall mit

11

besonderen Badestuben versehen (V. 294. XVIII. 288. XLV. 105 fgg). — Wie weit die Bearbeitung der Metalle bereits vorgeschritten war, ergiebt sich daraus, dass man schon zwischen Schmiedeeisen, Gusseisen und Stahl unterschied (I. X. 61—65, 204 fgg.). Es wurden Harnische und Eisenhemden angefertigt (XXXIX. 121—125); Hufeisen waren im Gebrauch (XVIII. 250. XIX. 499); ebenso kupferne Schaufeln (VII. 154). Die Schiffe waren mit Rudern, Steuer und Segeln versehen (XXXIX. 231—233. 240—242. 246—248. u. s. w); die Kriegsfahrzeuge hatten sogar eine eiserne Wölbung und einen Stahlbeschlag auf der Vorderseite (ib. 423. 424), auch die Walzen und Rollen deren man sich bediente, um die Schiffe aus dem Wasser auf das trockne Land zu bringen, waren mit Stahl und Kupfer beschlagen (XLII. 22. 30). — Wenn der Verwendung der Schiffe zu Seeräubereien gedacht wird (XXXIX. 188. 190), so deutet auch dies auf eine Zeit, wo die Tschuden nicht erst so eben an der Meeresküste sich niedergelassen hatten. Die Kleidung bestand in aus Schafwolle gewebtem Tuche (VII. 145), Leinwandhemden, gestrickten Strümpfen, Schuhen, Stiefeln, Handschuhen u. s. w. (XVIII. 340 fgg.)

Wenn Seidenzeug (IV. 529. 533), Perlenschmuck (X. 225) Fingerringe, Ohrgehänge, Gürtelketten, Busenkreuze (XVIII. 225 fgg., 273 fgg.), goldne Schalen (VII. 288), mit Silber geschmückte Gewänder aus Goldbrokat (VIII. 7 fgg.) erwähnt werden, so mögen dies, eben so wie der Gebrauch der Seife (XVIII. 300. 301) vielleicht Zusätze aus einer späteren Zeit sein, da sie doch mit dem allgemeinen Eindruck, den man über den Stand der Cultur zur Zeit der Entstehung des Gedichtes gewinnt, zu wenig in Einklang stehen, dagegen wird des Goldes und Silbers so häufig und bei so verschiedenartigen Gelegenheiten gedacht (VII. 301. 302. 307—310. IX. 7. 8. X. 249. 250, XVIII. 11. 12, XXXIX. 77. 78. 84. 91. 92 u. s. w.), dass man nicht umhin kann, anzunehmen, es müsse zur Zeit der Entstehung der Runen ihr Gebrauch ein sehr gewöhnlicher gewesen sein, mithin ein beträchtlicher Handel mit anderen Nationen stattgefunden haben, da nur vermittelst eines solchen die edlen Metalle in grösserer Menge nach Finnland gelangt sein können.

Alles dieses führt darauf: dass die Entstehungszeit der Samporunen in die Gränzscheide zwischen der ursprünglichen und der erst in Folge des Einflusses der Scandinavier weiter vorge-

Als gewiss ist anzusehen: dass jene Zeit in die Periode vor den Beginn der schwedischen Eroberung und der Christianisirung Finnlands (Mitte des 12 Jahrh. — Karelien wurde erst gegen den Schluss des 13. Jahrh. (1293) erobert und bekehrt —) gesetzt werden müsse. Denn namentlich vom Christenthum finden sich in den Samporunen nicht die mindesten Spuren. — Selbst der Glaube an die Hausgötter (Tontu-Haltia-Para), den die Tschuden, gewiss vor ihrer Bekehrung, von den Skandinaviern angenommen haben (Lenqvist De superstit. Fennor. p. 80 seqq., Castrén Mythol. S. 169 fgg.) kommt in denselben noch nicht vor. Dasselbe gilt von den Seidas oder Seitas der Lappen, deren Namen gleichfalls aus dem Altnordischen entlehnt ist (Castrén l. c. S. 203). Eben so sicher ist aber, dass jene Entstehung vor die Zeit fallen muss, wo die kriegerischen Unternehmungen der Russen gegen die Finnländer begannen (1042) (Lehrberg l. c. S. 115) und wo das östliche Karelien unter russische Botmässigkeit gerieth, was mindestens im 12. Jahrh. geschah (Lehrberg l. c. S. 121), da nicht die leiseste Andeutung auf ein derartiges Verhältniss vorkommt. Ein Gleiches gilt in Betreff des Verhältnisses zu Schweden. Wie bereits oben erwähnt worden, hat Erik Edmundson, König von Upsala, sich bereits um 850 Finnland und Karelien unterworfen. Mag diese Unterwerfung auch nur eine vorübergehende gewesen sein, so würden sich Beziehungen oder Andeutungen auf sie doch gewiss in unserem Gedichte finden, wenn dessen Entstehung nicht älter wäre als jene Begebenheit. Auch hier wird man auf die erste Hälfte des 9. Jahrh. gewiesen, so dass man sich wohl berechtigt halten kann, diese als die Zeit der Entstehung der Samporunen anzusehen.

Man könnte sich versucht fühlen, einen Einwand gegen diese Annahme in dem Umstande erkennen zu müssen, dass die Namen Lappland und Lappländer so vielfach, wie überhaupt in der Kalewala, so namentlich in den Samporunen vorkommen, diese Namen sich aber bei den Geschichtsschreibern nicht vor dem Schlusse des 13. Jahrh. finden. Indess ist schon oben bemerkt worden: dass man hieraus noch nicht schliessen kann, dass die fraglichen Namen nicht schon erheblich früher bei den Finnländern in Gebrauch gewesen und dass jene wahrscheinlich längere Zeit gebraucht, bis sie sich bei andern Nationen Eingang verschafft haben.

Berichtigungen und Zusätze.

S 33. Während des Druckes dieser Abhandlung ist erschienen: Kalewipoeg oder die Abentheuer des Kalewiden. Eine estnische Sage, frei nach dem Estnischen bearbeitet von C. Chr. Israel. Frankf. a. M. 1873. Der Verf. hat die Reinthal-Bertramsche Uebertragung auszugsweise in Prosa zurück versetzt, in der Hoffnung der Dichtung so einen grösseren Leserkreis zu gewinnen.
- 35. Z. 7 v. o. statt: wieder soll es heissen: wird er.
- 37. Z. 11 v. u. — Sawolotzkischen, Tschuden — Sawolotzkischen Tschuden.
- 39. Z. 13 v. u. — haben, verknüpft — haben verknüpft.
- 56. Z. 17 18 v. o. — Kalewala-Held — Kalewa-Held.
- - Z. 2 v. u. — Kalewo — Kullerwo.
- 61 Z. 5 v. u. Ashandlingar — Afhandlingar.
- - - - - - Jt. — H
- 62. Z. 11 v. u. muss statt eines Colons ein Comma stehen.
- 78. Z. 4 v. u. statt Lenpoist soll es heissen: Lonqvist.
- 82. Z. 6 7 v. o. Wiborgstån — Wiborgslån.
- 84. Z. 16 v. u. — Kalawiden — Kalewiden.
- 91. Z. 18. v. o. Auch in der Sprache der Tschernmissen, gleichfalls eines finnischen Volkes, findet sich das Wort tur und zwar in der Bedeutung: die Gränze, das Aeusserste. Castrén Elementa gramat. Tscheremiss. p. 73.
- 94. Z. 8 v. u. statt: leigende soll es heissen: liegende.
- 119. Z. 17 v. o. statt Om. — Om
- 122. Z. 3 v. u. — tunta — tanta.
- 128. Z. 20 v. u. — betag — betagt.
- 157. Z. 6 v. u. — noch noch — doch noch.